EL MARCO LEGAL VENEZOLANO
Y LAS PROTECCIONES QUE GARANTIZAN
LOS TRATADOS BILATERALES DE INVERSIÓN EXTRANJERA

SIMÓN PEDRO DEFFENDINI S. (J. D.)

EL MARCO LEGAL VENEZOLANO Y LAS PROTECCIONES QUE GARANTIZAN LOS TRATADOS BILATERALES DE INVERSIÓN EXTRANJERA

Colección Estudios Jurídicos
N° 110

Editorial Jurídica Venezolana
Caracas, 2016

La presente obra consiste en una versión revisada de la tesis doctoral del autor, que obtuvo la máxima calificación Cum Laude, y se defendió en la Facultad de Ciencias Jurídicas y Sociales de la Universidad Rey Juan Carlos de Madrid (España). La dirección de la Tesis fue del Prof. Dr. Antonio Pastor Palomar.

© Simón Pedro Deffendini S.
  Email: simonp_deffendini@mac.com
  Depósito Legal: lf54020153404003
  ISBN: 978-980-365-328-6

Editorial Jurídica Venezolana
Avda. Francisco Solano López, Torre Oasis, P.B., Local 4, Sabana Grande, Apartado 17.598 – Caracas, 1015, Venezuela
Teléfono 762.25.53, 762.38.42. Fax. 763.5239
http://www.editorialjuridicavenezolana.com.ve
Email: fejv@cantv.net

Impreso por: Lightning Source, an INGRAM Content company
Distribuido por: Editorial Jurídica Venezolana International Inc.
Panamá, República de Panamá.
Email: editorialjuridicainternational@gmail.com

Diagramación, composición y montaje:
Mirna Pinto de Naranjo
Letra Book Antiqua 11, Interlineado 12
Mancha 18 x 11.5

Ilustración de la portada "Pacheco" ©

Para mi Bellita,
Que sin tu amor, apoyo y paciencia
no hubiese podido finalizar este trabajo
tan arduo, pero gratificante.
Dedico

PRÓLOGO

Representa un verdadero honor la posibilidad de redactar el prólogo a este libro, pues es el resultado de la Tesis Doctoral elaborada por D. Simón Pedro Deffendini y dirigida por mí, que fue defendida exitosamente con la máxima calificación, en la Universidad Rey Juan Carlos de Madrid.

El Doctor Deffendini no es una *rara avis* como investigador pues, aunque su formación universitaria básica sea la de Licenciado en Física, su inquietud intelectual, sus deseos incesantes de formación interdisciplinaria, así como su condición de empresario, le han llevado a interesarse científicamente por la búsqueda de soluciones objetivas para los complejos problemas que la Venezuela Bolivariana presenta a los operadores económicos, nacionales e internacionales. En efecto, es destacable que el autor haya proyectado a un libro, de gran calidad científica, el amor a su país y su excelente predisposición hacia el compromiso social unido al interés empresarial.

Este libro puede ser muy útil para los empresarios con inversiones en Venezuela, para los académicos y juristas de todo orden dedicados al Derecho Internacional de inversiones, para los diplomáticos venezolanos y extranjeros, y para los políticos de aquel precioso país, por las consideraciones que, a continuación, serán expuestas; principalmente, por la elocuente argumentación de los problemas en presencia y por la presentación de unas conclusiones comprometidas y coherentes.

A primera vista, se observa que el conjunto de la obra está orientado a la justificación de la necesidad de lograr un cambio jurídico e institucional, que se adecue a las obligaciones internacionales suscritas por ese Estado. Ello se refleja en la estructura de la obra. Así, en el primer capítulo, el libro comienza con la realidad histórica del Estado, desde un prisma político-económico y mediante el análisis del modelo bolivariano implantado en 1999, lo que permite seguir su evolución así como comprobar su incidencia en el concepto de propiedad privada y en las subsiguientes expropiaciones y nacionalizaciones. Hasta aquí, quedan claramente expuestos los hechos y los valores del modelo bolivariano para, de esta manera, tener una buena base de valoración de su impacto en las normas internas e internacionales, gestadas y consentidas por el Estado, y relativas a la inversión económica, en particular, de los no nacionales. El resultado es desalentador para todos aquellos que crean en un sistema económico de libre mercado no exento de compromiso social, pues el sistema bolivariano condiciona negativamente la promoción y la protección de la inversión internacional. Como valora con elocuencia el autor, la ecuación real vincula lo bolivariano al centralismo económico, la propiedad comunal y el monopolio del Estado de las áreas estratégicas de la economía.

En el segundo capítulo, el autor se plantea cómo se ha modelado en el tiempo el sistema de la inversión extranjera en Venezuela, con la celebración de acuerdos bilaterales, distinguiendo los acuerdos anteriores y posteriores a la fecha crítica de 1999. Con la referencia de este determinante contexto internacional, en absoluto despreciable formalmente, se aprecia paradójicamente en el capítulo tercero un progresivo recelo constitucional y legislativo interno hacia los estándares internacionales de protección de la inversión extranjera y hacia los tribunales arbitrales internacionales, que se ha confirmado con la reciente Ley de inversiones de 2014, así como con la Ley Orgánica de Precios Justos, la Ley Orgánica de Seguridad y Soberanía Alimentaria y la Ley de la Actividad Aseguradora, por citar alguna de las más relevantes. Los datos económicos negativos, la inestabilidad social interna y el decreciente interés del inversor internacional no avalan semejante intervencionismo estatal.

Desde el capítulo cuarto se puede concluir que Venezuela mantiene vigente, en líneas generales, un sistema de Derecho internacional bajo el cual destaca en la lista de los Estados con mayor número de demandas de inversores extranjeros ante jurisdicciones internacionales. Y las últimas medidas administrativas y legislativas del proceso revolucionario, ya apuntadas, redundarían en este efecto. Por ello, el autor concluye que son muy posibles "nuevas reclamaciones arbitrales internacionales".

Con todo lo anterior, el libro plantea varias líneas de acción alternativas que el Estado puede afrontar en el futuro y que los operadores económicos y políticos deberían descontar, a saber: primero, el mantenimiento del status quo con el riesgo de las demandas arbitrales internacionales y el deterioro creciente de las relaciones económicas internacionales; segundo, la renegociación de los acuerdos bilaterales y la terminación implícita de los anteriores, que evite la esquizofrenia aparente entre el sistema nacional revolucionario y el sistema internacional vigente; si bien, se presume difícil que cualquier contraparte venezolana consienta unos cambios a cuyos nacionales podría perjudicar todavía más; tercero, la denuncia unilateral de los acuerdos, cuando sea posible, para impedir nuevas reclamaciones internacionales. Esta última solución no favorecería, en principio, al inversor extranjero, pero siempre quedarían transitoriamente vigentes las cláusulas de remanencia de la protección al inversor extranjero.

Evidentemente, el proceso revolucionario ha puesto en una encrucijada al Estado venezolano en materia de inversión extranjera y el Doctor Deffendini ha sabido identificarla con valentía y preocupación.

Profesor Doctor Antonio Pastor Palomar
Universidad Rey Juan Carlos

11

ABREVIATURAS Y SIGLAS

APPRI	Acuerdo para la Protección y Promoción Recíproca de Inversiones
ASI	Agenda del Sur para la Inversión
CAN	Comunidad Andina de Naciones
CCI	Cámara de Comercio Internacional de Paris
CDI	Comisión de Derecho Internacional
CIADI	Centro Internacional de Arreglo de Diferencias de Inversión
CJI	Corte de Justicia Internacional
CNUDMI	Comisión de Naciones Unidas sobre el Derecho Mercantil Internacional
CONAPRI	Consejo Nacional de Promoción de Inversiones
DPI	Derechos de Propiedad Intelectual
ILE	Índice de Libertades Económicas
IIDS	Instituto Internacional para el Desarrollo para el Sostenible
NMF	Nación Más Favorecida
OCDE	Organización para la Cooperación y el Desarrollo Económico
OMC	Organización Mundial del Comercio
PPyS	Plena Protección y Seguridad
SIEX	Superintendencia de Inversiones Extranjeras
TJE	Trato Justo y Equitativo

TN   Trato Nacional

UNCTAD   United Nations Conference on Trade and Deve-
            lopment

UNCITRAL   United Nations Commission on International
            Trade Law

INTRODUCCIÓN

Cuando el Estado Venezolano ejerce su soberanía celebrando un Tratado bilateral de inversión con otro Estado soberano, independientemente que su motivación sea económica o ideológica, acepta taxativamente que las posibles violaciones de las obligaciones contraídas en el Tratado, sean dirimidas en la esfera *iusinternacional*. Lo anterior implica que los cambios ontológicos, desde la perspectiva política, que el Estado pueda experimentar y las normas sobrevenidas en su legislación interna como producto de esta mutación no afectarán, en principio, el cumplimiento del Derecho Internacional convencional, contenido en el Tratado. Ello no quiere decir que el Estado huésped de la inversión no pueda regular, sino que debe conformarse en todo caso a sus obligaciones internacionales.

Es clave recordar al lector de esta obra que el Tratado bilateral de inversión es un instrumento del Derecho Internacional *Sui Generis*, ya que extiende las garantías y protecciones, voluntariamente asumidas por los Estados soberanos que los ratifican, a sus nacionales físicos o jurídicos. Esto implica que el nacional o inversionista extranjero de uno de los Estados parte, puede unilateralmente y sin necesidad de la venia del Estado que le confiere la nacionalidad, iniciar una reclamación internacional contra el Estado que ha violado sus derechos insertos en el Tratado. En esencia el *ius standi*, o derecho a personarse, lo tiene el inversionista extranjero de todo derecho.

En el mismo orden, es menester hacer un breve inciso para una mejor comprensión de la obra sobre el alcance del concepto de inversionista extranjero o beneficiario del tratado a nivel de jurisprudencia arbitral internacional, o mejor expresado casuística no vinculante arbitral internacional. El Derecho Internacional no es estático y en su dinámica secular el concepto de inversionista extranjero ha evolucionado notablemente desde una concepción oscura de la doctrina Barcelona Traction, Light and Power Company, en donde lo único relevante para conferir la nacionalidad a una persona jurídica era la jurisdicción de incorporación de una sociedad, a una más transparente en donde el velo corporativo es descubierto y los beneficiarios son analizados minuciosamente confiriéndoles, o no, el *ius standi* como se ha hecho manifiesto en los casos de Venezuela vs. Venoklim Holding B.V (CIADI, Caso N°ARB/12/22), Gambrinus, Corp (CIADI, Caso N° ARB/11/31), y Serafín García Armas and Karina García Gruber (UNCITRAL, Caso N° 2013-3).

Lo anterior podría tener implicaciones trascendentales para Venezuela ya que los múltiples incumplimientos llevados a cabo por el Estado durante el nuevo milenio al violar las obligaciones contraídas soberana y voluntariamente en los Tratados bilaterales de inversión, pudiesen derivar en un masivo número de litigios de inversión iniciados por inversionistas extranjeros, naturales y jurídicos, que han sido afectados por los actos del Estado y que cuentan con la posibilidad de exigir el cumplimiento de sus derechos en un foro internacional, aun sin tener conciencia de ello.

La carga para el pueblo venezolano, que finalmente sería el que sufragaría con el costo de las medidas expropiatorias directas o indirectas ejercidas por el Estado, sería muy onerosa de materializarse las reclamaciones de inversionistas extranjeros previamente mencionados.

Por lo anterior, la presente obra tiene por objeto el análisis de las implicaciones del actual marco político, económico, constitucional y legal de la Republica Bolivariana de Venezuela en lo referente a las inversiones, en general, y las extranjeras en particular. El trabajo se centra en los Acuerdos de Promoción y Protección Reciproca de Inversiones, en adelante APPRIs, que mantiene Venezuela en vigor, aunque se hace una referencia final a los acuerdos multilaterales celebrados por el Estado venezolano durante la última década. La razón de la centralidad de los acuerdos bilaterales radica en su mayor incidencia en la práctica internacional, como demuestra la jurisprudencia arbitral. El examen de los APPRIs se realiza en un doble plano: el de su celebración y el de su aplicación. Por ello, resulta necesario un estudio comparativo de sus disposiciones. La actualidad del trabajo obedece a que Venezuela está viviendo un profundo cambio de todas las estructuras legales, políticas, sociales y económicas, como resultado del proceso revolucionario que impulsó el gobierno del Presidente Hugo

Chávez Frías desde el inicio del Siglo XXI, y que ha continuado en la actualidad con el Presidente Nicolás Maduro[1].

El cambio mencionado, afecta de manera particular la posición del Estado venezolano de cara a las inversiones extranjeras. Es imprescindible mencionar que, aun cuando el 5 de marzo de 2013 el presidente Hugo Chávez Frías falleció, los objetivos y la visión de país delineados en el proceso revolucionario y plasmados en el "Segundo Plan Socialista de la Nación 2013-2019" permanecen intactos gracias a la continuidad ideológica de su sucesor, el actual Presidente de la República Nicolás Maduro Moros. En el mismo orden de ideas, la obra, intentará dilucidar si Venezuela, mediante las alianzas estratégicas que ha consolidado, desde la perspectiva geopolítica en la última década, ha alineado las obligaciones de los APPRIs a su nueva realidad de país.

Para lograr el objetivo anterior, el autor contrastará los APPRIs celebrados por Venezuela[2] en el período pre y post Revolución Bolivariana, y los tres acuerdos multilaterales regionales suscritos por el Estado venezolano durante el siglo XXI, y ello se hará atendiendo a la práctica internacional, esto es, analizando los distintos contenciosos en los que Venezuela ha sido demandada ante un Tribunal internacional, sin perjuicio del análisis de las actualizaciones judiciales internas que resulten relevantes. Los APPRIs pre y post Revolución Bolivariana representan, a juicio del autor, dos realidades diametralmente opuestas desde el punto de vista de posición y objetivos del Estado venezolano ante la inversión extranjera, por lo

---

[1]   La primera oportunidad documentada que Nicolás Maduro, siendo vicepresidente de Venezuela, públicamente reafirma la necesidad de mantener el curso de proceso revolucionarios iniciado por Hugo Chávez, luego de su fallecimiento, fue durante los actos del sepelio del Presidente. En la nota de prensa titulada, "Maduro: II Plan Socialista y Constitución Bolivariana son los Testamentos del Comandante Chávez "se recoge la siguiente información: "El vicepresidente de la República, Nicolás Maduro, expresó este viernes al pueblo venezolano que el Segundo Plan Socialista de la Nación 2013-2019 "es el testamento que nos dejó Hugo Chávez", el cual debe cumplirse siguiendo como guía a la Constitución". La nota de prensa se encuentra en: http://www. psuv.org.ve/temas /noticias/maduro-plan-socialista-2013-2019-es-testa mento-hugo-cha vez/#. Ua6KJZX-138.

[2]   CONAPRI: Consejo Nacional de Promoción de Inversiones. Los textos de los APPRIs suscritos por Venezuela han sido recogidos por CONAPRI y están disponibles en su página web: http://www.conapri.org/article details.asp?articleid=216437.

que mediante la comparación de los mismos se pretende comprobar la eficacia de la metodología desarrollada para esta obra. Cabe
destacar del conjunto de APPRIs, el Tratado celebrado por Venezuela con el Reino de los Países Bajos, por representar el instrumento paradigmático del período de apertura económica de Venezuela durante la última década del siglo XX[3], y que ha cobijado
debajo de su halo de protección el mayor número de litigios de
inversión que se llevan a cabo en la actualidad contra Venezuela en
los tribunales arbitrales internacionales[4]. Por otro lado, y como
punto de contraste, se profundizará en el estudio de los APPRIs
que Venezuela ha celebrado con Estados con estrecha afinidad ideológica y política[5].

El análisis desarrollado sigue la lógica del derecho aplicable en
los tribunales internacionales de inversión, a la hora de dirimir una
controversia con base en un APPRI, en donde se conjugan el marco
legal interno del Estado huésped de la inversión y el bagaje del
Derecho Internacional. Por lo anterior, el flujo analítico tendrá su
punto de partida en la Constitución Nacional venezolana de 1999 y
el marco legal nacional, culminando en los APPRIs seleccionados.

---

[3]   El APPRI entre Venezuela-Reino de los Países Bajos, ha sido utilizado
por las más importantes empresas que operan Venezuela entre las que se
pueden citar: Owens Illinois C. A. (vidrio), Exon-Mobil Venezuela C. A.
(energía), Cargill de Venezuela C. A. (alimentos).

[4]   De los treinta y nueve casos iniciados en contra de la República Bolivariana
de Venezuela en el CIADI, trece están amparados bajo la protección del
APPRI Reino de los Países Bajos – Venezuela. Información disponible en:
https://icsid.worldbank.org/apps/ICSIDWEB/cases/Pages/AdvancedSe
arch.aspx?cs=CD27;CD28&apprl=CD20,CD18;CD20,CD19;CD21,CD18;
CD21,CD19; CD36,CD18&cte=CD18;CD19&rntly=ST153

[5]   Las prioridades geopolíticas de Venezuela fueron establecidas por el
gobierno revolucionario en las *"Líneas Generales del Plan de Desarrollo
Económico y Social de la Nación 2007-2013"*. En el texto del citado plan se
reconocen como tales las "Áreas de Interés Geoestratégicas: Son zonas
geográficas definidas de acuerdo al interés estratégico nacional, tomando
en consideración las características, el nivel de las relaciones y la afinidad
política existente, con la finalidad de orientar la política exterior
venezolana en función de la construcción de nuevos polos de poder...ii.
Consolidación del eje de liderazgo Cuba –Venezuela-Bolivia para impulsar
el ALBA como alternativa a ALCA y a los TLC". Copia del plan se
encuentra en:
http://portaleducativo.edu.ve/Politicas_edu/planes/documentos/Lineas
_Generales_2007_2013.pdf:

Además de la práctica convencional internacional de Venezuela, el trabajo se centra en las implicaciones jurídicas a nivel de Derecho Internacional que representa para Venezuela la implementación de la nueva Ley de Inversiones[6] recientemente aprobada en la Asamblea Nacional y su impacto sobre el entramado de APPRIs que mantiene Venezuela en vigor.

El objeto de la obra es de altísima relevancia ya que Venezuela es la nación con las mayores reservas de hidrocarburos del planeta, lo que la hace un centro de interés de inversión extranjera para el desarrollo de estos recursos naturales no renovables, vitales para la viabilidad de la economía global, por ser la primera fuente de energía del mundo moderno.

La obra se desarrollará, primero que todo, analizando el marco jurídico interno venezolano que afecta a las inversiones extranjeras iniciando desde la Constitución Nacional de la Republica Bolivariana de Venezuela, hasta la normativa específica que rige para las inversiones en general. A continuación se ponderará como ha evolucionado, desde la perspectiva histórica, el objetivo que Venezuela persigue con la celebración de sus los APPRIs para proceder a explorar la normativa legal interna que afecta la acción de las firmas extranjeras en las áreas claves para la inversión en Venezuela, como son la Ley Orgánica de Hidrocarburos[7], la Ley de Telecomunicaciones[8], la Ley de Instituciones del Sector Bancario[9], la Ley de la

---

[6] El Decreto con rango, valor y fuerza de Ley de Inversiones fue publicado en la Gaceta Oficial de la República Bolivariana de Venezuela N° 6.152 (Extraordinario) del martes 18 de Noviembre 2014.

[7] La Ley Orgánica de Hidrocarburos fue publicada en la Gaceta Oficial N° 38.493 del 4 de agosto de 2006 y su texto completo está disponible en: http://www.pdvsa.com/index.php?tpl=interface.sp/design/readmenu.t pl.html&newsid_obj_id=164&newsid_temas=6

[8] La Ley de reforma de la Ley Orgánica de Telecomunicaciones fue publicada en la Gaceta Oficial N° 39.610 del 7 de Febrero 2011. Su texto completo está disponible en: http://www.conatel.gob.ve/files/Reforma_Ley_Organica_Telecomunicac iones_2011-G.O.3.pdf

[9] El Decreto con rango, valor y fuerza de Ley del sector bancario fue publicado en la Gaceta Oficial N° 6154 del 19 de Noviembre de 2014. Su texto completo está disponible en: https://microjurisve.files.wordpress.com/2014/12/g-e_6-154-decreto-14 02-ley-de-instituciones-del-sector-bancario.pdf

Actividad Aseguradora[10] y la Ley de Precios Justos[11]. Las leyes en cuestión conforman el marco jurídico que regula las áreas de mayor inversión en el país durante la última década.[12]

La premisa fundamental del autor enuncia que el marco legal que rige y norma las inversiones extranjeras dentro del Estado venezolano es incompatible con los compromisos que la Republica Bolivariana de Venezuela ha asumido a nivel de Derecho Internacional, por lo que caben, al menos, dos soluciones diferentes para minimizar la posibilidad controversias y litigios con inversionistas foráneos, que tienen la potestad de entablar reclamaciones arbitrales contra Venezuela habilitados por los APPRIs en vigor:

a) La armonización de la normativa nacional.

b) La renegociación de los APPRIS, previa denuncia, o la terminación implícita por enmienda con otro Tratado posterior.

La primera alternativa, la armonización de la normativa nacional *vs.* el marco convencional *iusinternacional* que rigen en los APPRIs, parecería poco factible debido a las profundas diferencias ideológicas que existen entre el modelo Bolivariano venezolano y el de libre mercado que está implícito en los Tratados Bilaterales de Inversión. Desde la perspectiva de la renegociación, el punto medular es conceptualmente migrar de un formato liberal típico de los APPRIs impulsados en la última década del siglo XX, en donde la protección del inversor es la piedra angular de los mismos a expensas de la soberanía Estatal[13], a uno en donde la inversión para el desarrollo sea el objetivo fundamental de los APPRIs, equilibrando las responsabilidades y obligaciones entre el inversor y el Estado.

---

[10] La Ley de la Actividad Aseguradora fue publicada en la *Gaceta Oficial* N°. 39984 del 13 de Agosto de 2012. Su texto completo está disponible en: http://www.pgr.gob.ve/dmdocuments/2012/39984.pdf

[11] La Ley Orgánica de Precios justos fue publicada en la *Gaceta Oficial* N°. 40.340 del 23 de Enero del 2014. Su texto completo está disponible en: http://www.mp.gob.ve/c/document_library/get_file?uuid=7c3a0033-59c7-40 98-8821-71334d20f196&groupId=10136

[12] Calderón, A., *La inversión extranjera directa en América Latina y el Caribe*, Comisión Económica Para América Latina y el Caribe - Publicación de las Naciones Unidas, Santiago de Chile, 2012, p. 54.

[13] Maes M. y otros: *Los Acuerdos de Inversiones de la UE en la era del Tratado de Lisboa, Por una política europea de inversiones al servicio del interés público*, Transnational Institute, Ámsterdam, 2010, pp. 9-10.

La alineación mencionada anteriormente, deberá también considerar las obligaciones internacionales contraídas en los acuerdos multilaterales de los cuales Venezuela es parte, como son el caso del ALBA, MERCOSUR, y UNASUR. En el mismo orden, es de particular importancia el hecho de que, aun cuando nueve de los veintisiete APPRIs fueron negociados entre varios Estados Europeos y Venezuela, la renegociación del contenido, a ser reorientado hacia los fines antes mencionados, debería llevarse a cabo a través de la Unión Europea, ya que la inversión extranjera es la competencia exclusiva de esta Organización Internacional, como fue establecido en el artículo 207° del Tratado de Lisboa (2009)[14].

Finalmente, se argumenta en la obra la alternativa de la denuncia de los APPRIs que Venezuela mantiene en vigor. En el caso hipotético de una denuncia compulsiva, el Estado venezolano podría correr el riesgo de estar sujeto a un posible aislamiento a los flujos de capital global e inversión extranjera, sin embargo este escenario se contradice con el caso de Brasil[15], que no cuenta con APPRIs, aun cuando ha sido el mayor receptor de inversión extranjera en Latinoamérica de la última década[16]. Ahora bien, como la renegociación pasa por un acuerdo Inter-Estatal, los posibles desajustes

---

[14] El Tratado sobre el Funcionamiento de la Unión Europea (TFUE, consolidado según Tratado de Lisboa), vigente desde el 1 de diciembre de 2009, atribuye de manera exclusiva a la Unión Europea la competencia en el ámbito de la Inversión Extranjera Directa, como parte de la Política Comercial Común. Su Artículo 207 (1) así lo confirma: "La política com   en principios uniformes, en particular por lo que se refiere a las modificaciones arancelarias, la celebración de acuerdos arancelarios y comerciales relativos a los intercambios de mercancías y de servicios, y los aspectos comerciales de la propiedad intelectual e industrial, las inversiones extranjeras directas, la uniformización de las medidas de liberalización, la política de exportación, así como las medidas de protección comercial, entre ellas las que deban adoptarse en caso de dumping y subvenciones. La política comercial común se llevara a cabo en el marco de los principios y objetivos de la acción exterior de la Unión". y el Artículo 3 (1). La Unión dispondrá de competencia exclusiva en los ámbitos siguientes: (e) la política comercial común". El texto completo del Tratado está disponible en los Documentos Oficiales de la Unión Europea en: http://eur-lex.europa.eu/legal-content/es/ALL/?uri =OJ:C:2007:306:TOC

[15] Calderón, A., op.cit. en nota 11, p. 25.

[16] United Nations Conference on Trade and Development, *Global Investment Trend Monitor* N° 15, UNCTAD, New York & Geneva, 2014, p. 6 .

entre las normas internas y las internacionales podrían aportar un aluvión de reclamaciones internacionales por parte de inversores extranjeros durante el período de renegociación de los mismo, o si estas no se concretan, durante permanencia de los APPRIs *ex post* a su denuncia.

En adición, la obra también fundamente su relevancia por su particular interés práctico, ya que en la actualidad Venezuela ha sido demandada en treinta y nueve litigios de inversión, solo en el foro CIADI[17], lo que la coloca como el segundo Estado con más litigios después de Argentina en este Tribunal. Lo anterior parece confirmar la incompatibilidad de las medidas tomadas internamente siguiendo el marco legal nacional *versus* los compromisos internacionales adquiridos en los APPRIs. En adición, Venezuela se ha adherido al Tratado de MERCOSUR, además de haber liderado la creación y consolidación de una serie de Organizaciones multilaterales como son el ALBA y UNASUR, lo que también sugiere que nuevas controversias podrían generarse con inversiones provenientes de nacionales de este ámbito, si la desalineación jurídica es real.

Por lo anterior, un estudio analítico integral desde una perspectiva jurídica comparada de los diferentes instrumentos convencionales, que se centre en identificar, describir y contrastar los puntos de divergencia críticos a ser resueltos, entre la legislación interna y las obligaciones internacionales contraídas por el Estado venezolano, representa el aspecto más relevante de la obra.

La metodología de investigación se circunscribirá dentro de categorías consolidadas en el Derecho Internacional y en las Relaciones Internacionales, como es el caso de la interdisciplinariedad y el pluralismo, pues se utilizarán los métodos inductivo y deductivo.

En el análisis de los APPRIs, o sea Derecho Internacional Convencional, el método inductivo se considera apropiado y preponderantemente aplicado, ya que las reglas que rigen su funcionamiento se derivan de las cláusulas de los APPRIs[18]. En este orden,

---

17 CIADI, *Casos de Venezuela, op. cit.* en nota 4.

18 Jiménez Piernas, C., *"El Método del Derecho Internacional Público: Una aproximación sistémica y transdiciplinar"*, B.O.E. Madrid, 1995, p. 43. Este autor afirma que *"La eficacia del método inductivo en orden de establecer cual es el DI en vigor es especialmente adecuada en el ámbito del Derecho convencional, porque resulta relativamente fácil analizar el contenido y alcance de las obligaciones asumidas por los Estados a través de la práctica convencional"*.

se analizarán empíricamente, al margen de cualquier concepción doctrinal[19], las cláusulas de los APPRIs para su identificación y la posterior determinación de su alcance efectivo. De esta manera, se desarrollaran categorías generales mediante la inducción de las cláusulas particulares de los APPRIs.

Estas categorías generales, o *"standards"*, desarrolladas por los Estados en función a sus intereses de largo plazo, pueden ser determinados si las prácticas de las naciones son analizadas sistemáticamente.[20] El método inductivo utilizado para comprender el texto y las cláusulas de los APPRIs es consistente con los principios del Derecho Internacional recogidos en la Convención de Viena (1969)[21], por lo que confirma su adecuación para este fin.

En consonancia con el método inductivo, y con el fin de sistematizar el análisis de las cláusulas de los diferentes APPRIs suscritos por Venezuela a lo largo de su historia, el autor ha desarrollado matrices de análisis que enumeran y agrupan los diferentes elementos que componen cada disposición de los Tratados. Dichas matrices forman parte de los anexos y representan una metodología de análisis que podría ser útil para futuras investigaciones científicos en el ámbito de las implicaciones jurídicas de los elementos que configuran la redacción de las disposiciones de los APPRIs.

Como complemento necesario del método inductivo se utilizará el método deductivo. El mismo se considera apropiado ya que el Derecho, en general, es una racionalización de como satisfacer las necesidades de organización y regulación de un grupo social, en este caso la Sociedad Internacional[22], o sea, los Estados parte de

---

[19] *Ibídem*, p. 39.

[20] Schwarzenberger, G., "The inductive approach to International Law", *Harvard Law Review*, Vol. 60, No. 4, *The Harvard Law Review Association*, Boston, 1947, pp. 37-38.

[21] Convención de Viena de 1969 sobre el Derecho de los Tratados, Art. 31.1: "Un Tratado deberá interpretarse de buena fe y conforme al sentido corriente que haya de atribuirse a los términos del Tratado en el contexto de estos y teniendo en cuenta su objeto y fin".

[22] Del Arenal, C., "La Nueva Sociedad Mundial y las Nuevas Realidades Internacionales: Un Reto para la Teoría y para la Política" en *Cursos de Derecho Internacional y Relaciones Internacionales de Vitoria-Gasteiz*, Universidad del País Vasco, Servicio de Publicaciones, Bilbao, 2002, p. 22.

un APPRI o de un Acuerdo multilateral. A través del método deductivo se establecerá el marco conceptual, que dará coherencia al análisis de las cláusulas incorporadas a los Tratados. En suma, se plantea deducir las motivaciones e intereses detrás de las cláusulas que se plasman de los diferentes APPRIs.

En función a las categorías metodológicas, el autor hará uso de la interdisciplinariedad. La razón del uso de tal categoría radica en que el carácter de la problemática del análisis de los APPRIs no es exclusivamente jurídico, y sería incompleto el no incorporar aspectos del contexto histórico, político, económico y sociológico para tal fin. También la interdisciplinariedad funciona para corregir y equilibrar el rigor del especialísimo dogmatico[23], y aplicada al estudio del Derecho Internacional que, como todas las ciencias sociales no es autosuficiente[24], nos dotará de un análisis más adecuado de las realidades subyacentes en las reglas y categorías convencionales analizadas, lo que incidirá en evitar un conocimiento puramente formal incompleto y estrecho[25] de las mismas.

En adición, se considera fundamental el uso de otras ciencias sociales para complementar el análisis lógico-formal de los APPRIs, lo que en sí lo enriquece y evita caer en la unilateralidad metodológica[26]. Con el uso de la interdisciplinariedad, se pretende entender las circunstancias que se convertirán en actos jurídicos de contenido social, económico y político, que marcarán la forma en que se regularán las conductas[27] de los Estados parte del Tratado. Por lo tanto, la interdisciplinariedad nos proporciona en el presente trabajo importantes ventajas metodológicas, ya que los problemas del análisis de los APPRIs se dan en dos momentos históricos, económicos, políticos y sociales muy diferentes que no pueden resolverse

---

23   Lleonard, A. J., Investigación científica y Derecho Internacional, CSIC, Madrid, 1981, p. 252.

24   Lachs, M., "The teacher in International Law (Teachings and Teaching)", *The Hague*, Nijhoff Publishers, 1982, p. 150.

25   Schwarzenberger, G., "The Inter-Diciplinary Treatment of International Law" en *Fundamental Problems of International Law*, Festschrift für Jean Spiropoulos, Bonn, 1957, p. 401-403.

26   Carro J. L., *Derecho Público y Política*, Civitas, Madrid, 1974, pp. 50-52.

27   Lara Sáenz, L., *Procesos de la Investigación Jurídica*, UNAM, Instituto de Investigaciones Jurídicas, México, 1991, p. 49.

con las herramientas conceptuales de una sola disciplina[28]. Como complemento necesario a las fuentes académicas formales, se incluirán fuentes informativas de la prensa que ayuden al entendimiento de los datos sociales, políticos y económicos del trabajo que, en sí, representa una orientación metodológica muy basada en la actualidad.

Específicamente, la investigación se llevará a cabo interpretando la evolución histórica de los marcos jurídicos internos y la evolución del contenido de los APPRIs, con el fin de entender las mutaciones de los mismos a raíz de los cambios del contexto económico, social y político de Venezuela. El punto de transición para el análisis es el año 1999, cuando entra en vigor la Constitución Bolivariana, que representa el hito entre los períodos pre y post revolucionario.

Finalmente, y con el fin de potenciar un análisis amplio desde la perspectiva de múltiples disciplinas con un espectro que abarque de la *Praxis*[29] a la *Poiesis*[30], el autor incorporará sus propias experiencias y conocimientos empíricos en el medio empresarial transnacional, tanto en el liderazgo de corporaciones globales, como en el rol de un inversor extranjero directo a través de sociedades incorporadas en un Estado con un APPRI en vigor con Venezuela.

El análisis de los APPRIs seguirá la lógica de los principios codificados en el artículo 31° de la Convención de Viena (1969) para la interpretación de Tratados: la interpretación gramatical (texto), la lógico-sistemática (contexto) y la teleológica (objeto y fin)[31]. Así, no puede faltar el complemento interpretativo de los "*leading cases*" de la jurisprudencia arbitral internacional de inversiones. Aun cuando los Laudos arbitrales no están exentos de disfunciones in-

---

[28]   Gould, W. L., *International Law and the Social Sciences*, Princeton Legacy Library, Princeton, 1970, pp. 21-22.

[29]   Aguirre Oraá, J. M., "Praxis" en Auroux, S., *Encycolpedie philophique universelle, Les notions philosphiques*, v. II, Paris, 1990, p. 2022. El autor afirma que "La praxis podría ser considerada como la actividad humana material y social de transformación de la realidad objetiva de la naturaleza, de la sociedad y del hombre mismo".

[30]   Martin Heidegger's, "The Origin of the Work of Art," in *Poetry, Language, Thought*, (trans. Albert Hofstadter), Harper and Row Perennial Library, London and Toronto, 1935/1975, p. 17.

[31]   Remiro Brotóns, A., *Derecho Internacional Público: Derecho de los Tratados*, Tecnos, Madrid, 1986, pp. 306-314.

troducidos por los factores políticos[32], en sí, influencian la conducta de los Estados desempeñando un papel vital en la determinación de las normas jurídicas internacionales[33].

La presente Obra se divide en cuatro capítulos. Cada capítulo abordará una clase de interacción distinta del régimen revolucionario con el sistema jurídico y económico internacional, considerando como el eje de toda la investigación el Derecho Internacional de Inversiones. Los capítulos se estructuran de la manera siguiente:

El Capítulo I: "La realidad político-económica del cambio en Venezuela", presentará una visión de la realidad política, social y económica venezolana, que antecede a los cambios del derecho interno que el país ha experimentado.

El Capítulo II: "Los Estados socios de Venezuela a través de su reciente historia económica", demostrará como ha evolucionado la visión y las prioridades de Venezuela en el establecimiento de las relaciones económicas con los Estados con los cuales ha celebrados APPRIs en las últimas dos décadas.

El Capítulo III: "La evolución derecho interno venezolano sobre las inversiones extranjeras", abordará el estudio de las mutaciones que ha experimentado el marco legal del país iniciando con la Constitución Nacional hasta la nueva Ley de Inversiones, aprobada por la Asamblea Nacional venezolana en Octubre de 2014.

El Capítulo IV: "Efectos del régimen sobre el Derecho Internacional de inversiones vinculante para Venezuela", analizará de manera exhaustiva todos los compromisos internacionales que mantiene vigente el Estado venezolano mediante los APPRIs que ha celebrado a través de su historia. El análisis, partirá de la distinción entre los acuerdos anteriores y posteriores a la Constitución Bolivariana, y examinará el impacto del régimen jurídico interno y lo problemas de su aplicación. En adición, se evaluarán las obligaciones que Venezuela ha adquirido mediante su adhesión a los acuerdos de integra-

---

[32] Gros, A., "La Cour internationale de Justice 1946-1986: les réflexions d'un juge", en Yoram D., *International Law at a Time of Perplexity - Essays in Honour of Shabtai Rosenne*, Martinus Nijhoff Publishers, Dordrecht/Bos ton/London, 1989, pp. 289-306.

[33] Ortega Carcelén, M., "Análisis del valor creador de la jurisprudencia en el Derecho Internacional", en *Revista Española de Derecho Internacional, v.* XL, 1988, pp. 55-87.

ción multilaterales regionales, como son MERCOSUR, UNASUR y el ALBA, que en términos del objeto de la investigación de la presente disertación solo representan una aportación secundaria.

Finalmente, se alcanzarán unas conclusiones, que no sólo resumen lo principal del objeto de la investigación, sino que aportarán valor añadido al tema, pues se introducen propuestas relevantes para mejorar la relación entre el régimen revolucionario actual y las obligaciones y normas del Derecho Internacional.

CAPÍTULO I:

LA REALIDAD POLÍTICO-ECONÓMICA DEL CAMBIO EN VENEZUELA

A modo de introducción, cabe destacar que en este capítulo sólo se analizarán los rasgos políticos y económicos que mayor incidencia tendrán en la configuración del régimen bolivariano, con una perspectiva histórica.

1. *El modelo del bipartidismo democrático: 1958-1999*

Desde la llegada al poder de Hugo Chávez Frías como Presidente de la Republica Bolivariana de Venezuela, el 2 de Febrero de 1999, el país experimentó un cambio fundamental en la visión y rol de los órganos del Estado en función de las relaciones internas y externas en los ámbitos político, social, jurídico y económico. Dichos cambios están siendo impulsados desde entonces por una creación del presidente Chávez: La Revolución Bolivariana.

El sistema político venezolano, previo a la llegada al poder de Hugo Chávez, se construyó sobre los principios establecidos en el Pacto de Punto Fijo[34,] en donde las organizaciones políticas mayoritarias, Acción Democrática (social-democracia) y COPEI (democracia social-cristiana), se distribuían el ejercicio del poder y mantenían un equilibrio estable entre candidatos presidenciales y el control de

---

[34] El Pacto de Punto Fijo se conoce como la alianza que se llevó a cabo por lo partidos democráticos de Venezuela en el año 1958, con el fin de garantizar la gobernabilidad en el país luego de la dictadura militar y de cara a la amenaza que representaba el movimiento comunista en Latinoamérica inspirado por la revolución cubana en los año sesenta. El texto completo del Pacto de punto fijo se encuentra en: http://servicio. bc.uc. edu.ve/derecho/revista/idc22/22-10.pdf

las organizaciones del país, mediante un esquema fundamentalmente bipolar[35]. El modelo político-económico del bipartidismo Punto-Fijista, se basaba en la redistribución de los recursos excedentes de la renta petrolera que posibilitaba la satisfacción de las demandas de los diferentes grupos sociales[36]. Según Mata Mollejas:

"El pacto de gobernabilidad denominado de "Punto Fijo" políticamente consagrado en la constitución de 1961, garantizaba para los estamentos populares un acceso al excedente petrolero por vía de servicios públicos gratuitos; educación y salud; por la vía de subsidios directos generalizados a ciertos alimentos que garantizaban a precios bajos: leche, harina de trigo, carne, etc., y a los insumos básicos del transporte automotor, así como la generación y distribución de energía eléctrica. La seguridad social se extendió, con escasa contribución de la masa asalariada, a partir de la contribución fiscal y patronal. Por su parte el sector empresarial bajo la inspiración de la CEPAL, además del crédito blando recibía una altísima protección arancelaria y, junto con la población en general, hacia uso de una infraestructura que no le representaba ningún costo o uno ínfimo (carreteras, servicios de agua y electricidad)."

Como consecuencia del modelo bipartidista, el proceso de toma de decisiones evolucionó hacia uno de carácter marcadamente vertical, excluyente y con una peligrosa tendencia desmovilizadora y anti-participativa[37].

Desde el punto de vista de relaciones internacionales y política exterior, cabe destacar que Venezuela durante la Cuarta Republica (1958-1999) siguió en buena medida la *doctrina Betancourt*[38], que se basaba en el no reconocimiento de los gobiernos *de facto* que surgían en Latinoamérica y el Caribe, producto del derrocamiento de un

[35] Sierra, M. F., *Venezuela Contemporánea 1974-1989*, Fundación Eugenio Mendoza, Caracas, 1989, p. 59.

[36] Garrido, V., "Venezuela y la Revolución Bolivariana", Instituto Universitario General "Gutiérrez Mellado" de Investigación sobre la Paz, la Seguridad y la Defensa, Madrid, 2009, p. 108.

[37] Rey, A. C., *El futuro de la democracia en Venezuela*, IDER, Caracas, 1989, p. 194.

[38] Fernández, M. A., *Análisis comparativo de la política exterior venezolana desde 1959 hasta 1974: De la doctrina Betancourt al Pluralismo Ideológico*, Tesis de Grado, Universidad Rafael Urdaneta, Maracaibo, 1995, p. 110.

gobierno civil, e impulsaba la defensa de la seguridad nacional y regional frente a la injerencia cubana-soviética[39].

La política exterior de Venezuela también se mostraba a favor de la integración regional impulsada por los Estados Unidos de América, su mayor socio comercial, con el fin de que esta nación la considerada un proveedor confiable y seguro en el suministro petrolero[40]. En referencia a la incorporación del país a Tratados bilaterales y multilaterales de integración con los países del continente americano, se puede afirmar que la firma de los mismos, jugó un papel destacado durante el período 1958-1999[41].

La problemática social de Venezuela se hace evidente, luego de décadas de crecimiento económico, en el año 1983, cuando se experimenta la primera gran crisis del sistema económico tradicional venezolano. El colapso económico es la consecuencia de la insostenible dependencia de ingresos externos, tanto petroleros (por el importantísimo retroceso en los precios internacionales), como por el endeudamiento externo de corto plazo, con el que el país ajustaba su balance fiscal.[42] La crisis económica que se manifestó mediante devaluación de la moneda, control de cambio e hiperinflación, y trajo como consecuencia que el Estado venezolano fuese incapaz de seguir satisfaciendo las exigencias de todos los sectores. Ello condujo a que el sistema político-económico solo garantizase beneficios a un privilegiado estrato político-social, sin tener en cuenta las necesidades del grueso de la población[43].

El comienzo de la década de los años noventa del Siglo XX, período histórico que marca el alba de las negociaciones y cristalización del los APPRIs suscritos por el Estado venezolano, está marcado por un entorno socio-económico precario caracterizado

---

39 Garrido, V., "Venezuela y la Revolución Bolivariana", *Op. Cit.* en nota 36, p. 110.

40 Romero, C. A., *Dos etapas en la política exterior de Venezuela.* Politeia, *v.* 26, n. 30, Caracas, enero 2003 pp. 169-182.

41 Betancourt, R., *América Latina: democracia e integración*, Six Barral, Barcelona, 1978, p. 197.

42 *Ibídem.* p. 205.

43 Garrido, V., "Venezuela y la Revolución Bolivariana", *Op. Cit.* en nota 36, p. 108-109.

por la agudización de la pobreza[44], el déficit fiscal y los incrementos compulsivos de deuda externa[45], lo que obligó al gobierno venezolano a emprender un proceso de renegociación de sus obligaciones, con el fin de reinsertar a Venezuela en el mercado financiero internacional y acceder a los recursos que requería con urgencia. Tal reinserción, comprendería la negociación con el Fondo Monetario Internacional de un acuerdo para préstamos *stand by* por el orden de US$ 4.500 millones a ser recibidos en un período de tres años[46]. Dichas erogaciones estarían condicionadas por medidas de austeridad[47] que Venezuela debería llevar a cabo de manera inmediata y entre las que se incluirían la liberalización general de los precios, de la tasa de cambio y de las tasas de interés. En adición, el gobierno se obligaba a realizar un ajuste de los precios para bienes y servicio producidos por el Estado, tales como la energía eléctrica y la gasolina[48]. "El Paquete"[49], como fue conocido el plan de ajuste

---

[44] Sobre la evolución de la pobreza en Venezuela ver Weisbrot, M.: "Poverty Reduction in Venezuela: A Reality-BaseView" en Harvard Review of Latin America, *v.* VIII, n. 1, 2008, pp. 2.

[45] García, G., "La sostenibilidad de la política fiscal en Venezuela" en *Revista del Banco Central de Venezuela, v.* XI, n. 2, 1997.

[46] Martínez, J. H., "Causas e Interpretaciones del Caracazo". Historia Actual Online, Núm. 16 (Primavera, 2008)", p. 88 Universidad Nacional Autónoma de México, 2008, en: http://www.isn.ethz.ch/Digital-Library/Publications/Detail/?id=94220.

[47] Vreeland, J., The IMF: Lender of Last Resort or Scapegoat?, Yale University, 2009, p. 1. A propósito de las condiciones que el FMI impone a los países con necesidad de préstamos por problemas en sus balanzas de pago, dicho autor aduce que "Hence, the conventional understanding is that governments entering arrangements need an IMF loan and have no choice but to accept IMF conditions", p. 1.

[48] "Venezuela Pact With I.M.F.", New York Times, 23 de Febrero de 1989. El texto del artículo está disponible en: http://www.nytimes.com/1989/02/23/business/venezuela-pact-with-imf.html

[49] Martínez, J. H., "Causas e Interpretaciones del Caracazo", *Op. Cit.* 47, p. 88. Una descripción somera del paquete macroeconómico que suscribiese Venezuela se encuentra en donde el autor argumenta que "paquete macroeconómico que comprendía medidas como la restricción del gasto público y los niveles salariales, liberalización cambiaria y monetaria, eliminación progresiva de aranceles a las importaciones, liberalización de precios de todos los productos con excepción de 18 pertenecientes a la canasta básica, incremento de las tarifas de los servicios públicos (teléfono, agua, electricidad y gas), alza de los precios de productos

del FMI en 1989, es reconocido como el detonante para la revuelta popular que se desencadenó en Venezuela entre el 27 y 28 de Febrero del año 1989[50], y que representa el principio del final del modelo político que prevalecería en Venezuela desde los años sesenta del siglo XX.

2. *El gobierno bolivariano de 1999: la estabilización socio-económica y el cambio en el concepto de propiedad privada*

El sistema de bipartidismo democrático venezolano que se sostuvo por cuarenta años, desde el derrocamiento del la Dictadura de Militar en 1958, sufre su ruptura definitiva con la instauración del gobierno de corte revolucionario y la adopción de una nueva Constitución Bolivariana[51]. La Revolución Bolivariana, tiene su punto de partida con la ascensión al poder del Presidente Hugo Chávez Frías en 1999 y hará mutar radicalmente el sistema político del país.

El Gobierno Revolucionario inicia su gestión mediante la implementación del Programa Económico de Transición 1999-2000[52], con acciones de corte ortodoxo, desde el punto de vista económico, tanto en su formulación como en su instrumentación[53]. Dicho programa es el resultado de la Ley Habilitante[54] conferida al presiden-

---

derivados del petróleo, con una primera alza del 100% en el precio de la gasolina y aumentó del 30% en las tarifas del transporte público".

[50]   *Ibídem.* Martínez afirma que "El Caracazo no fue un movimiento social representado organizativamente, sino un estallido popular, en este sentido respondió más a los sentimientos de malestar popular por el encarecimiento de la vida, que a la orientación política desde alguna organización.

[51]   Romero, M. T., *Política exterior venezolana. El proyecto democrático. 1958-1998.* Editora El Nacional- Colección Minerva, Caracas, 2002, pp. 234-236.

[52]   "Programa Económico de Transición 1999-2000". Publicado en la *Revista venezolana de Análisis de Coyuntura*, 1999, *v.* V, n. 1 (ene-jun.), pp. 343-386.

[53]   Guerra, J., *Venezuela Endeudada:* De Carlos Andrés Pérez a Hugo Chávez, De La A a La Z Ediciones, Caracas, 2006, p. 40

[54]   La Ley habilitante del 1999 fue publicada en la *Gaceta Oficial de la República de Venezuela* N° 36.687 de fecha 26 de Abril 1999. En su preámbulo se justifica el origen de los poderes especiales que dicha Ley le confiere al presidente mediante el siguiente razonamiento en su preámbulo: La crítica situación económica y fiscal que atraviesa el país en los actuales momentos hace necesario adoptar un conjunto de medidas a muy corto plazo que permitan atacar el déficit fiscal derivado de la disminución de los ingresos presupuestarios, frenar y superar la

te Chávez al inicio de su administración en el año 1999. En el programa se presenta un nuevo modelo de desarrollo para Venezuela, partiendo de la premisa fundamental de que el gobierno revolucionario debe "hacer converger la mano invisible del mercado con la mano visible del Estado, en un espacio donde exista tanto mercado como sea posible y tanto Estado como sea necesario"[55].

El contenido del Programa Económico de Transición no muestra posiciones antagónicas hacia el mercado, cuando lo define "... como mecanismo fundamental de la asignación de recursos y factores"[56], o hacia la inversión extranjera que la entiende circunscrita en "... una estrategia que contemplará como núcleo central, el diseño de políticas de promoción y apoyo, para propiciar la iniciativa privada nacional y el ingreso masivo de inversión extranjera."[57]. Se destaca en este sentido, la relevancia que proporciona el Programa a la inversión extranjera en la explotación de los recursos naturales no renovables, como son el petrolero[58] y la minería[59], que representan para Venezuela las principales fuentes de ingreso de la economía.

---

recesión, creando las bases para la reactivación económica y superar progresivamente la actual crisis social.

[55] "Programa Económico de Transición 1999-2000", *op. cit.* nota 53, p. 350.

[56] *Ibídem*, p. 351. En el programa económico de transición 1999-2000 parecería haber un claro corte liberal con reconocimiento expreso hacia el valor del mercado.

[57] *Ibídem*, p. 358. Muestra de la importancia de la inversión extranjera en el programa económico de transición 1999-2000 son las múltiples menciones de la misma en sus elementos claves como en el apartado V.2. Políticas sectoriales, que hace hincapié en la ejecución

[58] *Ibídem*. Sobre el sector petróleo, el programa económico de transición 1999-2000 establece en sus líneas fundamentales de política petrolera que se impulsará la "formación de capital nacional que pueda, conjuntamente, con la inversión pública y la privada externa, participar en la actividad petrolera, tanto en las áreas corriente arriba, donde esa participación esté permitida, como aguas abajo en todas sus posibilidades".

[59] *Ibídem*, p. 360. La importancia de la inversión extranjera privada se hace patente en el apartado V.2.3. del programa que afirma la necesidad de "propiciar la participación del sector privado, nacional y extranjero, con capacidad técnica y financiera, en las actividades mineras del país ... la inversión extranjera en el sector se refleja con el inicio de los trabajos para la explotación minera del oro".

En el mismo sentido, el programa reitera el interés estratégico para la promoción y protección de la inversión en el sector industrial, cuando reafirma:

"La economía venezolana orientada a reducir la dependencia de las exportaciones básicas, depende de la captación de inversión privada y tecnología. Por consiguiente, la normativa legal debe estar orientada a proteger y promocionar las inversiones, especialmente las destinadas al desarrollo del aparato productivo, establecer la obligatoriedad del registro de los capitales que ingresan al país, dar garantías de igual trato, tanto al inversionista nacional como al extranjero, garantizar la libre convertibilidad de la moneda, así como un trato justo en las controversias que pudiesen surgir sobre sus inversiones, respetar los acuerdos que en esta materia haya suscrito Venezuela de manera bilateral o multilateral y determinar los incentivos pertinentes para el desarrollo de la inversión productiva"[60].

En consonancia con la visión previamente plasmada en el Programa Económico de Transición, referente a la inversión extranjera, el programa también la entiende como muy relevante para las áreas prioritarias de desarrollo económico interno, con son la construcción[61] y el del turismo[62].

---

[60] *Ibídem*, p. 369. Acerca del sector industrial el programa hace un énfasis particular como se evidencia en su apartado V.2.5. "sector industrial".

[61] *Ibídem*, p. 373. La importancia de la inversión extranjera en el sector construcción se evidencia en el apartado V.2.6. del programa que estipula: "Las inversiones en este sector se han visto limitadas por la ausencia de un marco jurídico claro, que garantice la estabilidad de las empresas ejecutoras. Por este motivo se dictarán normas que regulen la contratación de obras por la administración pública con la finalidad de incrementar la seguridad jurídica del inversionista permitiendo una mayor transparencia y rapidez en estos procesos. Igualmente los esfuerzos estarán dirigidos a estimular el interés en aquellas obras y servicios públicos, donde se requiera de la iniciativa de los inversionistas privados para financiar su ejecución, ante la imposibilidad que tiene el Estado de hacerlos con sus propios recursos: inversión en infraestructura de alta rentabilidad, como son los puertos, aeropuertos y autopistas".

[62] *Ibídem*, p. 376. Sobre la importancia de la inversión extranjera en el sector turismo del programa remitirse al apartado V.2.7: "La estrategia dirigida al turismo internacional incluye entre otros el programa de tratamiento a la inversión extranjera y de incentivos a las inversiones con capacidad exportadora, apoyado además en las acciones dirigidas a la promoción internacional hacia los mercados potenciales".

En el año 2001, la administración del Presidente Chávez presenta al país las líneas generales del Plan Nacional de Desarrollo Económico y Social de la Nación 2001-2007[63], inmediatamente después del Programa Económico de Transición 1999-2000, que representa el primer plan de la nueva era constitucional bolivariana[64]. Dicho plan está compuesto por cinco equilibrios fundamentales como son el equilibrio político, el económico, el social, el territorial, y el internacional[65], para la estabilización de Venezuela durante su vigencia. El Plan Nacional de Desarrollo Económico y Social de la Nación 2001-2007, tiene la peculiaridad de incluir un predominante carácter social en donde "la práctica de estos cinco equilibrios se fundamenta en la participación protagónica de todo el pueblo venezolano, sin discriminación alguna"[66]. Se destaca en el Plan Nacional de Desarrollo Económico y Social de la Nación 2001-2007, la importancia que le confiere el gobierno revolucionario a la iniciativa privada[67], el rol de las libertades económicas globales[68], la im-

---

[63] Plan Nacional de Desarrollo Económico y Social de la Nación 2001-2007. El texto completo del Plan se encuentra en: http://www.mppp.gob.ve /wp-content/uploads/2013/09/Plan-de-la-Nación-2001-2007.pdf

[64] *Ibídem*, p. 7.

[65] D'Elia, Y. y Maingon T., "El FONVIS: su trayectoria institucional en el contexto sociopolítico venezolano de 1980 a 2004" en *Working Papers*, January 2006 01, Centro de Estudios del Desarrollo – CENDES, Universidad Central de Venezuela, Caracas, p. 381. Las autoras presentan una sinopsis de los equilibrios que describen como: "En el año 2001, se presenta al país el Plan Nacional de Desarrollo Económico y Social para el pe-ríodo 2001-2007, con 5 ejes de equilibrio en el crecimiento económico y las capacidades productivas, la integración latinoamericana y la multipolaridad, la democracia participativa, la justicia social y la distribución territorial de recursos".

[66] Plan Nacional de Desarrollo Económico y Social de la Nación 2001-2007, *op. cit.* en nota 64, pp. 8-9.

[67] *Ibídem*. pp. 39-42. Como muestra de la importancia relativa que el plan confiere a la inversión privada tenemos los siguientes artículos: "1.2.1.3 Sustituir progresivamente el gasto público por el gasto privado como factor de a la actividad económica. Históricamente el gasto público ha sido el factor activador de la demanda agregada y con ello de la actividad productiva nacional. Las limitaciones de ingresos tributarios que han venido afectando la gestión fiscal obligan a una concentración del gasto público en el financiamiento de actividades vinculadas a la prestación de servicios fundamentales para cumplir la función social, limitando por tanto la capacidad del Estado para intervenir en el desarrollo de actividades productivas que corresponden más propiamente a la gestión privada", "1.6.5.2 Crear incentivos fiscales y

portancia de las relaciones internacionales tanto con países en vías
de desarrollo, como con potencias industriales occidentales[69], y la

---

financieros para las inversiones privadas en zonas de desconcentración económica. La experiencia exitosa de varias economías emergentes en el desarrollo acelerado de un fuerte sector industrial y/o de servicios de alta competitividad internacional indica claramente la necesidad de crear condiciones favorables para atraer inversionistas posicionados fuertemente en los mercados internacionales y nacionales con alta disponibilidad de recursos y control de tecnología de punta mediante la autorización legal de zonas francas de exportación, puertos libres con régimen fiscal especial y zonas especiales. Tales áreas o zonas especiales de inversión deben garantizar asimismo el desarrollo sustentable de la región donde están ubicadas, la generación de empleo directo e indirecto y una mejor distribución del ingreso a nivel territorial. Las anteriores facilidades deben complementarse con la aplicación de un régimen fiscal especial competitivo con el de otras zonas mas avanzadas del país, que se convierta en un estímulo real para la realización en esas zonas de actividades productivas y de servicios", y "1.2.1.5 Generar externalidades positivas que incrementen la productividad pública y privada e incentiven la inversión. El Estado, en función de sus disponibilidades presupuestarias, desarrollará planes de apoyo financiero al sector productivo e implementará programas de inversión de infraestructuras públicas fundamentales para el servicio público y el crecimiento económico del país. Es importante señalar que la función mas eficiente del Estado como promotor del desarrollo económico estará asociada a la creación de externalidades positivas (economías de costo) que al tiempo que crean condiciones de competitividad a la empresa privada, se traducen en un impulso importante a la formación bruta de capital y a la formación de empleo".

[68]   *Ibídem*, pp. 30-33. Sobre la visión positiva que dimana del plan hacia las libertadas económicas globales se evidencia en los artículos: "1.1.1.8 Facilitar las asociaciones estratégicas y la participación del sector privado en empresas estratégicas. La multipolaridad comercial permitirá negociar con países, con grandes consorcios transnacionales y dentro de la Organización Mundial de Comercio, para abrirse espacio en los mercados mundiales. Las tendencias positivas de la globalización que apuntan a una transnacionalización productiva, signada por la búsqueda de la mayor competitividad en cualquier región del mundo, es campo propicio para asociaciones estratégicas".

[69]   *Ibídem*, pp. 157-159, La relación de cooperación que el gobierno revolucionario planifica mantener en plano internacional se puede deducir del siguiente artículo: 5.3.1 Reafirmar las relaciones con los países vecinos y los socios económicos de Venezuela. Intensificaremos el diálogo y la cooperación con los países vecinos y profundizaremos la relación comercial, especialmente la energética, con los Estados Unidos, Suramérica, Centroamérica, el Caribe, China, India, Rusia. En

promoción[70] y protección de la inversión extranjera[71], que es reconocida como fuente de progreso tecnológico y crecimiento económico.

Acto seguido a la gestación del primer plan bolivariano, el trece de noviembre del año 2000 la Asamblea Nacional de Venezuela otorga al presidente Chávez, por segunda vez en su administración, poderes legislativos especiales por el período de un año en el marco de la Ley Habilitante que le autoriza a dictar "decretos con fuerza de Ley, de acuerdo con las directrices, propósitos y marco de las materias". La Ley habilitante le confería la capacidad de le-

---

el mismo orden de ideas, propulsaremos una vinculación más intensa y diversificada con la Unión Europea."

[70] *Ibídem*, pp. 54-55, En términos de la buena pro del plan hacia la promoción de la inversión extranjera se evidencia en sus artículos: "1.6.5 Promoción de Inversión Productiva 1.6.5.1 Atraer la inversión directa extranjera portadora de tecnología y mercado. La inversión extranjera en un complemento importante para el proyecto de aceleración del crecimiento económico y diversificación de las exportaciones que se ha previsto alcanzar en un mediano plazo, de tal manera de incorporar un motor adicional del desarrollo, que garantice la sostenibilidad del crecimiento económico, más allá de la eventual estabilidad del negocio petrolero. La inversión extranjera, incorporada mediante la asociación estratégica con el capital privado nacional, es una palanca segura para nuestra modernización tecnológica para garantizar el acceso exitoso a los mercados internacionales y para la capitalización productiva del país."

[71] *Ibídem*, p. 66-67. En función a la seguridad jurídica que es necesario otorgar a las inversiones extranjeras el plan manifiesta en su articulado: "1.2.4 Garantizar seguridad jurídica y legislación estable Existe la convicción general de crear un entorno legal que garantice a los inversionistas la existencia de un orden jurídico que sustente apropiadamente la actividad económica, en particular el derecho de propiedad, los derechos de autor, la libertad de movimiento de bienes y personas y el régimen legal aplicable en el caso de las nuevas actividades vinculadas a la explotación del negocio electrónico. En general se está realizando un esfuerzo significativo de modernización del régimen legal aplicable a las actividades económicas y financieras de tal manera de adaptarlo al marco jurídico derivado de la Constitución Bolivariana de Venezuela", y "6.5.7 Atraer inversión directa extranjera. El contexto de modernización jurídica, la garantía de libre competencia, las reglas de juegos claras, la modernización de los regímenes tributarios y aduaneros, la estabilización cambiaria y en general nuestras ventajas comparativas por la amplia potencialidad de nuestros recursos naturales el mayor nivel de capacitación de la mano de obra serán factores propicios para la creación de un ambiente de confianza a la inversión extranjera en el país".

gislar en los ámbitos financieros, económico y social, en el de infraestructura, el de transporte y servicios, el de seguridad ciudadana y justicia, el de ciencia y tecnología, y en el de organización y funcionamiento del Estado.[72]

Como producto de la Ley habilitante del año 2000, el presidente Chávez aprueba en Noviembre del 2001 cuarenta nueve decretos-Ley[73] de los cuales la Ley de Tierras y Desarrollo Agrario, la Ley Orgánico de Hidrocarburos, y la Ley de Pesca y Acuacultura son reconocidos como los hitos que marcan una cambio de timón en su administración. Las tres leyes provocan un enérgico rechazo de los sectores empresariales, las cúpulas sindicales, los partidos políticos tradicionales y gran parte de la población urbana de Venezuela, ya que son consideradas como expropiatorias, además de atentar contra la propiedad privada. Entre los elementos percibidos como expropiatorios se encuentran la reposesión por parte del Estado de tierras catalogadas como latifundio, la limitación del ejercicio del la pesca industrial a favor de la artesanal y la reactivación del monopolio del Estado en cuanto la explotación de hidrocarburos, desestimando los acuerdos suscritos con las grandes corporaciones trasnacionales para este fin, y obligando a las mismas a renegociar los términos de su participación como minoritaria, e incrementando sustancialmente sus cargas impositivas.

El *impasse* político-social generado evoluciona a un conflicto socio-económico de gran calado que escala de una huelga general, a un paro patronal y de la industria petrolera hasta el intento fallido de golpe de estado del 11 de Abril 2003. Como medidas de contención de corto plazo, a la importante crisis económica que se configura en el país, como resultado del paro petrolero y patronal, el

---

[72] La segunda Ley Habilitante que autoriza al presidente de la república para dictar decretos con fuerza de Ley, en las materias que se delegan, se encuentran en la *Gaceta Oficial* N° 37.076 del 13 de noviembre de 2000, y su texto completo está disponible en: http://www.pgr.gob.ve/dmdocu ments/2000 /37076.pdf

[73] Brewer-Carias, A. R. "Régimen Constitucional de la Delegación Legislativa e Inconstitucionalidad de los Decretos Leyes Habilitados Dictados en 2001". Un compendio de los decretos Ley producto de la segunda Ley Habilitante y un análisis sobre su constitucionalidad se encuentra en: http://www.allanbrewer carias.com/Content/449725d9-f1cb-474b-8ab2-41efb849feb1/Content/ II.6.194. pdf

gobierno revolucionario impone un estricto control de precios[74] y de cambio[75] que perdurará hasta nuestros días y que impactaran, de manera relevante, las expectativas de los inversores extranjeros en el país.

En suma, el modelo económico del primer sexenio del Presidente Chávez evolucionó de uno fundamentalmente liberal y abierto a la iniciativa privada e inversión extranjera, en todas las áreas de la economía, a otro, en donde el Estado retoma en control monopólico de los medios de producción estratégicos, como son los hidrocarburos, e inicia la limitación la propiedad privada, en especial la tenencia de las tierras y ciertas actividades industriales como la acuicultura.

3. *El primer Plan Socialista Bolivariano: 2007-2013. La ola de expropiaciones y nacionalizaciones*

El 4 de Diciembre 2006, Hugo Chávez Frías es reelegido presidente de la Republica Bolivariana de Venezuela para el período constitucional 2007-2013. Los objetivos y ruta a seguir por la administración del presidente Chávez, para este período, están plasmados en el Proyecto Nacional Simón Bolívar -Primer Plan Socialista 2007- 2013.[76] Mediante el Plan Socialista el gobierno de Venezuela potencia su marcha hacia un modelo de izquierda en el ámbito económico-productivo, siendo su postulado fundamental "la construcción del Socialismo del Siglo XXI"[77] ... "que solo podrá materializarse mediante una refundación ética y moral de la Nación que supere la ética del capital"[78]. El Socialismo del Siglo XXI, concepto acuñado por Heinz Dieterich Steffan, en su libro del mismo nom-

---

[74] El control de Precios fue publicado en la Gaceta Oficial 37.626, de fecha 6 de Febrero 2003. El texto completo de la Gaceta Oficial está disponible en: http://www.cdc.fonacit.gob.ve/DB/conicit/EDOCS/2003/go37626.pdf

[75] El control de cambio fue publicado en la *Gaceta Oficial* 37.625, de fecha 5 de Febrero de 2003. El texto completo de la Gaceta está disponible en: http://www.bcv.org.ve/c6/go37625a.pdf

[76] Proyecto Nacional Simón Bolívar Primer Plan Socialista -PPS- para el Desarrollo Económico y Social de la Nación 2007-2013. El texto completo del Proyecto Simón Bolívar esta disponible en: http://www.cendit.gob.ve /uploaded /pdf/Proyecto_Nacional_Simon_Bolivar.pdf

[77] *Ibídem*, p. 3.

[78] *Ibídem*, p. 5.

bre[79], y que fue adoptado como propio por el primer mandatario de venezolano, es la base del sistema político de Venezuela, y es una amalgama de nacionalismo -latinoamericanista- populista[80], inmerso en una doctrina política de izquierda Marxista-Engelsiana-Leninista[81]

Se destaca en el Primer Plan Socialista 2007-2013, la carencia de toda mención hacia la promoción y protección de las inversiones extranjeras, y la mínima prioridad que se le da a la inversión privada, como parte del proyecto de país presentado en el mismo. El rol minimizado de la inversión privada en el Primer Plan Socialista 2007-20013, se evidencia en su precepto base: "El Modelo Productivo Socialista estará conformado básicamente por las Empresas de Producción Social, que constituyen el germen y el camino hacia el Socialismo del Siglo XXI, aunque persistirán empresas del Estado y empresas capitalistas privadas"[82]. El plan, la transición de modelo económico se presenta gráficamente de la siguiente manera:

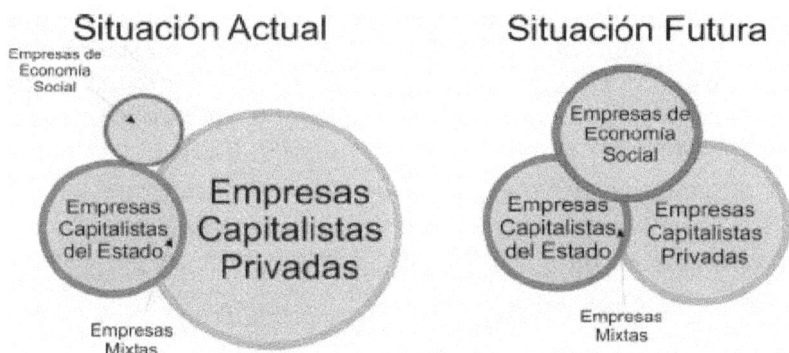

En adición, su contenido sugiere la eliminación de la inversión e iniciativa privada en áreas consideradas por el gobierno socialista como prioritarias, tal y como se evidencia en el apartado "modelo

---

[79] Dieterich, H., "El Socialismo del Siglo XXI", pp. 66-67, versión electrónica en: www.carpediem.org.ve/imagenes/Dieterich.pdf
[80] *Ibídem*, p. 67.
[81] Martín A. y Muñoz F., *Socialismo del Siglo XXI ¿Huida del Laberinto?*, Alfa, Caracas, 2007, p. 23.
[82] El Primer Plan Socialista 2007-20013, *op. cit.* en nota 77, p. 19.

productivo socialista". En dicho apartado, el plan prescribe que…"El Estado conservará el control total de las actividades productivas que sean de valor estratégico para el desarrollo del país y el desarrollo multilateral y de las necesidades y capacidades productivas del individuo social"[83]. Finalmente, el plan claramente confirma su naturaleza expropiatoria acerca de temas históricamente estandarte del régimen, como son la tenencia de la tierra y el monopolio estatal de la industria alimentaria en todos sus niveles para alimentos considerados básicos[84].

Los primeros pasos para la ejecución del plan, en lo que a expropiaciones se refiere, se lleva a cabo en los sectores petroleros[85], de telecomunicaciones y eléctrico[86] en el año 2007 revirtiendo el proceso de privatizaciones que se ejecutó en Venezuela la década anterior. Como lo reiterara el presidente Chávez en este respecto: "Todo aquello que fue privatizado, nacionalícese. Recuperemos la propiedad social sobre los medios estratégicos de producción". El Proceso de nacionalizaciones del año 2007, es en general, aceptado por las empresas trasnacionales, que se adaptan a las exigencias del gobierno revolucionario, con la excepción de las petroleras Estadounidenses Exxon-Mobil y Conoco-Phillips, que recurrirán tribunales internacionales de arbitraje, por la expropiación de sus activos en la faja petrolífera del Orinoco.

Una segunda ola de expropiaciones se ejecuta en Venezuela en los dos próximos años, en donde las áreas más afectadas son las industrias que sirven al sector de la construcción, tal como cemen-

---

[83]   *Ibídem*, p. 19.

[84]   *Ibídem*, p. 42. En el Plan, "…La soberanía alimentaria implica el dominio por parte del país de la capacidad de producción y distribución de un conjunto significativo de los alimentos básicos que aportan una elevada proporción de los requerimientos nutricionales de la población".

[85]   "Hace 5 años se concretó la nacionalización de la Faja Petrolífera del Orinoco", Agencia venezolana de Noticias, 2007. El autor del artículo, presenta un punto de vista consonó con el del gobierno socialista sobre la nacionalización de la industria petrolera. El mismo puede ser encontrado en: http://www.avn.info.ve/contenido/hace-5-años-se-concretó-nacio nalización-faja-petrol%C3%ADfera-del-orinoco

[86]   "Chávez anuncia la nacionalización del servicio eléctrico y las telecomunicaciones", El País, 8 de Enero de 2007. Disponible en: http://internacio nal.elpais.com/internacional/2007/01/08/actualidad/1168210811_850215. html

teras[87] y siderúrgico[88], y las industrias del sector agroalimentario de alimentos básicos[89], y sus industrias y servicios conexos tales como el empaque[90] y la distribución de alimentos[91]. Otras nacionalizaciones significativas se produjeron en el sector bancario[92], en la minería de oro[93] y en el área de servicios a la industria petrolera[94] extendiendo el control del gobierno a toda la cadena productiva de los hidrocarburos en el país.

---

[87] "Venezuela nacionaliza la industria cementera con la expropiación de la mexicana Cemex", *RTVE.es,* 19 de Agosto de 2008. Disponible en: http://www.rtve.es/noticias/20080819/venezuela-nacionaliza-industria-cementera-expropiacion-mexicana-cemex/139973.shtml

[88] "Venezuela llegó a un acuerdo por la nacionalización de Sidor", *La Nación,* 24 de Marzo de 2009. Disponible en: http://www.lanacion.com.ar /1111727-venezuela-llego-a-un-acuerdo-por-la-nacionalizaciocion-de- sidor

[89] "Venezuela: Nacionalizada multinacional de alimentos Cargill: Ahora a nacionalizar el resto de la industria de alimentos bajo control obrero", *Militante,* 9 de Febrero de 2009. Disponible en: http://www. militante.org/index.php/america/810-9venezuela-nacionalizada-multina cional-de-alimentos-cargill-ahora-a-nacionalizar-el-resto-de-la-industria-de-ali mentos-bajo-control-obrero

[90] "Owens Illinois sorprendida por la nacionalización ordenada por Chávez", El Economista, 26 de Octubre 2010. Disponible en: http:/www.eleconomista.es/mercados-cotizaciones/noticias/2554069/10/10/Owens-Illinois-sorprendida-por-la-nacionalizacion-ordenada-por-Chavez.html#.Kku8TTvO5flKTHR

[91] "Dirigentes políticos rechazan nacionalización de Friosa", *El Guayanés,* 7 de Octubre de 2010. Disponble en: http://www.el-guayanes.com/in dex.php?option=com_content &view=article&id=537%3Adirigentes-poli ticos-rechazan-nacionalizacion-de-friosa&catid=38%3Apolitica& Itemid =1

[92] "Chávez amenaza con nacionalizar la banca y la mayor siderúrgica de Venezuela: "Si las empresas extranjeras no quieren cooperar con nuestro proyecto de desarrollo, que se vayan y nos dejen a nosotros los bancos para ponerlos a trabajar por el desarrollo integral de Venezuela" en El Pais 5/5/2007 en: http://elpais.com/diario/2007/05/ 05/internacional/1178316016_850215.html

[93] "Chávez anuncia la nacionalización de la industria del oro" *El País,* 18 de Agosto de 2010. Disponible en: http://internacional.elpais.com/internacional/2011/08/18/actualidad/1313618405_850215.html

[94] "Chávez toma control de servicios petroleros", *BBC,* 8 de Mayo de 2009. Disponible en: http://www.bbc.co.uk/mundo/economia/2009/ 05/0905 08_venezuela_expropiadas_dv.shtml

El proceso expropiador que se potenció durante el *Proyecto Nacional Simón Bolívar -Primer Plan Socialista 2007 – 2013,* ha dejado un saldo de más de un millar de empresas expropiadas por el gobierno bolivariano[95] durante el segundo período del presidente Chávez.

Los efectos de las expropiaciones y nacionalizaciones compulsivas de las áreas estratégicas definidas en el plan socialista desde el año 2007[96], han dejado a Venezuela con un saldo de más de una treintena de litigios de inversión, aun en proceso, en los principales foros internacionales, lo que podrían representar una carga muy onerosa para la población del país en el caso que sus Laudos le sean desfavorables al Estado venezolano.

En suma, el Primer Plan Socialista 2007-20013, rompe de manera radical con un modelo económico de orientación liberal, que se evidenció en los primeros años de la administración del Presidente Chávez, y lleva a Venezuela hacia una economía de corte socialista, centralizada y controlada, con recelo hacia la iniciativa privada y a la inversión extranjera, y con la misión de impulsar el cambio en el modelo de propiedad, de individual a colectiva.

4. *El segundo Plan Socialista Bolivariano: 2013-2019. La centralización económica*

El primer plan socialista, fue sucedido por el "Plan de la Patria: Segundo Plan Socialista de Desarrollo Económico y Social de la Nación, 2013-2019"[97], que representa una profundización del proyecto iniciado por el Presidente Chávez en el período constitucional anterior. Dicho Segundo Plan Socialista, concebido por el Presidente Chávez, fue ratificado por su sucesor Nicolás Maduro Moros ante la Asamblea Nacional de la República Bolivariana de Ve-

---

[95] "Hugo Chávez expropió casi 1,200 empresas en diez años", El Economista, 15 de Febrero de 2015. Disponible en: http:/eleconomista.com. mx/in dustria-global/2013/03/07/hugo-chavez-expropio-casi-1200-empresas - diez-anos

[96] "Cronología de nacionalizaciones y expropiaciones en Venezuela desde 2007", *El Universal,* 26 de Octubre de 2010. Disponible en http://www. eluniversal.com/2010/10/26/eco_esp_cronologia-de-nacion_26A4655497

[97] Plan de la Patria - Segundo Plan Socialista de Desarrollo Económico y Social de la Nación, 2013-2019. El texto completo del plan está disponible en: http://www.asambleanacional.gob.ve/uploads/botones/bot_90998 c61a 54764da3be94c3715079a7e74416eba.pdf

nezuela, luego del fallecimiento de su predecesor. El Presidente Maduro, reafirma al momento de presentar su postulación ante el Consejo Nacional Electoral: "Vengo hoy, con el pueblo de Bolívar y de Chávez, a inscribir esta candidatura para defender los logros conquistados en 14 años de Revolución Bolivariana y ratificar el testamento político de nuestro comandante: el Programa de la Patria 2013-2019"[98].

El plan, sugiere una visión de país con una economía centralmente controlada por el Estado y la omnipresencia del mismo en el monopolio de los recursos naturales[99] y sectores estratégicos[100], como son la industria petrolera[101] y de sus servicios conexos[102], la minería, en general[103], y la de piedras y metales preciosos, en particular[104], la industria agroalimentaria[105], y la distribución de alimentos[106].

---

[98] *Ibídem*, p. 14.

[99] *Ibídem*, art. 1.2.12.: "Garantizar la propiedad y uso de los recursos naturales del país, de forma soberana, para la satisfacción de las demandas internas así como su uso en función de los más altos intereses nacionales ".

[100] *Ibídem*, art. 1.3.10.6.: "Incrementar los niveles de inversión pública en sectores estratégicos como apalancamiento para el desarrollo socio productivo".

[101] *Ibídem*, art. 1.2.2 .1.: "Garantizar la hegemonía del Estado sobre la producción nacional de petróleo".

[102] *Ibídem*, art. 1.2.5.: "Asegurar los medios para el control efectivo de las actividades conexas y estratégicas asociadas a la cadena industrial de explotación de los recursos hidrocarburíferos, y 1 .2 .5.2. Consolidar el control efectivo de las actividades clave de 1 a cadena de valor de petróleo y gas ".

[103] *Ibídem*, art. 1.2.3.: "Mantener y garantizar el control por parte del Estado de las empresas nacionales que exploten los recursos mineros en el territorio nacional y recursos naturales estratégicos".

[104] *Ibídem*, art. 3.1.16.3.: "Incrementar la producción de oro y diamante, actualizando tecnológicamente las empresas estatales de oro, conformando empresas mixtas en las cuales la República tenga el control de sus decisiones y mantenga una participación mayoritaria, y organizando la pequeña minería en unidades de producción de propiedad social".

[105] *Ibídem*, art. 1.4.5.2.: "Consolidar el sistema agroindustrial venezolano basado en la construcción planificada de plantas agroindustriales, y creación en su entorno de redes de producción de las materias primas requeridas y redes de distribución de los productos terminados, como estrategia principal del injerto socialista. Incluyendo entre otros: plantas

En adición, el plan parece establecer la continuación de una política de controles por parte del Estado[107], que sugeriría limitar seriamente las libertades económicas en un contexto donde la importancia de la inversión extranjera solo se evidencia en el sector turismo[108]. Finalmente, se plantea en el segundo plan socialista una posición contraria a los APPRIs y los Tratados multilaterales, debido a que son concebidos como instrumentos de dominación colonial de los países industrializados[109] por lo que según el plan, deben ser denunciados.

En síntesis, la realidad venezolana ha evolucionado de una economía fundamentada en un modelo tecnócrata neoliberal a finales del siglo XX, a una inmersa en un modelo socialista, en donde el Estado controla tanto los medios estratégicos de producción como las variables económicas clave, tales como el precio de los bienes y servicios de la economía y el régimen cambiario de divisas, lo que parecería haber impactado de manera significativa las libertadas económicas, la iniciativa privada y la viabilidad de las inversiones extranjeras en el país. Todo ello, tendrá un reflejo en la legislación nacional, como se verá en el siguiente Capítulo III y, por ende, en las obligaciones internacionales de Venezuela según se estudiará en el capítulo IV.

---

procesadoras de leche, mataderos frigoríficos, almacenamiento d e cereales, oleaginosas y semillas, casas de labores pesqueras".

[106] *Ibídem*, arts. 1.4.6.1.: "Expandir las redes de distribución socialista de alimentos , tales como Mercal, Cval, Pdval, Bicentenario y programas de distribución gratuita y red de distribución de alimentos preparados, tales como las areperas y restaurantes Venezuela: ... 1.4.6.4.: "Establecer una red nacional de centros de distribución de hortalizas y frutales con sus respectivas redes de transporte".

[107] *Ibídem*, art. 2.1.2.: "Desarrollar un sistema de fijación de precios justos para los bienes y servicios, combatiendo las prácticas de ataque a la moneda, acaparamiento, especulación, usura y otros falsos mecanismos de fijación de precios, mediante el fortalecimiento de las leyes e instituciones responsables y la participación protagónica del Poder Popular, para el desarrollo de un nuevo modelo productivo diversificado, sustentado en l a cultura del trabajo".

[108] *Ibídem*, art. 3.2.7.3.: "Fomentar la inversión nacional e internacional en el sector turístico, a través del estímulo a los prestadores de servicios turísticos actuales y potenciales de manera de mejorar de manera sostenida la infraestructura y los servicios turísticos".

[109] *Ibídem*, art. 4.4.1.2.: "Denunciar los Tratados y acuerdos bilaterales que limiten la soberanía nacional frente a los intereses de las potencias neocoloniales (promoción y protección de inversiones)."

CAPÍTULO II:

"LOS ESTADOS SOCIOS DE VENEZUELA A TRAVÉS DE SU RECIENTE HISTORIA ECONÓMICA"

En este capítulo se pretende analizar del perfil de los Estados que han celebrado APPRIs con Venezuela, a través de su historia, y se interpreta el rol que los mismos han jugado en el aporte de inversiones extranjeras para la nación. Para el análisis de los APPRIs, estos se agruparán cronológicamente, y se catalogaran según la lógica del contexto, pre y post, proceso revolucionario bolivariano venezolano, iniciado en 1999.

La Republica Bolivariana de Venezuela ha celebrado una treintena de APPRIs, hasta la fecha, de los cuales solo veintisiete se evidencian como concluidos ante CONAPRI[110] y veintiocho ante el UNCTAD[111]. Las diferencias entre ambas fuentes consisten en tres ausencias en CONAPRI, compuestas por los APPRIs celebrados con Italia, Bolivia e Indonesia, y dos en el UNCTAD, representados por los Tratados suscritos con el Reino de los Países Bajos, que ha sido denunciado, y por el Tratado con la República de Bolivia, que continua pendiente para su firma y su ratificación[112]. Es de mencionar que el APPRI celebrado con la República de Indonesia, aun cuando aparece en vigor desde el 23 de Marzo de 2003 en las estadísticas del UNCTAD, su texto no está disponible en ninguna de las fuentes investigadas.

---

[110] CONAPRI, *op. cit.*, en nota 2

[111] United Nations Conference on Trade and Development. Una referencia estadística de los APPRIs celebrados por Venezuela se encuentra en la página: http://unctad.org/Sections/dite_pcbb/docs/bits_venezuela.pdf

[112] El texto del APPRI entre Venezuela-Bolivia está disponible en: http://www.latinarbitrationlaw.com/venezuela/

Siguiendo la lógica pre y post revolución Bolivariana, tenemos que veintitrés de los APPRIs se celebraron durante el período previo al año 1999, y solo siete durante el período del Gobierno del Presidente de Hugo Chávez Frías. Cronológicamente, la celebración de los APPRIs se realizó en el siguiente orden[113]:

APPRIs pre-revolución Bolivariana

Estado socio	Fecha de celebración
República Italiana	4 de Junio de 1990
Reino de los Países Bajos	22 de Octubre de 1991
República de Chile	2 de Abril de 1993
República Argentina	16 de Noviembre de 1993
República de Ecuador	18 de Noviembre de 1993
Confederación Suiza	18 de Noviembre de 1993
República de Portugal	17 de Junio de 1994
Gobierno de Barbados	15 de Julio de 1994
Reino de Dinamarca	28 de Noviembre de 1994
Reino Unido	15 de Marzo de 1995
República de Lituania	24 de Abril de 1995
República Checa	27 de Abril de 1995
República de Brasil	4 de Julio de 1995
Reino de España	2 de Noviembre de 1995
República de Perú	12 de Enero de 1996
República Alemana	14 de Mayo de 1996
Gobierno de Canadá	1 de Julio de 1996
República de Paraguay	5 de Septiembre de 1996
Reino de Suecia	25 de Noviembre de 1996
República de Cuba	11 de Diciembre de 1996
República de Costa Rica	17 de Marzo de 1997
República de Uruguay	20 de Mayo de 1997
U. E. Belgo-Luxembourguesa	17 de Marzo de 1998

---

[113]   CONAPRI, *op.cit.* en nota 2 y UNCTAD, *op. cit.* en nota 112.

APPRIs post-revolución Bolivariana

Estado socio	Fecha de celebración
República Plurinacional de Bolivia	31 de Marzo de 2000
República de Indonesia	18 de Diciembre de 2000
República de Francia	2 de Julio de 2001
República Islámica de Irán	11 de Marzo de 2005
República de Belarús	6 de Diciembre de 2007
Federación Rusa	7 de Noviembre de 2008
República Socialista de Vietnam	20 de Noviembre de 2008

Durante el período pre-revolucionario, se evidencian tanto los APPRIs firmados con países industrializados[114], como los suscritos con países en vías de desarrollo[115], lo que sugiere que Venezuela jugó un doble rol, tanto como receptor de capital, con el primer grupo de países, como exportador de capital, con el segundo grupo de Estados contratantes. La realidad anterior, contrasta de manera significativa a la evidenciada durante el período post-revolucionario, donde se observa que, con la excepción de Francia, los APPRIs han sido firmados con Estados gobernados por regímenes ideológicamente afines al del gobierno revolucionario[116]. Lo anterior, sugiere una preponderancia del aspecto político sobre el económico a la hora de evaluar la negociación y celebración de los APPRIs, durante la primera década del siglo XXI.

1. *El índice de las libertades económicas de los socios de Venezuela durante el siglo XX: Relaciones con Estados de economías liberales centradas en lo económico*

Según la doctrina del Derecho Internacional Económico el APPRI es "un instrumento internacional propio de la cooperación

---

[114] APPRIs entre Venezuela-Italia, Venezuela-Reinos Países Bajos, Venezuela-Suiza, Venezuela-Dinamarca, Venezuela-Portugal, Venezuela-Rep. Checa, Venezuela-España, Venezuela-Reino Unido, Venezuela-Canadá, Venezuela-Alemania, Venezuela-Lituania, Venezuela-Suecia y Venezuela-U.E. Belgo-Luxemburguesa.

[115] APPRIs entre Venezuela-Argentina, Venezuela-Chile, Venezuela-Ecuador, Venezuela-Barbados, Venezuela-Brasil, Venezuela-Cuba, Venezuela-Paraguay, Venezuela-Perú, Venezuela-Costa Rica y Venezuela-Uruguay.

[116] APPRIs entre Venezuela-Bolivia, Venezuela-Irán, Venezuela-Belarús, Venezuela-Rusia, Venezuela-Indonesia, Venezuela-Vietnam.

al desarrollo, que establece obligaciones sinalagmáticas en un marco de relaciones económicas asimétricas".[117] Son las asimetrías no solo económicas sino también políticas y sociales entre los Estados parte de los APPRIs en cuestión las que delinearán el enfoque de los mismos. Es de señalar que independientemente de los Estados participantes, en general, los APPRIs tienen un fundamento común que es la protección de la inversión de un Estado predominantemente exportador de capital, típicamente del ámbito de países desarrollados, hacia otro Estado en vías de desarrollo económico, que es receptor de la misma, y que en general posee recursos explotables de interés estratégico para el primero.

Con el fin de esbozar las diferencias y cuantificar los riesgos, en el terreno económico, político y legal, que un inversor extranjero evaluaría a la hora de decidir la ejecución de una inversión, entre los países objetos del estudio, nos referiremos al índice de Libertades Económicas, en adelante ILE, desarrollado por Heritage Foundation. El ILE, está compuesto por cuatro dimensiones claves como son:

❖ El grado de la legalidad de las políticas públicas del Estado,

❖ La concentración gubernamental del poder,

❖ La eficiencia de las políticas regulatorias del Estado y

❖ La apertura de sus mercados.

Estas dimensiones se conjugan en una escala que mide el nivel de libertad económica de los Estados según la siguiente clasificación.

❖ Estados con una economía libre: ILE superior a 80 puntos.

❖ Estados con una economía mayormente libre: ILE entre 70 y 79,9 puntos.

❖ Estados con una economía moderadamente libre: ILE entre 60 y 69.9 puntos.

---

[117] Pastor Palomar, A., "Inversiones España-China bajo el nuevo APPRI 2005", *Revista Electrónica de Estudios Internacionales*, Asociación Española de Profesores de Derecho Internacional y Relaciones Internacionales, Madrid, 2006.

❖ Estados con una economía mayormente restringida: ILE entre 50 y 59.9 puntos.

❖ Estados reprimidos: ILE inferior a 50 puntos.

Dicho índice, se considera apropiado para los fines del presente trabajo, ya que ha sido ampliamente utilizado, tanto por investigadores académicos de reconocidas instituciones, como por Estados en la planificación de sus estrategias para la captación de inversiones extranjeras.[118]

Para el análisis del ILE, se tomarán en consideración todos los Estados con los cuales Venezuela ha celebrado un APPRI, y se contrastarán sus resultados *versus* los del Estado venezolano.

Se inicia el análisis de la evolución del ILE con Venezuela, que se entiende en este trabajo como el Estado huésped de la inversión extranjera, para continuar, en orden cronológico, con el resto de los Estados que han celebrado APPRIs con el Estado venezolano a través de su historia.

A. *República Bolivariana de Venezuela*

Primero que todo, tenemos la República Bolivariana de Venezuela que alcanzó un ILE en el año 2015 del 34.3 puntos, lo que implica que el nivel de libertad de su economía es reprimido, y se sitúa en el número 176° a nivel global, y 28° de las 29 economías de

---

[118] Olson, R., "Using the Index of Economic Freedom: A Practical Guide By Academic Research", *Heritage Foundation*, Washington D. C., 2015. Según el autor: el índice - ILE - es apropiado para la investigación académica, ya que tiene sus orígenes en la misma y ha sido ampliamente utilizado por investigadores de importantes universidades. En el artículo Olson comenta: "The Index of Economic Freedom has its roots in academia. Indeed, it was Nobel Laureate Milton Freidman who first professed the need for a way to measure and monitor economic freedom around the world. Since then, the Index has been featured in numerous pieces of empirical and theoretical academic research from respected research institutions such as Wake Forest University, the University of Akron, and Illinois State University in the U.S., and the University of Vienna and Queen's University abroad. Data driven and fact based, the Index is a useful qualitative and quantitative tool for academics and college students interested in studying the impacts that economic freedom has on economies and societies. Not only does the Index provide quantitative rankings and scores of all its factors across the 20 years history of the publication, each edition also provides important and reliable macroeconomic data as well as journal articles that contribute to academic literature.

la región Latinoamericana, con una tendencia negativa. Los resultados anteriores representan el peor índice obtenido históricamente para el Estado venezolano, que se mantuvo en una escala superior, o sea, mayormente restringida, durante el primer trienio del siglo XXI.

En este contexto, Venezuela es percibida como una nación con el poder político concentrado en el Poder Ejecutivo y dicha concentración incentiva la corrupción. Los controles se extienden a todas las áreas de la economía, y el gobierno ha expropiado alrededor más de 1300 empresas desde el año 2002. El sistema judicial también está completamente controlado por el Poder ejecutivo. En el mismo orden, desde 1999 al presidente de la república se le han otorgado, en seis oportunidades, poderes especiales legislativos, vía Ley habilitante, para atacar los temas económicos más urgentes, como son la inflación, y los controles de precio y de cambio, sin embargo, no se han tomado las medidas económicas de fondo, como son corregir la emisión indiscriminada de moneda y el ajuste del tipo de cambio fijo, que se encuentra en niveles infra valorados.

Venezuela no presenta barreras arancelarias que limiten la competencia entre compañías extranjeras y locales, pero la inversión privada se mantiene altamente limitada por las interferencias del Estado y la continua amenaza de las expropiaciones. El sector financiero está controlado por el Estado y a menudo la colocación del crédito a nuevos emprendimientos, sigue lineamientos políticos. En adición, la libertad general de iniciar actividades de negocios en Venezuela está restringida por controles gubernamentales, una burocracia con procesos complicados y tardíos, y una inconsistente aplicación de las regulaciones locales.[119]

---

[119] La información de los factores que impactan el ILE de Venezuela está disponible en: http://www.heritage.org/index/country/venezuela

Evolución ILE: Venezuela

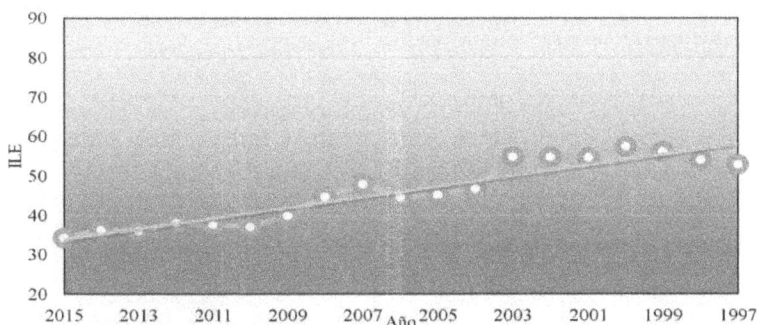

Fuente: 2015 Index of Economic Freedom

En suma, el escenario económico de libertades restrictivas presentado, e inmerso en un escenario político hostil, ha desincentivado la inversión extranjera y la iniciativa privada, lo que parecería ser consistente con la realidad mostrada en el capítulo anterior.

Continuando con el análisis de los Estados socios, que han celebrado APPRIs con Venezuela durante el siglo XX, se presentará su perfil de libertad económica y se expondrá la relación que mantienen con el régimen revolucionario venezolano.

B. *República Italiana (APPRI celebrado con Venezuela en 1990)*

El ILE de Italia se sitúa en 61.7 puntos, colocando la economía Italiana como moderadamente libre y alcanzando el puesto número 80° en el año 2015 *versus* el resto de los países del planeta, y el 34° de las 43 economías europeas.

La tendencia de las libertades económicas en Italia es positiva, gracias a las mejoras en las libertades laborales y las de inversión. Los derechos de propiedad están garantizados, aun cuando la protección de la propiedad intelectual se sitúa en un nivel inferior al de la Unión Europea. Para realizar inversiones en Italia no hay requerimientos mininos de capital, pero los trámites burocráticos para la incorporación de emprendimientos se consideran largos y agobiantes.

Esta tendencia, se contrasta con un excesivo gasto gubernamental que limita la inversión productiva. En adición, existe la percepción de un Poder Judicial débil y vulnerable a interferencia polí-

53

tica. Los altos costos de un sistema laboral rígido limitan la competitividad del sector productivo italiano. La estabilidad monetaria se ha mantenido apropiadamente y la inversión extranjera, es tratada de manera igualitaria *versus* la local[120].

Evolución ILE: Venezuela v. Italia

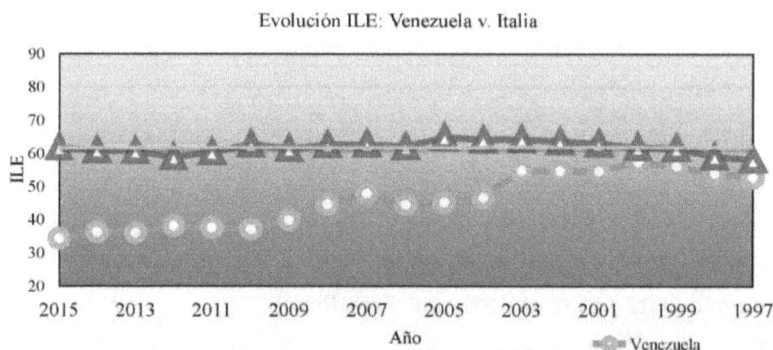

Fuente: 2015 Index of Economic Freedom

El análisis anterior sugiere que, al comparar la economía venezolana con la italiana, los modelos económicos son muy diferentes. En la primera rigen los controles en todas las áreas de la economía, mientras en la segunda, un modelo de economía liberal, está presente.

C. *Reino de los Países Bajos (APPRI celebrado con Venezuela en 1991)*

La Economía del Reino de los Países Bajos goza de un ILE de 73.7 puntos, lo que implica que su economía es catalogada como mayormente libre y alcanza la posición 17° versus el resto de las economías mundiales, y la 8° de las 43 participantes en Europa, en lo que a libertad económica se refiere.

La tendencia del ILE es para el Reino de los Países Bajos es ligeramente creciente a través de los años, gracias a que el Estado es reconocido como un que se beneficia de un marco legal eficiente, con un sistema judicial independiente y libre de corrupción, que le provee de una fuerte protección al derecho de propiedad. La tendencia.

---

[120] La información de los factores que impactan el ILE de Italia está disponible en: http://www.heritage.org/index/country/italy

Su economía es abierta al comercio y a la inversión. Las regulaciones económicas son transparentes y eficientes y el sector bancario goza de un robusto, pero prudente sistema. El Reino de los Países Bajos mantiene una política monetaria coherente y su inflación está controlada[121].

Evolución ILE: Venezuela v. Reino de los Países Bajos

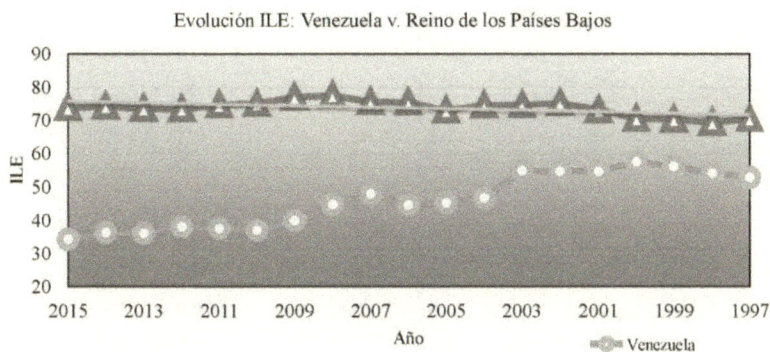

Fuente: 2015 Index of Economic Freedom

Al contrastar la realidad de las libertades económicas del Reino de los Países Bajo con las de Venezuela, se puede concluir que los Estados están en posiciones diametralmente opuestas en este respecto.

En adición, inversionistas incorporados en el Reino de los Países Bajos han iniciado, a la fecha, 13 de los 39 procesos arbitrales contra Venezuela en foros internacionales.

D. *República de Chile (APPRI celebrado con Venezuela en 1993)*

La economía Chilena ha alcanzado en el 2015 una puntuación de 78.5 puntos en el ILE, lo que la coloca en la escala de economías mayormente libres, situándose en el 7º lugar de las economías globales y la primera en Latinoamérica.

La tendencia del ILE de Chile, es ascendente y refleja un manejo prudente de las finanzas públicas y de sus presupuestos nacionales. En adición, el Estado Chileno ostenta el segundo lugar, mundialmente, en la protección de los derechos de propiedad, además de

---

[121] La información de los factores que impactan el ILE del Reino de los Países Bajos está disponible en: http://www.heritage.org/index/country/netherlands

demostrar un serio compromiso a la apertura comercial y a la inversión. Chile es considerado como uno de los países menos corruptos de Latinoamericana y sus tribunales, en general, son independientes de interferencia política. El régimen regulatorio chileno apoya la formación de emprendimientos y a su operación[122].

Evolución ILE: Venezuela v. Chile

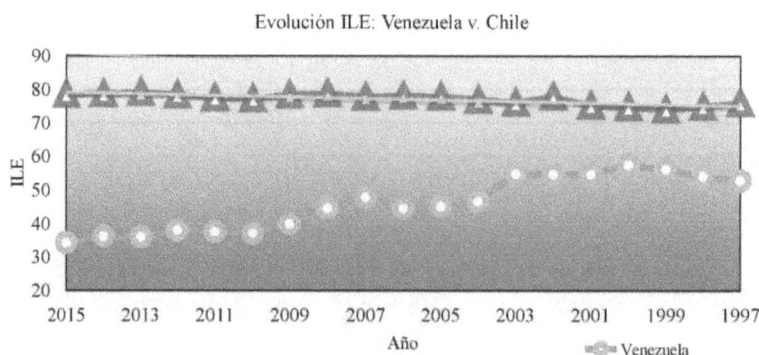

Fuente: 2015 Index of Economic Freedom

En función al análisis anterior se podría afirmar que Chile y Venezuela, aun cuando han celebrado un APPRI, no tienen una visión compartida, en lo que a libertadas económicas se refiere. En adición, inversionistas incorporados en Chile, han iniciado a la fecha, 1 de los 39 procesos arbitrales contra Venezuela en foros internacionales de arbitraje, siendo el único país Latinoamericano con inversionistas en demandar al Estado venezolano.

E. *República de Argentina (APPRI celebrado con Venezuela en 1993)*

Argentina alcanza una puntuación de de 44.1 puntos en el ILE, lo que coloca a su economía en la clasificación mayormente restringida, ubicándola en el lugar 169° en el 2015 a nivel mundial, y el puesto 27° entre las 29 economías latinoamericanas.

---

[122] La información de los factores que impactan el ILE de Chile está disponible en: http://www.heritage.org/index/country/chile

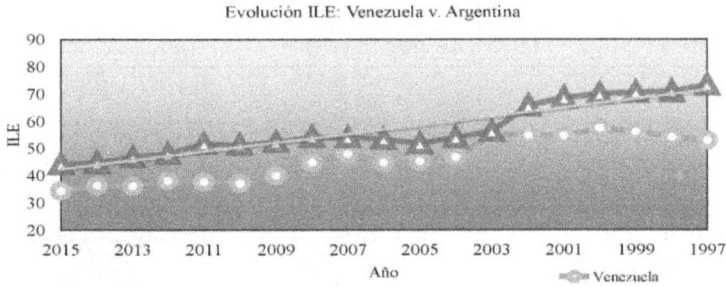

Fuente: 2015 Index of Economic Freedom

Este resultado, es acompañado por un descenso sostenido de las libertades económicas en Argentina, debido a la percepción de que se vive un clima de represión económica, con severa interferencia del Estado en la economía y el sector financiero. Lo anterior, ha producido una recesión en el sector formal, y ha impulsado una expansión de la actividad informal.

La estabilidad monetaria es débil y están en vigor controles de precios, para casi todos los sectores de bienes y servicios. En el contexto anterior, el crecimiento económico de Argentina se ha detenido y la pobreza se ha incrementado. Los controles de capital han exacerbado la fuga de los mismos. La corrupción, es un problema de amplia base, y el sistema de justicia argentino parecería estar sumido en ella, en donde los tribunales menores están altamente politizados, y la Corte Suprema, que aun mantiene su independencia, ha recibido una presión creciente por parte del gobierno central. Las regulaciones crecientes, han desalentando la eficiencia y el crecimiento productivo. El establecimiento de nuevos emprendimientos es difícil y costoso, y el gobierno presiona a las empresas para fijar precios y costos laborales, impactando la rentabilidad y viabilidad de las mismas[123].

El análisis anterior, sitúa a Argentina en una posición análoga a la de Venezuela, en función de la posición del ILE de ambos países en la actualidad. En adición, las tendencias del índice en las últimas dos décadas es similar, lo que implica que ambos Estados a han

---

[123]   La información de los factores que impactan el ILE de Argentina está disponible en: http://www.heritage.org/index/country/argentina

pasado de posiciones más libres en el pasado a posiciones de marcada restricción económica en la actualidad. Todo lo anterior, sugiere indicar que, tanto Argentina como Venezuela, comparten objetivos económicos concurrentes y una visión política afín.

F.   *República de Ecuador (APPRI celebrado con Venezuela en 1993)*

El ILE de Ecuador se sitúa en 49.2 puntos, lo que coloca a la economía ecuatoriana dentro de las economías reprimidas, ubicándola en el puesto 156° en términos de sus libertadas económicas globalmente, y en el puesto 25° de 29 en Latinoamérica.

La tendencia negativa del ILE de Ecuador es el producto de una falencia fundamental que afecta directamente las libertades económicas, como es el establecimiento de un sistema judicial con marcadas interferencias políticas. En este sistema, no se persiguen las violaciones a los derechos de la propiedad, y la aplicación de las leyes comerciales es inconsistente. En adición, el proceso de puesta en marcha de un emprendimiento es largo y complejo. Aun cuando la economía está dolarizada, el gobierno recurre a subsidios y controles de precios generalizados[124].

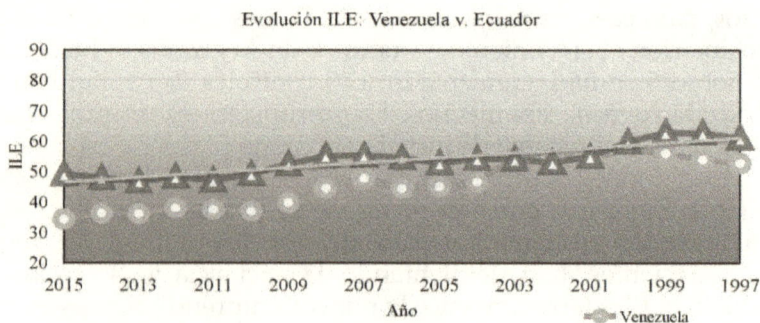

Evolución ILE: Venezuela v. Ecuador

Fuente: 2015 Index of Economic Freedom

Lo antes expuesto, sugiere que existen importantes similitudes en el contexto económico entre Ecuador y Venezuela. En adición, las tendencias del ILE son concurrentes, por lo que se podría afirmar que ambos Estados comparten una visión económica y política compartida de país.

---

[124] La información de los factores que impactan el ILE de Ecuador está disponible en: http://www.heritage.org/index/country/ecuador

G. *Confederación Suiza (APPRI celebrado con Venezuela en 1993)*

La Confederación Suiza alcanza una puntuación en el ILE de 80.5 puntos, lo que la convierte en una economía libre, ubicándose en la 5° posición mundialmente, y la 1° entre los países Europeos.

La economía de Suiza, con una tendencia sostenida de crecimiento de sus libertades económicas, es reconocida por su amplia estabilidad monetaria y su baja deuda pública. Las regulaciones públicas son efectivas y transparentes, lo que promueve un ambiente empresarial eficiente y orientado a un crecimiento diversificado de la economía. La apertura al comercio global y la inversión están altamente institucionalizadas, y apoyados por un fuerte sector financiero, e instituciones legales independientes y transparentes. Suiza cuenta con una larga tradición de protección a los derechos de propiedad. Para los nuevos emprendimientos, no se requiere un capital mínimo y las exigencias burocráticas son muy limitadas. La inversión extranjera y la local son tratadas de manera similar.[125]

Lo anterior, parecería evidenciar que la Confederación Suiza y la Republica Bolivariana de Venezuela están diametralmente opuestas, en lo que a libertades económicas se refiere. En adición, inversionistas incorporados en Suiza han iniciado, a la fecha, 2 de los 39 procesos arbitrales contra Venezuela en los foros internacionales de arbitraje.

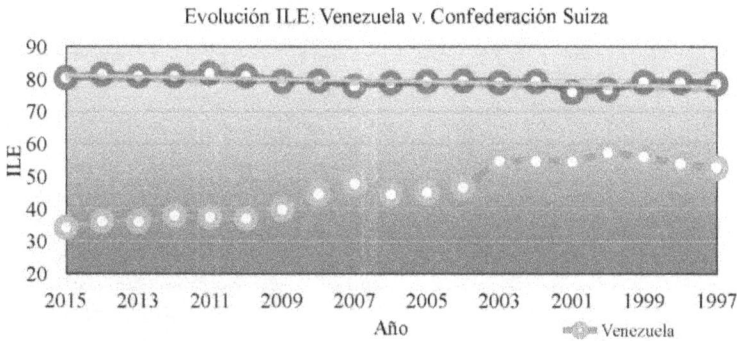

Evolución ILE: Venezuela v. Confederación Suiza

Fuente: 2015 Index of Economic Freedom

---

[125] La información de los factores que impactan el ILE de la Confederación Suiza está disponible en: http://www.heritage.org/index/country/switzerland

H. *República de Portugal (APPRI celebrado 1994)*

La economía Portuguesa alcanza un registro de 65.5 puntos a nivel del ILE, colocándola dentro del grupo de las economías moderadamente libres, y ubicándola en la 64° posición mundialmente, y la 30° entre las 43 economías Europeas.

La tendencia de las libertades económicas en Portugal es estable, apoyada sobre unas reglas claras para la formación de nuevas empresas, sin la necesidad de capital mínimo para la incorporación de nuevos emprendimientos y mediante un proceso muy expedito para tal fin. En Portugal se evidencia un nivel de protección de los derechos de propiedad alto, similar a los del resto de los países Europeos.

Por otro lado, el sistema judicial Portugués, aun cuando es independiente, es percibido como ineficiente y lento, además, ha mostrado cierta resistencia en atacar el problema de los sobornos a extranjeros, en especial el relacionado con sus antiguas colonias, por lo que la corrupción es aun un problema presente.

Teniendo en perspectiva los resultados del ILE de Portugal y su tendencia hacia una libertad económica estable, se podría afirmar que su modelo económico es divergente *versus* el venezolano del siglo XXI.

Evolución ILE: Venezuela v. Portugal

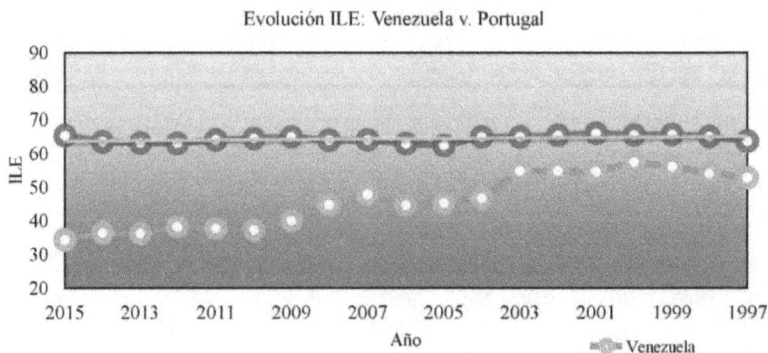

Fuente: 2015 Index of Economic Freedom

I. *Gobierno de Barbados (APPRI celebrado con Venezuela en 1994)*

El ILE Barbados se sitúa en 67.9 puntos en el 2015, lo que coloca a la economía de la isla caribeña dentro de la categoría de las economías moderadamente libres.

El registro anterior implica que el índice se ubica en el lugar 46°
del ranking mundial, y 7° de 29, entre los países de Latinoamérica y
el Caribe.

La economía de Barbados es la más prospera del Caribe y en
términos de la tendencia del ILE, la misma es estable. Barbados
goza de altos grados de transparencia y de un sistema judicial eficiente, por lo que es atractivo para empresas internacionales e inversión extranjera de largo plazo. La corrupción no es percibida
como uno de los problemas de Barbados, ya que las medidas anticorrupción son efectivas. El sistema judicial se califica como eficiente e imparcial, con una fuerte protección de los derechos de la
propiedad. Para iniciar emprendimientos, no se necesita un mínimo de capital, pero la apertura de los mismos puede ser más com-
plicada que en otros estados con niveles de libertad económica similar.

Por otro lado, el gobierno de Barbados, mantiene algunos controles de precio sobre alimentos básicos, lo que podría afectar la
inversión en estas áreas de la economía[126].

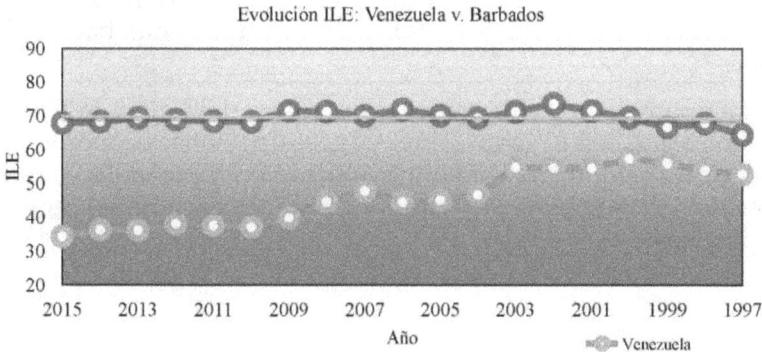

Evolución ILE: Venezuela v. Barbados

Fuente: 2015 Index of Economic Freedom

Por lo anterior, se puede afirma que el modelo económico de
Barbados no está alineado con el desarrollado por Venezuela, post-
Revolución Bolivariana.

---

[126] La información de los factores que impactan el ILE de Barbados está
disponible en: http://www.heritage.org/index/country/barbados

En adición, inversionistas incorporados en Barbados han iniciado 4 demandas contra Venezuela, en foros internacionales.

J.   *Reino de Dinamarca (APPRI celebrado con Venezuela en 1994)*

La Economía Danesa alcanza un registro de 76.3 puntos en el ILE, lo que la ubica en el grupo de las economías mayormente libres, colocándola en el lugar 11° a nivel global, y el 4° entre las economías de los 43 países Europeos.

La tendencia del índice de libertad económica en Dinamarca, ha sido sostenidamente creciente en las últimas dos décadas y en entre los factores que más contribuyen con su registro están la independencia e imparcialidad de su sistema judicial, los mínimos niveles de corrupción en sus instituciones, las fuertes protecciones de los derechos de propiedad, y la apertura al comercio global y a la inversión extranjera.

En sí, Dinamarca es considerada como una de las más transparentes y eficientes economías mundiales, en donde existen mínimos requerimientos burocráticos y de capital para iniciar emprendimientos. La estabilidad monetaria está ampliamente establecida, y como Estado está muy abierto a la recepción de inversión extranjera en donde el trato entre locales y foráneos es equivalente, bajo las leyes locales[127].

La apertura y las libertades económicas del Reino de Dinamarca, contrastan con el centralismo y las restricciones económicas que el régimen revolucionario ha introducido en Venezuela, lo que sugiere un distanciamiento fundamental entre ambos regímenes económicos.

---

[127]   La información de los factores que impactan el ILE de Dinamarca está disponible en: http://www.heritage.org/index/country/denmark

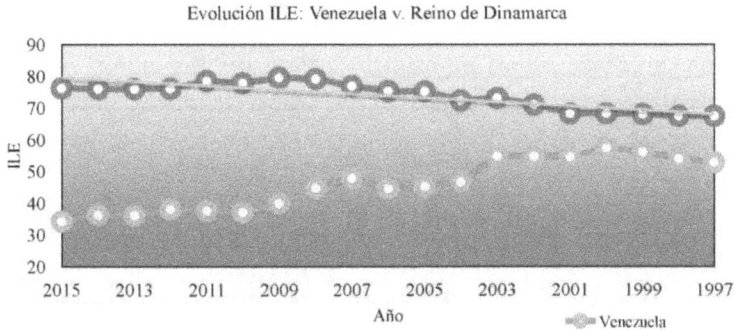
Evolución ILE: Venezuela v. Reino de Dinamarca

Fuente: 2015 Index of Economic Freedom

K. Reino Unido (APPRI celebrado con Venezuela en 1995)

El Reino Unido alcanza un ILE de 75.8 puntos en el año 2015, ubicándose en categoría de las economías mayormente libres con lo que se coloca la posición 13° mundialmente, en lo que a libertades económicas se refiere, además de estar en el 5° lugar *versus* las 43 economías Europeas.

La tendencia del ILE, del Reino Unido, se mantiene estable ya que tradicionalmente ha sido el promotor del liberalismo económico en Europa, sustentado por un transparente, independiente y eficientes sistema legal. En adición, cuenta uno de los más desarrollados sistemas financieros y empresariales globales. El nivel de corrupción es muy limitado, y los derechos de propiedad están asegurados en el Reino Unido. Para nuevos emprendimientos, no hay un mínimo de capital requerido, e iniciarlos implica mínimos requerimientos burocráticos[128].

El Reino Unido, aun cuando ha celebrado un APPRI con la República de Venezuela, parecería mantener por larga data un modelo económico opuesto al del Estado venezolano del siglo XXI. En adición, inversionistas incorporados en el Reino Unido han iniciado, a la fecha, 3 de los 39 procesos arbitrales contra Venezuela en foros internacionales de arbitraje.

---

[128] La información de los factores que impactan el ILE del Reino Unido está disponible en: http://www.heritage.org/index/country/unitedkingdom

63

Evolución ILE: Venezuela v. Reino Unido

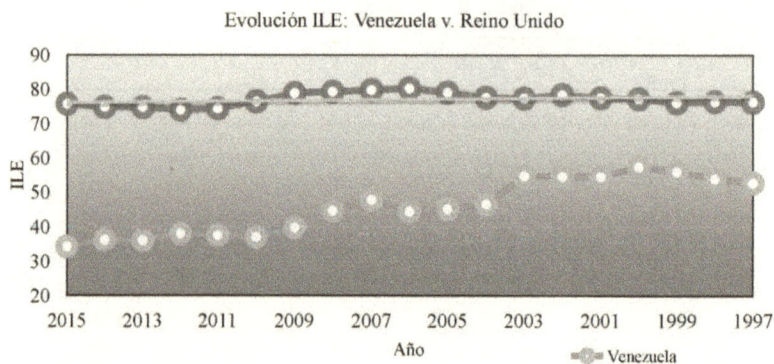

Fuente: 2015 Index of Economic Freedom

L. República Checa (APPRI celebrado con Venezuela en 1995)

La República Checa alcanza en el 2015 un ILE de 72.5 puntos, lo que la incluye en la categoría de las economías mayormente libres, ubicándola como la 24° economía más libre del planeta, y está posicionada como la 13° entre las 43 economías Europeas.

La tendencia del índice de libertad económica de de la República Checa es ascendente y la apoya un sistema legal transparente y eficiente, que protege los derechos de propiedad con mínimos niveles de corrupción dentro de un sistema judicial independiente. En términos de la inversión y el emprendimiento, no hay una exigencia de capital mínimo y el proceso burocrático es expedito. En términos de las restricciones económicas, aun se mantienen ciertos controles de precios, aunque los subsidios han sufrido una importante disminución[129].

La tendencia de la libertad económica de la República Checa, al contrastarla con la venezolana, parece ir en dirección opuesta, lo que sugiere un distanciamiento creciente entre ambos sistemas.

---

[129] La información de los factores que impactan el ILE dela República Checa está disponible en:http://www.heritage.org/index/country/czechrepublic

Evolución ILE: Venezuela v. República Checa

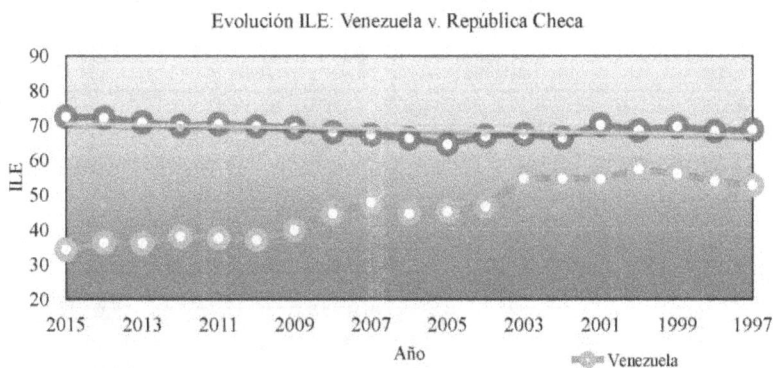

Fuente: 2015 Index of Economic Freedom

M. *República de Brasil (APPRI celebrado con Venezuela en 1995)*

La economía de Brasil obtuvo en el 2015 un ILE de 56.6 puntos, con lo que accede al grupo de las economías mayormente restringidas. Con el registro anterior, Brasil se coloca en la posición 118º a nivel mundial, y 21º entre las 29 economías Latinoamericanas.

La tendencia del ILE de Brasil es decreciente, a lo largo de la última década y su registro actual se encuentran por debajo de la media mundial, y ha sido impactado por un sistema judicial ineficiente, y sujeto a la influencia política y económica. En el mismo orden, la corrupción se considera como un mal de amplia base en el Estado Brasileño.

Para el inicio de un emprendimiento en Brasil, las nuevas iniciativas son sometidas a una gama extendida de procedimientos burocráticos, y los costos, extra salariales se convierten en un peso importante para el costo de hacer negocios limitando la viabilidad financiera de nuevos proyectos de inversión. También, en la economía de Brasil se han introducidos numerosos controles de precios y algunos subsidios, que se convierten en factores de distorsión para la misma. Aun cuando el sector financiero esta diversificado y es competitivo, la presencia de la actividad del Estado es muy relevante

El Estado Brasileño no mantiene en vigor ningún APPRI, por lo que el foro internacional de solución de controversias no está disponible para inversores extranjeros, y la inversión extranjera directa está limitada en sectores claves de la economía, como son el aseguramiento, la aviación y la explotación de ciertas materias primas.[130]

Aun cuando, la tendencia de libertades económicas de Brasil no ha decrecido tan abruptamente como la venezolana, ambos países parecen converger en un sistema de controles, corrupción, falta de transparencia legal y dificultades para el establecimiento y el desarrollo de las inversiones extranjeras en el país.

Evolución ILE: Venezuela v. Brasil

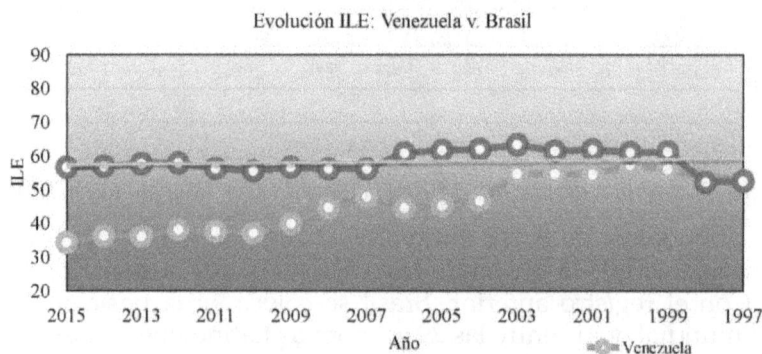

Fuente: 2015 Index of Economic Freedom

N. *Reino de España (APPRI celebrado con Venezuela en 1995)*

El Reino de España alcanza en el 2015 una calificación de 67.6 puntos del ILE, lo que coloca a la economía española como una economía moderadamente libre, y la ubica en la posición 49° de libertad económica global, y la posición 21°, entre los 43 países de Europa.

La tendencia de su ILE es positiva y entre los factores que han afectado favorablemente las libertades de la economía española se encuentran un sistema comercial internacional que impulsa las exportaciones, las libertades para el establecimiento de emprendimientos en el país y un sistema judicial que se percibe como independiente desde la perspectiva política. Además, para el establecimiento de nuevos emprendimientos, los requerimientos de capital y burocráticos han sido minimizados por el Estado Español.

---

[130] La información de los factores que impactan el ILE de Brasil está disponible en: http://www.heritage.org/index/country/brazil.

Desde el punto de vista de la protección a los derechos de propiedad, España es percibida positivamente *versus* los estándares de la Unión Europea.

En el otro extremo, se encuentran los factores que han afectado negativamente el ILE como son la percepción de corrupción generalizada en la clase política española, que ha deteriorado significativamente la imagen de las instituciones de la nación[131].

Aun cuando el ILE de España se encuentra en un nivel intermedio en comparación con las economías de los países desarrollados, es evidente que su tendencia dista de manera significativa a la de la economía venezolana lo que ubica a España en el grupo de los Estado no afines con el proyecto revolucionario. En adición, inversionistas españoles han iniciado a la fecha 4 de los 39 procesos arbitrales contra Venezuela en foros internacionales de arbitraje.

Evolución ILE: Venezuela v. Reino de España

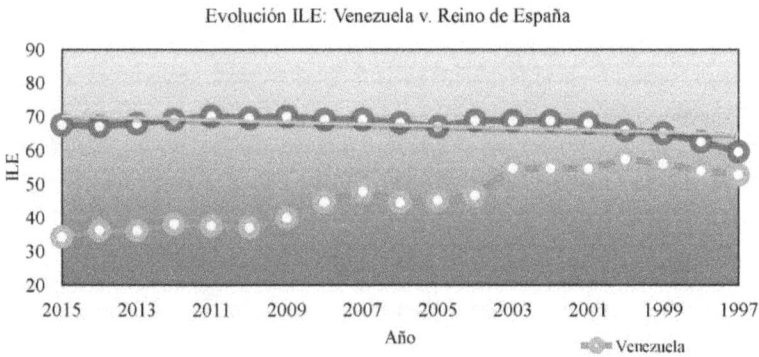

Fuente: 2015 Index of Economic Freedom

O. *República de Perú (APPRI celebrado con Venezuela en 1996)*

La economía de Perú alcanzó en 2015 un ILE de 67.7 puntos, colocándola en el grupo de las economías moderadamente libres, y ubicándola en la posición 47° a nivel mundial y 8° de 29, entre los países de Latinoamérica.

La tendencia positiva del índice, corresponde a mejoras significativas del sistema monetario y la apertura hacia la iniciativa pri-

---

[131] La información de los factores que impactan el ILE del Reino de España está disponible en:http://www.heritage.org/index/country/spain

vada. El Estado peruano, también se ha beneficiado de la apertura que ha alcanzado hacia el comercio global a través de ciertos acuerdos de libre comercio que ha celebrado. Las mejoras de las libertades económicas le han aportado a Perú ingentes cantidades de inversión extranjera.

Por otro lado, el sistema judicial continúa siendo vulnerable a la interferencia política y los niveles de corrupción, aun cuando muestran mejoras importantes, son aun elevados. El respeto a los derechos de propiedad continua siendo débil.

Para el inicio de emprendimientos, no se requiere capital mínimo, sin embargo la burocracia requerida para tal fin continúa siendo engorrosa. Los inversores extranjeros en general reciben un trato similar al del inversor nacional, pero aun se mantienen ciertos sectores económicos cerrados para la inversión extranjera.[132]

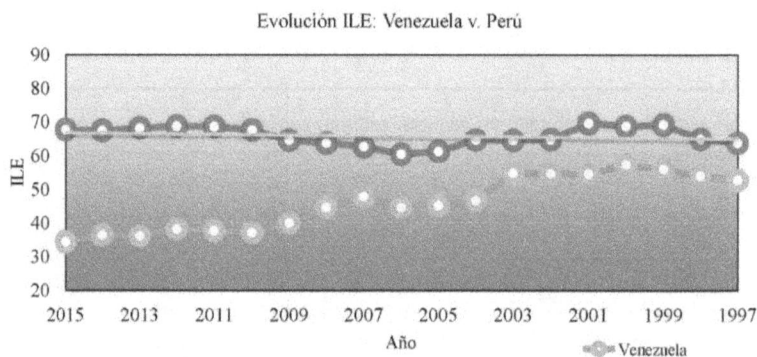

Evolución ILE: Venezuela v. Perú

Fuente: 2015 Index of Economic Freedom

El contexto de libertades económicas presentando previamente para Perú, y su tendencia del ILE, sugieren que su modelo económico y político es divergente *versus* el venezolano, por lo que el país no parecía compartir la órbita revolucionaria de izquierda iniciada en el siglo XXI en una parte importante de los países latinoamericanos.

---

[132] La información de los factores que impactan el ILE de Perú está disponible en: http://www.heritage.org/index/country/peru

P. *República de Alemania (APPRI celebrado con Venezuela en 1996)*

Alemania en el 2015 alcanzó un ILE de 73.8 puntos, lo que la ubica como una economía mayormente libre, alcanzando la posición 16° entre las economías más libres del planeta, y la 7° entre los 43 países europeos.

La tendencia positiva y sostenida de los índices de libertad económica ha posibilitado alcanzar, en el 2015, el mejor registro histórico de Alemania. El ILE Alemán, es el resultado de un sistema judicial independiente y libre de corrupción, en donde los derechos de propiedad extranjera están garantizados. Además, el sistema regulatorio de Germano incentiva al comercio mundial, a la inversión, y la formación de emprendimientos, aun cuando un capital mínimo es requerido para su incorporación.

Por otro lado, ciertos hechos de corrupción han afectado la imagen del estamento político alemán, como es el caso del otorgamiento de contratos públicos que se han facilitado, como respuesta a ingentes donaciones de factores privados.[133]

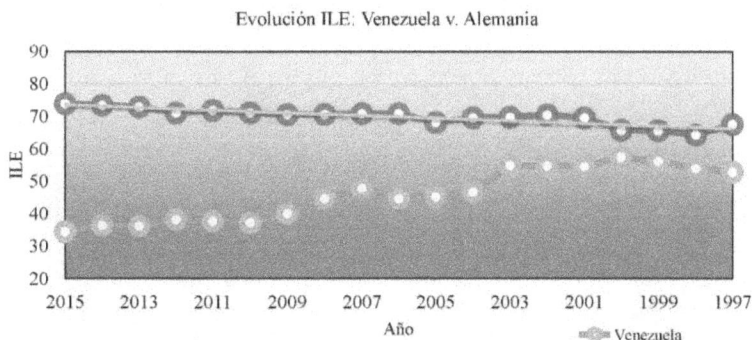

Evolución ILE: Venezuela v. Alemania

Fuente: 2015 Index of Economic Freedom

Tal como se evidencia en la gráfica anexa las tendencias de libertades económicas entre las economías alemanas y la venezolana son contrarias, lo que refleja claramente, que tanto la concepción como el manejo económico de ambos países son divergentes.

---

[133] La información de los factores que impactan el ILE de Alemania está disponible en: http://www.heritage.org/index/country/germany

Q.   *Gobierno de Canadá (APPRI celebrado con Venezuela en 1996)*

La economía canadiense alcanzó 79.1 puntos en el ILE, lo que la coloca entre las economías mayormente libres, ubicándose en la 6º posición globalmente y en la 1º en América.

La pronunciada tendencia positiva de la calificación en el ILE canadiense, es el resultado de ser reconocido como uno de los países con mejor clima empresarial y el segundo, en términos de la protección a los derechos de propiedad privada mundialmente. Lo anterior, convierte a Canadá en un destino atractivo para la inversión extranjera. El sistema legal es reconocido por su transparencia e independencia, y la corrupción es perseguida vigorosamente. Para el establecimiento de nuevos emprendimientos, no se requiere capital mínimo y el proceso de incorporación es expedito y eficiente. En términos de controles, el gobierno subsidia los sectores agrícolas y energéticos, y controla el mercado de la salud completamente[134].

En el contexto anterior se puede argumentar que los modelos económicos de Canadá y Venezuela parecerían ser incompatibles, lo que parece reafirmarse ya que inversionistas incorporados en Canadá han iniciado, a la fecha, 5 de los 39 procesos arbitrales contra Venezuela en foros internacionales de arbitraje.

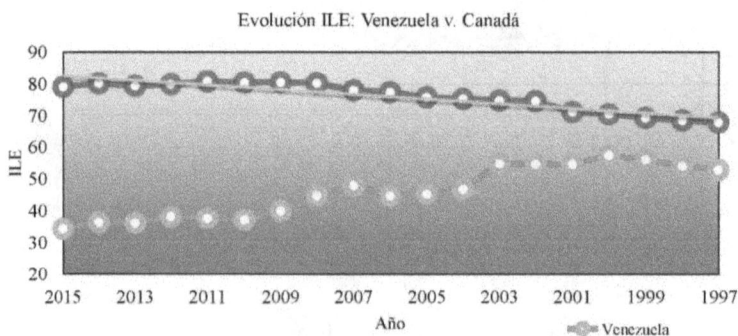

Evolución ILE: Venezuela v. Canadá

Fuente: 2015 Index of Economic Freedom

---

[134]   La información de los factores que impactan el ILE de Canadá está disponible en: http://www.heritage.org/index/country/canada

R. *República de Paraguay (APPRI celebrado con Venezuela en 1996)*

Paraguay alcanzó una calificación en el ILE de 61.1 puntos en el año 2015, por lo que su economía se coloca en el grupo de las moderadamente libres, ubicándose la 83° posición del ranking global, y la 15° entre los 29 países de Latinoamérica.

La tendencia de las libertades económicas de Paraguay es estable. La corrupción, es el elemento que más la afecta a las libertades, y se considera extendida en todas las instituciones del Estado, incluyendo el Poder Ejecutivo y el Judicial. Para el inicio de nuevos emprendimientos, no se requiere un capital mínimo, pero el proceso burocrático, para la puesta en marcha de dichos emprendimientos, es largo y complejo. En el mismo orden, las empresas locales son favorecidas en el otorgamiento de contratos públicos, aun cuando, el trato conferido a los inversores locales y extranjeros, es igual ante la Ley. En adición, la libre transferencia de capitales está en vigor.[135]

Aun cuando Paraguay mostró un gran acercamiento con Venezuela a nivel político en la primera década el Siglo XXI mediante la alianza entablada entre los presidentes Lugo y Chávez, el modelo económico de Paraguay no parece haber concurrido con el venezolano.

Evolución ILE: Venezuela v. Paraguay

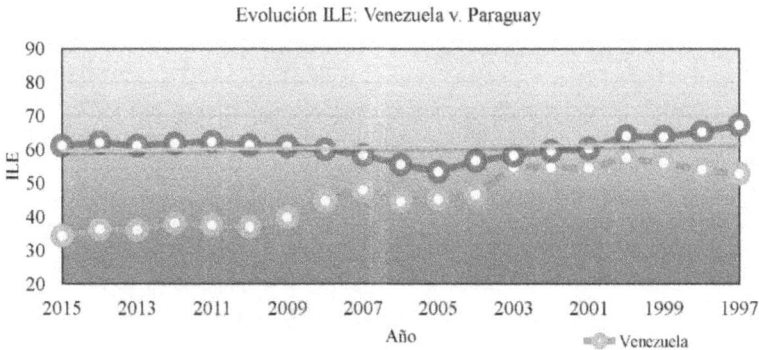

Fuente: 2015 Index of Economic Freedom

---

[135] La información de los factores que impactan el ILE de Paraguay está disponible en: http://www.heritage.org/index/country/paraguay

71

S. *Reino de Suecia (APPRI celebrado con Venezuela en 1996)*

El Reino de Suecia alcanzó un ILE de 72.7 puntos en el año 2015, lo que ubica su economía en el grupo de las economías mayormente libres y alcanza la posición 23º, entre las economías mundiales, y 12º, entre las 43 economías europeas, en lo que a libertades económicas se refiere.

Con una marcada tendencia positiva de ILE, los factores que han apoyado la calificación de Suecia son la apertura del sistema al comercio mundial y a la inversión. En el mismo orden, Suecia cuenta con medidas efectivas anticorrupción dentro de las instituciones del Estado, para garantizar la integridad de sus acciones. El sistema judicial muestra independencia e imparcialidad, con una aplicación de la Ley de manera consistente. En este contexto, los derechos de propiedad están garantizados, y el marco regulatorio facilita la actividad empresarial permitiendo la formación eficiente de nuevos emprendimientos[136].

Lo anterior sugiere que la economía del Reino de Suecia, al igual que la mayoría de las economías de los países desarrollados que han adoptado el sistema económico liberal, que está en contraposición con los fundamentales de una economía centralizada y controlada, como la que está en vigor en Venezuela.

Evolución ILE: Venezuela v. Reino de Suecia

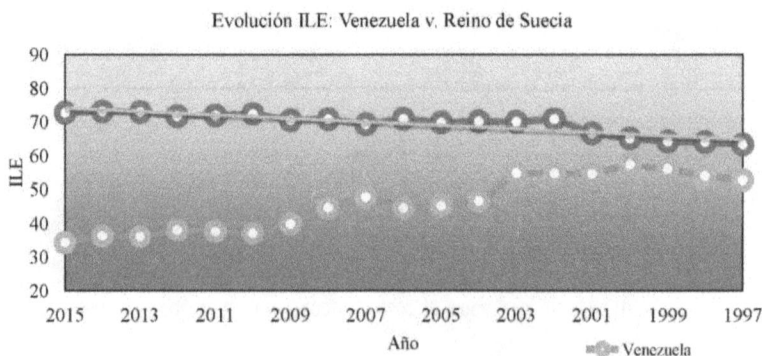

Fuente: 2015 Index of Economic Freedom

---

[136] La información de los factores que impactan el ILE del Reino de Suecia está disponible en: http://www.heritage.org/index/country/sweden

T. *República de Cuba (APPRI celebrado con Venezuela en 1996)*

La economía cubana mantiene un ILE de 29.6 puntos, lo que la convierte, al lado de la economía venezolana, como una economía reprimida y una de las menos libres del planeta.

La tendencia estable de la represión económica cubana, es el producto de un total control del Estado sobre toda su economía, lo que incide en su ineficiencia e incentiva la corrupción. En adición, los controles de precios son extendidos a lo largo de toda la economía, y el sistema de cambio dual continúa distorsionando los precios. El Estado cubano, mantiene un sistema regulatorio opresivo para suprimir la actividad privada y solo a las empresas del Estado se les permite acceder al comercio e inversión internacional. La economía centralmente planificada y controlada, y la ausencia de un sistema judicial políticamente independiente, son las barreras más importantes para los flujos comerciales internacionales y de inversión extranjera[137].

Aun cuando, el APPRI entre Venezuela y Cuba fue celebrado en el período pre-revolucionario, se puede afirmar que el Estado Cubano comparte en la actualidad una visión de país muy cercana a la desarrollada por la Revolución Bolivariana, y las tendencias de las libertades económicas de ambas naciones, son convergentes.

Evolución ILE: Venezuela v. Cuba

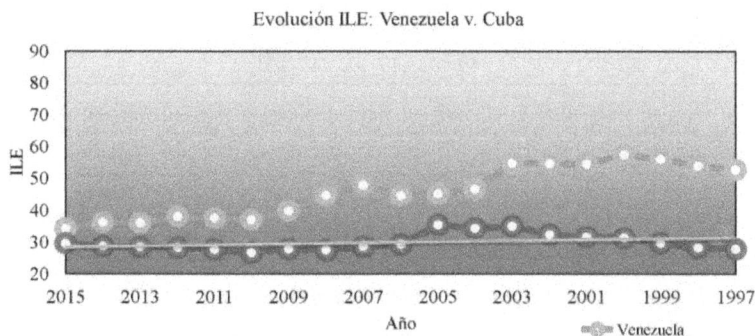

Fuente: 2015 Index of Economic Freedom

---

[137] La información de los factores que impactan el ILE de Cuba está disponible en: http://www.heritage.org/index/country/cuba

U. *República de Costa Rica (APPRI celebrado con Venezuela en 1997)*

La economía de Costa Rica obtuvo en el 2015 un ILE de 67.2 puntos, lo que la coloca en la categoría de las economías moderadamente libres y ubicándose en la posición 51° en el contexto mundial, y en el 10° lugar entre las 29 economías Latinoamericanas.

Con una tendencia ligeramente creciente, los factores que favorecen las libertades económicas son el menor nivel de corrupción de la región y un sistema judicial independiente. Los derechos de propiedad, están asegurados, y el ambiente para la formación de emprendimientos es estructurado. En otro orden, el Gobierno mantiene controles de precios en diversos productos básicos y en términos de la inversión, el trato es similar entre inversores locales y extranjeros, pero la inversión foránea está limitada en ciertos sectores[138].

En este contexto económico, de clara prospección liberal se puede afirmar que Costa Rica no comparte los preceptos de una economía planificada y centralizada como la venezolana.

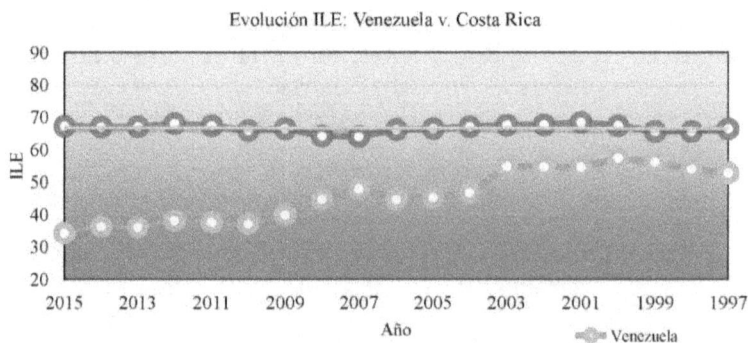

Evolución ILE: Venezuela v. Costa Rica

Fuente: 2015 Index of Economic Freedom

V. *República de Uruguay (APPRI celebrado en 1997)*

La economía uruguaya obtuvo en el 2015, un ILE de 68.6 puntos, lo que la coloca como una economía moderadamente libre, alcanzando la posición 43° entre las economía más libres mundialmente, y la 5° entre las 29 economías de Latino América.

---

[138] La información de los factores que impactan el ILE de Costa Rica está disponible en: http://www.heritage.org/index/country/costarica

Uruguay tiene una larga tradición de apertura económica, lo que se confirma con la tendencia positiva de su ILE, ya que al ser un exportador neto de sus productos agrícolas, tiene la necesidad de acceder a los mercados globales. Los factores que apoyan el modelo liberal de su economía son un sistema legal sólido e independiente, y un gobierno prudente. Los niveles de corrupción son bajos y las leyes de transparencia han limitado los potenciales abusos de poder. Los derechos de propiedad son respetados y las expropiaciones muy poco factibles. Para la incorporación de nuevos emprendimientos, no se requiere un mínimo de capital, y el proceso burocrático es simple. Las inversiones, en general, están sujetas a un trato no diferenciado[139].

Las tendencias del ILE, y las condiciones que rigen la economía uruguaya sugieren que, su modelo económico no es concurrente con los principios económicos y políticos introducidos por la Revolución Bolivariana en el siglo XXI.

Evolución ILE: Venezuela v. Uruguay

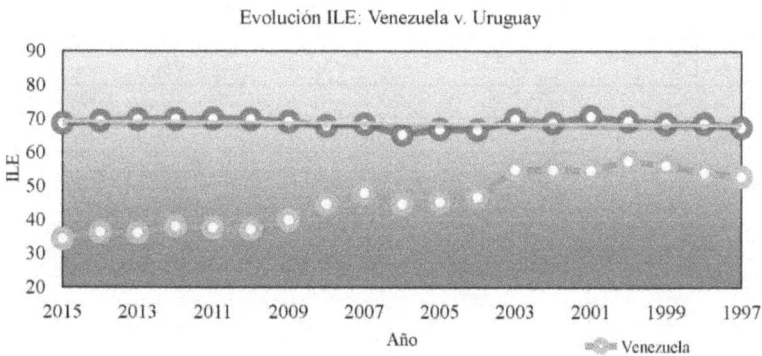

Fuente: 2015 Index of Economic Freedom

W. U. E. *Belgo-Luxembuguesa (APPRI celebrado con Venezuela en 1998)*

Para los fines de este trabajo, se utiliza como el ILE de la Unión Económica Belgo-Luxembuguesa, el correspondiente a Luxemburgo, por ser el más liberal de ambas economías. A juicio del autor, es este criterio el que priva sobre los inversionistas extranjeros. Su ILE se

---

[139] La información de los factores que impactan el ILE de Uruguay está disponible en: http://www.heritage.org/index/country/uruguay

ubica en el 2015 en 73.2 puntos, lo que la sitúa en el grupo de las economías mayormente libres, alcanzando la posición 21° del ranking global, y la 10° entre la economías europeas.

Con una tendencia estable, Luxemburgo, cuenta con el mayor nivel de libertad de inversión a nivel mundial. En adición, los entes del Estado están libres de corrupción y su sistema de justicia es independiente, transparente y efectivo. Los derechos de propiedad privada están garantizados y las iniciativas de emprendimiento son promovidas por un ambiente regulatorio diseñado para tal fin, con un proceso para su incorporación expedito.[140]

Es evidente que el modelo económico de la Unión no es compatible con en venezolano. En adición, inversores incorporados en la Unidad Económica han demandado, al Estado venezolano en el foro internacional CIADI, en 3 de los 39 casos que responde Venezuela ante él.

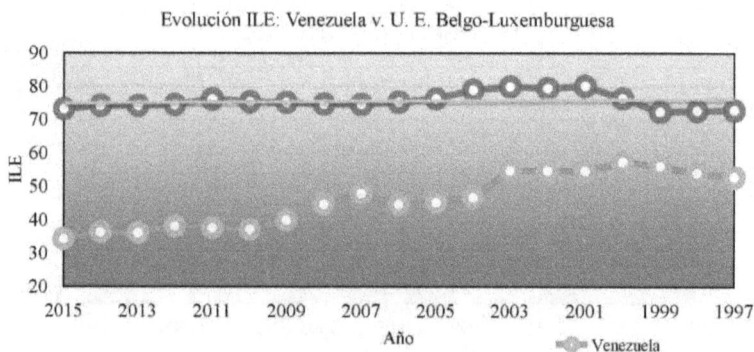

Evolución ILE: Venezuela v. U. E. Belgo-Luxemburguesa

Fuente: 2015 Index of Economic Freedom

2. *La relación del perfil económico de los Estados socios durante el siglo XX con el Derecho Internacional de las inversiones: La protección los inversionistas privados*

Tomando como referencia a los Estados que suscribieron APPRIs con Venezuela durante el siglo XX y analizando sus ILE actuales, se pueden alcanzar varias conclusiones:

---

[140] La información de los factores que impactan el ILE de la Unión Económica Belgo-Luxemburguesa está disponible en: http://www.heritage.org/index /country/luxembourg

❖ Los cuatro Estados con menores libertades económicas actuales, entre los que Venezuela celebró algún APPRI en el
siglo XX, son los mismos con los cuales Venezuela guarda
una mayor cercanía política en el presente, estos son:

- Cuba   (Economía reprimida)
- Argentina   (Economía reprimida)
- Ecuador   (Economía reprimida)
- Brasil   (Economía mayormente restringida)

ILE entre socios de Venezuela con APPRI celebrado en el SIGLO XX

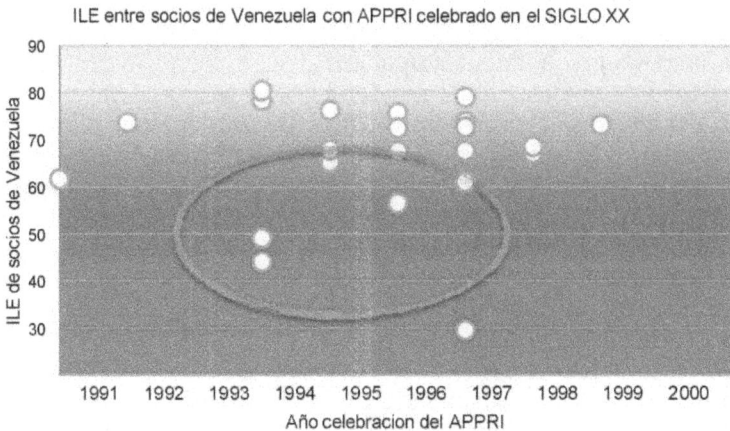

Fuente: 2015 Index of Economic Freedom

❖ Todas las demandas que Venezuela enfrenta en los tribunales internacionales provienen de Estados con un nivel
alto o moderado de libertades económicas.

❖ Durante la década de los 90 del siglo pasado Venezuela,
contaba con un perfil de libertades económicas superior al
actual, y fungía tanto como Estado receptor de capital como exportador de capital.

3. *El índice de las libertades económicas de los socios de Venezuela en el
siglo XXI: Relaciones con Estados de economías reprimidas centradas
en lo ideológico*

Ahora se analizarán los Estados socios que han celebrado AP-
PRIs con Venezuela durante el siglo XXI, se presentará su perfil
económico y se expondrá la relación que mantienen con el régimen
revolucionario venezolano. Se excluye del análisis la República de

Indonesia, ya que su APPRI no está disponible en ninguna de las fuentes consultadas, entre ellas la Superintendencia de Inversiones Extranjeras de la República Bolivariana de Venezuela, adscrita al Ministerio del Poder Popular para el Comercio.

A. *República Plurinacional de Bolivia (APPRI celebrado con Venezuela en 2000)*

La economía de la República de Bolivia es considerada, al igual que Venezuela, como reprimida en el 2015, alcanzando un ILE de 46.8 puntos, lo que la coloca en la posición 163° a nivel global, y 26° entre los 29 países de Latinoamericanos.

El índice alcanzado, con una pronunciada tendencia negativa, refleja la percepción de subyugación del emprendimiento privado, por parte de gobierno del presidente Morales, que ha expropiado más de 20 empresas desde el año 2006. De manera análoga al proceso venezolano, la economía boliviana va rumbo hacia un socialismo comunitario. En este contexto la inversión privada es la menor de la región, y la escasa inversión extranjera existente se concentra en la explotación de los recursos naturales. Otro de los temas que impactan negativamente las libertades económicas de Bolivia, es el grado de corrupción y la inconsistencia en la aplicación de las leyes, por el sistema judicial que está políticamente controlado. La inversión extranjera está sujeta a un extenso proceso de aprobaciones y en la economía se ejercen controles de precios y subsidios generalizados. Bolivia es uno de los aliados políticos más cercanos de Venezuela, Irán y Cuba[141].

Según el análisis anterior y las tendencias de ILE de Bolivia, se puede afirmar que el modelo económico y político boliviano es convergente con el venezolano, y que la afinidad ideológica de ambos regímenes incide en los niveles similares de las libertades económicas encontrados.

---

[141] La información de los factores que impactan el ILE de Bolivia está disponible en: http://www.heritage.org/index/country/bolivia

Evolución ILE: Venezuela v. Bolivia

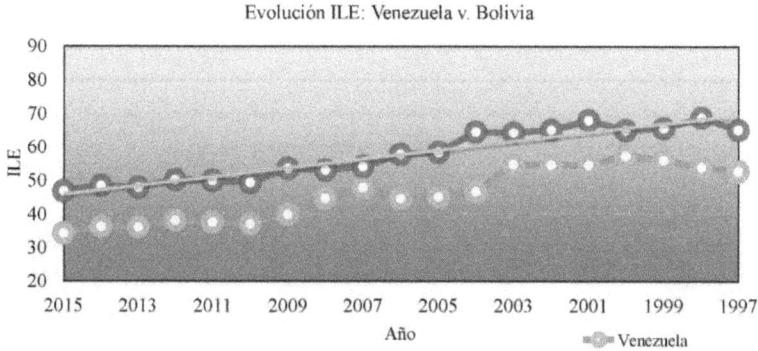

Fuente: 2015 Index of Economic Freedom

B. *República de Francia (APPRI celebrado con Venezuela en 2001)*

La economía francesa es considerada como moderadamente libre en el año 2015, al alcanzar un ILE de 62.5 puntos, lo que la coloca en el 73° lugar a nivel mundial, y el 33° entre las 43 economías Europeas.

Los elementos más relevantes que contribuyen a la tendencia positiva de las libertades económicas de Francia son, la fortaleza de sus instituciones, la protección a los derechos de propiedad y la eficiencia de su sistema legal, que es calificado como independiente y eficiente. Para los nuevos emprendimientos, no hay requerimientos de capital mínimo, y su puesta en marcha es estructurada y expedita.

Por otro lado, existen controles de precios y servicios, además de subsidios gubernamentales para la agricultura y la energía. En el mismo orden, algunas de sus actividades industriales están limitadas a la inversión extranjera. Aun cuando la corrupción no se considera un problema de gran calado, ciertos casos recientes, que involucran a las más altas autoridades gubernamentales, han empañado la imagen de las instituciones del Estado francés[142].

---

[142] La información de los factores que impactan el ILE de Francia está disponible en: http://www.heritage.org/index/country/france

79

Evolución ILE: Venezuela v. Francia

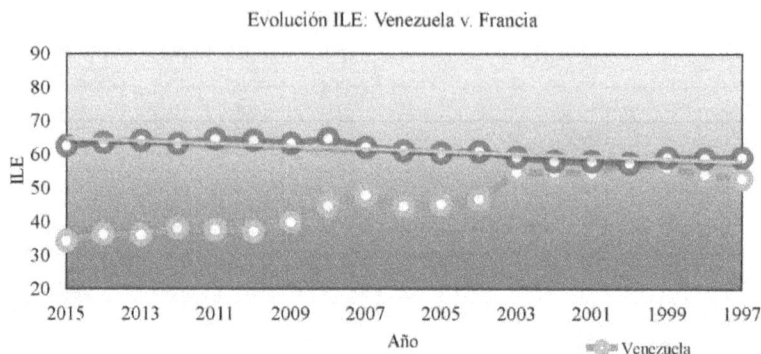

Fuente: 2015 Index of Economic Freedom

Según el análisis precedente, Francia tiene un perfil de políticas económicas que no se corresponden con las implementadas en por Venezuela desde el nuevo milenio. Finalmente, la única demanda que Venezuela enfrenta en tribunales internacionales, con inversores de un Estado con APPRI, suscrito post-Revolución Bolivariana, es con uno incorporado Francia.

C. *República Islámica de Irán (APPRI celebrado con Venezuela en 2005)*

La economía Iraní, es reconocida como una economía reprimida, con un ILE de 41.8 puntos, que la coloca en la posición número 171º del mundo y la última entre los países de su región.

La tendencia del ILE, que es inconsistente en las últimas dos décadas, es afectada negativamente por las regulaciones que dificultan la actividad empresarial privada, los controles que limitan la movilidad de capitales, y un sistema legal débil e intervenido por elementos políticos y religiosos. Toda inversión debe ser aprobada por el Estado y la misma está limitada a ciertas áreas de la economía. Por otro lado, la corrupción es considerada con un problema enraizado en todas las instituciones del Estado Iraní[143].

---

[143] La información de los factores que impactan el ILE de Irán está disponible en: http://www.heritage.org/index/country/iran

Evolución ILE: Venezuela v. Irán

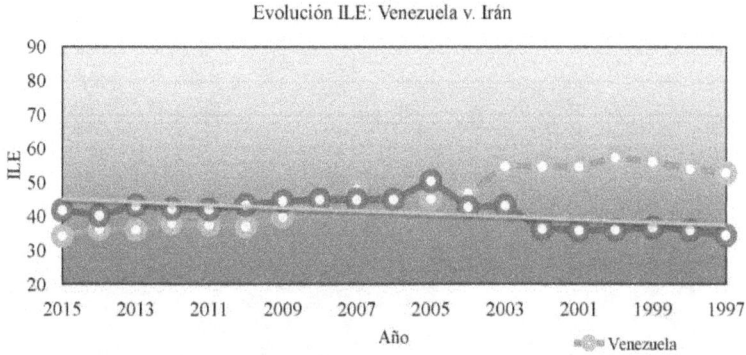

Fuente: 2015 Index of Economic Freedom

Independientemente de las restricciones económicas mencionadas, Irán se ha convertido en un socio comercial estratégico para
Venezuela, actuando en diversas áreas de la economía como son la
construcción y la industria automotriz. Las inversiones que se han
realizado en Venezuela, se llevan a cabo mediante empresas controladas por el gobierno iraní, y están protegidas por un APPRI, que
sus características se explorarán en el capítulo siguiente.

D. *República de Belarús (APPRI celebrado con Venezuela en 2007)*

La economía de Belarús es percibida como una economía reprimida, alcanzando en el 2015 un ILE de 49.8 puntos, que la coloca
en la posición 153° en el ranking mundial, y 42° entre los 43 países
Europeos.

La puntuación del ILE de Belarús, que parece mostrar una tendencia positiva, obedece a que es una de las economías más controladas mundialmente, en donde el Estado, de manera centralizada,
dirige o actúa en un importante número de áreas de la misma. Todos los poderes del Estado están controlados por el Poder Ejecutivo, y la corrupción es un problema de amplia base en la administración pública de país. El sector industrial y agrícola, que es controlado por el Estado, no es competitivo. La formación de emprendimientos se ve dificultada por los múltiples procesos administrativos que son necesarios para tal fin. En adición, están en vigor con-

troles de precios y subsidios, que son ampliamente aplicados, con el fin de mantener los precios artificialmente bajos.[144]

Evolución ILE: Venezuela v. Belarús

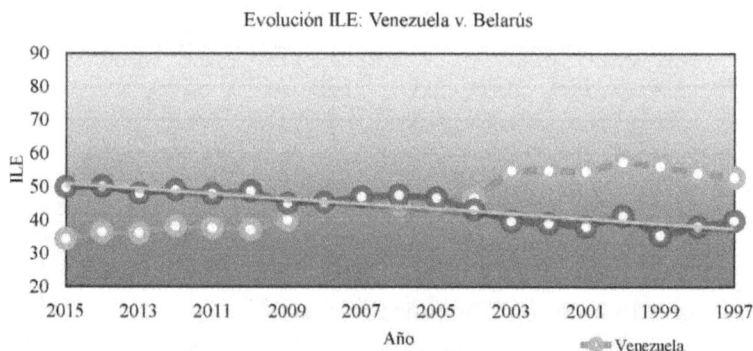

Fuente: 2015 Index of Economic Freedom

En este contexto, Belarús se ha convertido en uno de los aliados más cercanos al régimen revolucionario de Venezuela durante la última década.

E. *Federación Rusa (APPRI celebrado con Venezuela en 2008)*

La economía rusa es catalogada como mayormente restringida, alcanzando en el 2015 un ILE de 52.1 puntos, lo que la coloca en la posición 143° a nivel mundial, y 41° de 43 entre los países europeos.

Con una tendencia estable de libertades económicas, el resultado del ILE obedece a que el Estado Ruso supervisa la inversión extranjera y subsidia las empresas del Estado limitando la competencia y las oportunidades de mercado de las mismas. La corrupción es amplia y el respeto de los derechos de propiedad es limitado. El sistema judicial ruso aplica las leyes de manera no uniforme, y es vulnerable a presiones políticas. La actividad privada, está sujeta a obstáculos burocráticos en su formación y establecimiento[145].

---

[144] La información de los factores que impactan el ILE de Belarús está disponible en:http://www.heritage.org/index/country/belarus

[145] La información de los factores que impactan el ILE de Rusia está disponible en: http://www.heritage.org/index/country/russia

Evolución ILE: Venezuela v. Rusia

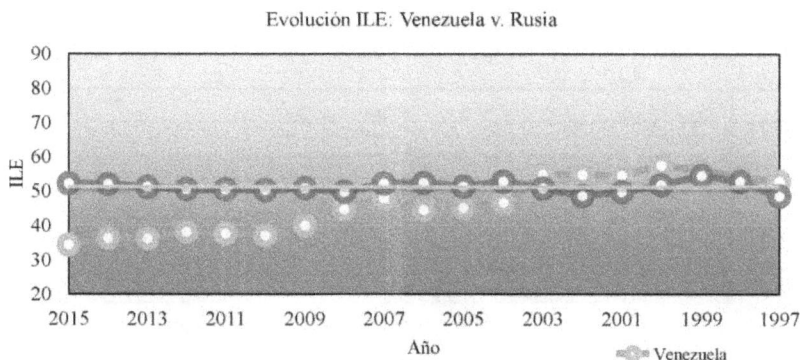

Fuente: 2015 Index of Economic Freedom

En este contexto la Confederación Rusa se ha convertido en uno de los mayores socios comerciales y aliados políticos de Venezuela durante el régimen bolivariano en áreas clave de la economía como son petróleo, armamento y minería.

F. *República Socialista de Vietnam (APPRI celebrado con Venezuela en 2008)*

La economía de Vietnam es reconocida en el 2015 como mayormente restringida debido a que alcanzó un ILE de 51.7 pts. ubicándola en la posición 148° versus el resto de las economías mundiales y la 32° entre las economías asiáticas.

Este resultado, aun cuando la tendencia del ILE es positiva, se sustenta sobre un control del partido comunista sobre el sistema de justicia, que incentiva la corrupción y reduce la transparencia del las instituciones del gobierno. La economía está controlada por las empresas Estatales, y la iniciativa privada es reducida. La inversión extranjera se ha afectado por la carencia de un marco regulatorio trasparente y estructurado. En respeto a los derechos de propiedad es limitado y en la economía vietnamita, se implementan controles de precios y múltiples subsidios[146].

---

[146] La información de los factores que impactan el ILE de Vietnam está disponible en: http://www.heritage.org/index/country/vietnam.

Evolución ILE: Venezuela v. Vietnam

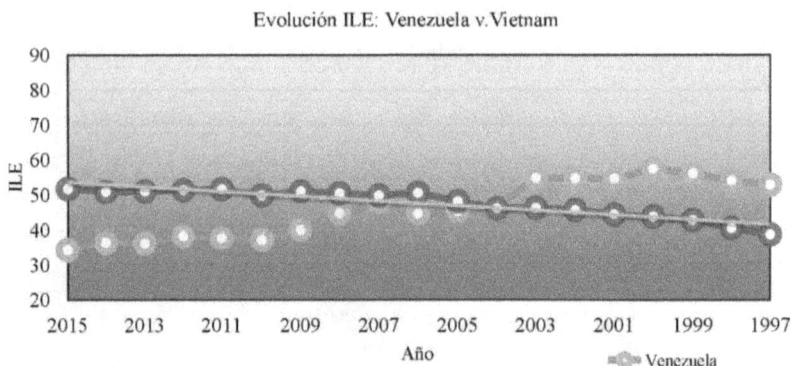

Fuente: 2015 Index of Economic Freedom

Vietnam se convirtió en el último socio comercial en firman un APPRI durante el gobierno del presidente Chávez.

4. *La relación del perfil económico de los Estados socios durante el siglo XXI con el Derecho Internacional de las inversiones: La protección de las empresas del Estado*

Tomando como referencia a los Estados que celebraron APPRIs con Venezuela durante el siglo XXI y analizando sus ILE actuales se pueden alcanzar varias conclusiones:

❖ En General, los Estados que han suscrito APPRIs con Venezuela durante el régimen revolucionario mantienen economías altamente controladas, politizadas y con mínima orientación hacia el mercado, con la excepción de Francia, lo que sugiere que el factor ideológico priva *versus* el económico para la celebración de un APPRI en ese período.

❖ En el entendido que las economías de los Estados que han firmado APPRIs con Venezuela durante el Siglo XXI están controladas por empresas Estatales, los Tratados parecen haber sido concebidos en función de estas empresas y no de un sector empresarial privado.

❖ La única demanda que Venezuela enfrenta en los tribunales internacionales en este período socio-político, proviene de un de Estado con un nivel moderado de libertades económicas, como es Francia, en donde el emprendimiento privado y la inversión no vienen limitadas por el Estado.

❖ Durante el nuevo milenio la República Bolivariana de Venezuela, con un perfil de libertad económica reprimido, funge como Estado mono exportador de recursos energéticos e importador de capital para la producción de productos y servicios escasos en su economía.

ILE entre socios de Venezuela con APPRI celebrado en el SIGLO XXI

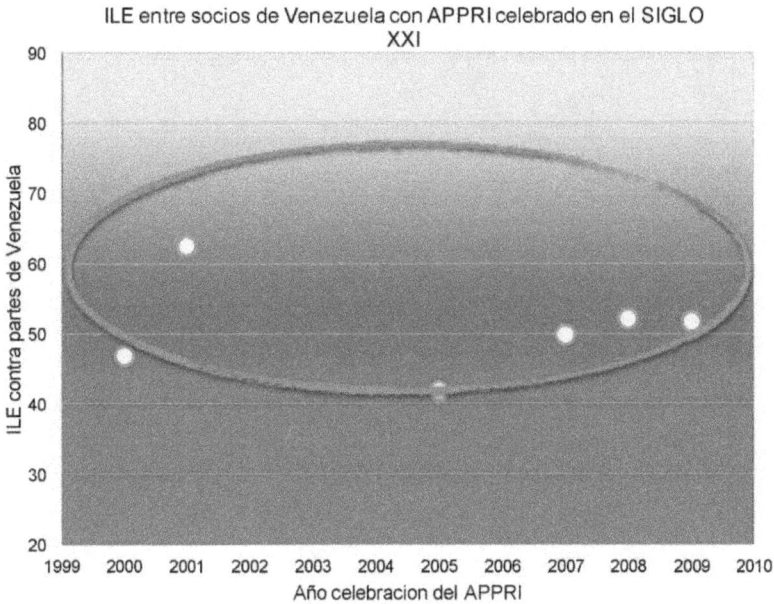

Fuente: 2015 Index of Economic Freedom

Una vez analizados los perfiles de los Estados socios de Venezuela, con los cuales ha celebrado algún APPRI a través de su historia, en función de sus libertades económicas, y evaluado como han evolucionado las motivaciones y los tipos de relación que Venezuela ha sostenido con dichos Estados, se profundizará, en el siguiente capítulo, sobre el impacto de las mutaciones del marco jurídico interno sobre las inversiones extranjeras protegidas por los APPRIs.

CAPÍTULO III:

"LA EVOLUCIÓN DEL DERECHO INTERNO VENEZOLANO SOBRE LAS INVERSIONES EXTRANJERAS": DE LAS LEYES LIBERALES DE LOS AÑOS 90 A LA NUEVA LEY DE INVERSIONES DEL 2014

El sistema de análisis desarrollado por el autor para la evaluación del impacto de los cambios internos experimentados por Venezuela sobre los compromisos bilaterales de inversión extranjera contraídos por el Estado, se inicia en el marco jurídico del Estado huésped, siendo el nivel constitucional el punto de partida. Posteriormente, se profundizará en el análisis de la evolución del marco legal regido por la Ley sobre las inversiones extranjeras en el período histórico cuando los APPRIs fueron suscritos. Con el fin de sistematizar el análisis de los cambios jurídicos experimentados en la legislación interna, los mismos serán expuestos en función de los núcleos de los problemas que cada uno presenta, al ser contrastado con las obligaciones que dimanan de los APPRIs que el Estado venezolano ha suscrito.

El marco legal de la República Bolivariana de Venezuela es muy relevante a la hora de entender cualquier aspecto referente a las controversias con inversionistas foráneos, ya que para los tribunales arbitrales internacionales la Ley aplicable es tanto el Derecho Internacional como las leyes nacionales[147]. Es importante señalar dos aspectos básicos a la hora de entender el impacto de las leyes locales en los procesos arbitrales de inversión. Primero que todo, si un APPRI

---

[147] Dolzer, R., y Schreuer, C., *Priciples of International Investment Law*, Oxford, Oxford University Press, 2008, p. 265.

se concluye, o se mantiene en vigor, contrario a los preceptos constitucionales del país, la hipótesis del presente trabajo es que el mismo estaría inmerso en un supuesto de inconstitucionalidad intrínseca o material[148]. Segundo, se debe considerar que un Tratado internacional que se celebrase en contravención con una norma interna de importancia fundamental, como las que conforman el bloque de la constitucionalidad, está sujeto a ser considerado nulo, siempre y cuando dicha norma esté vigente al momento de la firma del Tratado[149].

El tema central que enfrentamos en el presente estudio es que en una hipotética inconstitucionalidad de los APPRIs celebrados, antes de la entronización de la Constitución Bolivariana, podría ser sobrevenida como consecuencia de la reforma constitucional que se llevó a cabo en Venezuela en las postrimerías del siglo XX.

En este contexto, la respuesta del Derecho Internacional parecería estar inserta en los textos de la Convención de Viena sobre el Derecho de los Tratados. En su artículo 27° la Convención prescribe claramente que "Una parte no podrá invocar las disposiciones de su derecho interno como justificación del incumplimiento de un Tratado. Esta norma se entenderá sin perjuicio de lo dispuesto en el artículo 46".

En el mismo orden, el art. 46° de la Convención indica que:

"El hecho de que el consentimiento de un Estado en obligarse por un Tratado haya sido manifestado en violación de una disposición de su derecho interno concerniente a la competencia para celebrar Tratados no podrá ser alegado por dicho Estado como vicio de su consentimiento, a menos que esa violación sea manifiesta y afecte a una norma de importancia fundamental de su derecho interno."

Finalmente, en el art. 62° de dicha Convención se reafirma que:

"1. Un cambio fundamental en las circunstancias ocurrido con respecto a las existentes en el momento de la celebración de un Tratado y que no fue previsto por las partes no podrá alegarse como causa para dar por terminado el Tratado o retirarse de él, a menos que: a) La existencia de esas circunstancias constituyera

---

[148]   Remiro Brotóns, A. y otros, *Derecho Internacional, Curso General*, Valencia, Tirant lo Blanch, 2010, p. 266.

[149]   *Ibídem*, p. 310-311.

una base esencial del consentimiento de las partes en obligarse
por el Tratado; y b) Ese cambio tenga por efecto modificar radicalmente el alcance de las obligaciones que todavía deban cumplirse en virtud del Tratado. 2. Un cambio fundamental en las circunstancias no podrá alegarse como causa para dar por terminado
un Tratado o retirarse de él: a) Si el Tratado establece una frontera;
o b) Si el cambio fundamental resulta de una violación, por la parte que lo alega, de una obligación nacida del Tratado o de toda
otra obligación internacional con respecto a cualquier otra parte
en el Tratado."

Al conjugar las tres disposiciones de la Convención, la conclusión resultante parecería ser que el Estado venezolano no puede
dejar de cumplir las obligaciones adquiridas en un Tratado internacional, como es en este contexto un APPRI, aduciendo que alguna de
las disposiciones del mismo es incompatible con una norma de importancia fundamental de su derecho interno, como es el bloque
constitucional, en el entendido que esta norma fundamental ha sido
introducida posterior a la celebración de los APPRIs[150]. En el presente trabajo, la conclusión anterior solo se aplicaría a los APPRIs del
Siglo XX, celebrados antes del proceso constituyente de Venezuela
en 1999 y que concluyó con la Constitución Bolivariana. Obviamente, se entiende que los APPRIs mencionados se celebraron sin vicios
y fueron la expresión de la genuina intención del Estado venezolano
en obligarse.

Es menester mencionar que el Estado venezolano no fue signa-
tario de la Convención de Viena antes citada, sin embargo, puede
estar obligado por la misma ya que dicho Tratado es Derecho Internacional consuetudinario[151].

1. *El recelo constitucional hacia los tribunales arbitrales institucionales*

El primer cambio ontológico que experimentaría el Estado venezolano bajo el liderazgo de Chávez, fue la entronización un nueva
Constitución de la República Bolivariana de Venezuela en el año
2000, acogida mediante referéndum popular. La misma muestra
prioridades que difieren de manera diametral a las que poseía el

---

[150] Remiro Brotóns, A., *Derecho Internacional Público: Derecho de los Tratados*,
Tecnos, Madrid, 1986, p. 337.

[151] Rodríguez, V. y Betancourt M., *Introducción al estudio del Derecho de los
Tratados*, Serie Estudios 90, Caracas, 2010, p. 89.

sistema político anterior en el que predominaba un modelo de "conciliación de elites"[152] y que fundamentalmente se enfocaba en lo internacional a: 1) asegurar y defender la salud del sistema político; 2) mantener el margen de autonomía en la política internacional; 3) diversificar el comercio internacional del país; 4) preservar la integridad del territorio nacional; 5) participar activamente en las organizaciones internacionales y en otro mecanismos de concertación mundial; 6) defender y promover precios justos y mercados confiables para el petróleo venezolano[153].

En el preámbulo de la Carta Marga Bolivariana establece de manera categórica que su fin es "refundar la República para establecer una sociedad venezolana democrática"[154], lo que sugiere un rompimiento fundamental con un modelo pasado no democrático. En adición, se postula el rol de Venezuela en la democratización de la sociedad internacional y la integración de los pueblos de Latinoamérica[155], elementos recurrentes en la actual política exterior venezolana y que impactarán de manera determinante la construcción de alianzas estratégicas desde el ángulo geopolítico y económico.

En el articulado de la Constitución de 1999 claramente se evidencia un golpe de timón hacia un régimen que doctrinalmente se pliega al ideal emancipador de Simón Bolívar que es, en sí mismo, irrevocablemente anti-colonialista como demuestra en su primer artículo[156].

---

[152] Romero, M. T., *La Política exterior venezolana: el proyecto democrático 1958-1998*, *op. cit.* en nota 154, p. 198.

[153] Romero, C. A., *Dos Etapas en la política exterior de Venezuela*, *op. cit.* en nota 41. pp. 169-182.

[154] La Constitución de la República Bolivariana de Venezuela fue publicada en *Gaceta Oficial Extraordinaria* N° 5.453 de la República Bolivariana de Venezuela. Caracas, viernes 24 de marzo de 2000. En su preámbulo se reafirma que: con el fin supremo de refundar la República para establecer una sociedad democrática, participativa y protagónica, multiétnica y pluricultural.

[155] *Ibídem*: "…promueva la cooperación pacífica entre las naciones e impulse y consolide la integración latinoamericana de acuerdo con el principio de no intervención y autodeterminación de los pueblos… la democratización de la sociedad internacional…"

[156] *Ibídem*: Artículo 1 "La República Bolivariana de Venezuela es irrevocablemente libre e independiente y fundamenta su patrimonio moral y sus

En términos de los aspectos que atañen a la inversión extranjera la constitución venezolana en vigor prescribe que los contratos de interés público que el Estado venezolano y sus instituciones puedan celebrar con entidades e inversores extranjeros, deben contar con la aprobación previa por parte de la Asamblea Nacional para tener fuerza legal.

El artículo 150 de la constitución reza así:

"La celebración de los contratos de interés público nacional reque-
la aprobación de la Asamblea Nacional en los casos que determine la Ley.

No podrá celebrarse contrato alguno de interés público municipal, estadal o nacional, o con Estados o entidades oficiales extranjeras o con sociedades no domiciliadas en Venezuela, ni traspasarse a ellos sin la aprobación de la Asamblea Nacional.

La Ley puede exigir en los contratos de interés público determi-
nadas condiciones de nacionalidad, domicilio o de otro orden, o requerir especiales garantías"[157].

Es de mencionar que fundamentado en la interpretación de este artículo de la Constitución Bolivariana, además inversores extranje-
ros elevaron al CIADI una reclamación arbitral sobre la violación a dos APPRIs. Dicha reclamación es el caso *Flughafen Zürich A.G. y Gestión de Ingeniería IDC S.A. v. República Bolivariana de Venezuela*, que será estudiada a profundidad en el próximo capítulo.

En referencia al foro en donde una posible controversia puede ser dirimida y que dimane de los potenciales incumplimientos de los contratos de interés públicos previamente señalados, la Carta Magna venezolana versa explícitamente sobre la resolución de los mismos en tribunales nacionales, independientemente de la nacionalidad del contratante.

---

valores de libertad, igualdad, justicia y paz internacional en la doctrina de Simón Bolívar, el Libertador. Son derechos irrenunciables de la Nación la independencia, la libertad, la soberanía, la inmunidad, la integridad territorial y la autodeterminación nacional".

[157] *Ibídem*, Artículo 150

"En los contratos de interés público, si no fuere improcedente de acuerdo con la naturaleza de los mismos, se considerará incorporada, aun cuando no estuviere expresa, una cláusula según la cual las dudas y controversias que puedan suscitarse sobre dichos contratos y que no llegaren a ser resueltas amigablemente por las partes contratantes, serán decididas por los tribunales competentes de la Republica, de conformidad con sus leyes, sin que por ningún motivo ni causa puedan dar origen a reclamaciones extranjeras"[158].

El texto anterior indica una clara inclinación de la Asamblea Constituyente venezolana (1999-2000) a la hora de imprimir el texto constitucional, de seguir los preceptos de la doctrina Calvo[159] a nivel contractual, que establece que los contratantes extranjeros deben dirimir sus controversias en los tribunales del Estado huésped. Las implicaciones de aplicar la doctrina Calvo citada a los contratos entre el Estado venezolano e inversores extranjeros radican en que, los últimos, aceptan a priori el foro nacional.

Es de señalar que la aceptación implícita de esta cláusula ha demostrado ser contraria a la jurisprudencia de los casos arbitrales en materia de litigios de inversión extranjera que serán examinados en la siguiente sección. En adición, tampoco podemos obviar que uno de los principales avances de los APPRIs reside en situar las relaciones del inversor extranjero con el Estado huésped de la inversión en un marco normativo distinto al interno y por ello, acceder a una jurisdicción neutral[160]. Además, el artículo 26 del Convenio CIADI de 1965 ha de interpretarse como que establece la regla básica del no agotamiento de los recursos internos, salvo disposición en contrario. Lo anterior significa que todo Estado miembro de la Convención tiene la potestad de hacer que el agotamiento de medios internos de solución de controversias con un inversor extranjero sea una condición para consentir el arbitraje internacional en el foro CIADI[161].

---

[158]   *Ibídem*, Artículo 151.

[159]   Calvo, C., *Derecho Internacional Teórico y Práctico de Europa y América*, Buenos Aires, 1868, par. 3:138.

[160]   Díez-Hochleitner, J., "Protección diplomática v. arbitraje de inversiones", en *El Derecho Internacional: normas hecho y valores, Liber amicorum* José Antonio Pastor Ridruejo, Universidad Complutense, Facultad de Derecho,, Madrid, 2005, p. 470.

[161]   Schreuer, C., *The ICSID Convention: A Comentary*, Cambridge University Press, Cambridge (2001).p. 388.

El espíritu de las disposiciones constitucionales de los artículos 150° y 151°, previamente presentados parecería ser particularmente problemático, y posiblemente contradictorio, a las disposiciones de nacionalidad y cláusula paraguas acordadas en el entramado de APPRIs suscritos por Venezuela. En una primera lectura, el texto constitucional sugiere indicar que el Estado y sus entes están obligados a solicitar autorización a la Asamblea Nacional para entrar en contrataciones con un inversor extranjero para la explotación de áreas con carácter estratégico en el país. La utilización del término "sociedades no domiciliadas en Venezuela" así parece indicarlo. El código de comercio venezolano, sin embargo, en su artículo 354° dispone que "Las sociedades que constituidas también en el extranjero sólo tuvieran en la República sucursales, o explotaciones que no constituyan su objeto principal conservan su nacionalidad pero se les considerará domiciliadas en Venezuela". La disposición anterior del código de comercio parece implicar que cualquier inversor extranjero independiente de su nacionalidad estaría habilitado a adquirir obligaciones contractuales con el Estado en áreas estratégicas de la economía, sin la necesidad de la aprobación por parte de la Asamblea Nacional de tal contrato, al establecer dicho inversor extranjero una sucursal en el país. Este razonamiento ha sido confirmado por la jurisprudencia arbitral a favor del inversor extranjero y contrariamente a los argumentos esgrimidos por la defensa del Estado venezolano referentes a la intensión que dimana del texto constitucional. El texto del Laudo Flughafen Zürich A.G. y Gestión de Ingeniería IDC S.A. v. República Bolivariana de Venezuela prescribe[162]:

"El artículo 150 de la Constitución venezolana solo exige la autorización del Parlamento Nacional para la celebración de contratos entre los Estados que conforman la República y "entidades estatales extranjeras" o "sociedades no domiciliadas en Venezuela". ¿Qué se ha de entender por "sociedades no domiciliadas en Venezuela"?. El Código de Comercio contiene una expresa regulación de las sociedades extranjeras y de la creación de sucursales en Venezuela. Su artículo 354 III permite a las sociedades por acciones extranjeras crear sucursales en el país, siempre que inscriban en el Registro de Comercio "el contrato social y demás documentos necesarios a la constitución de la compañía, conforme a las leyes de

---

[162] CIADI, Flughafen Zürich A.G. y Gestión de Ingeniería IDC S.A. v. República Bolivariana de Venezuela (Demandada) Caso No. ARB/10/19, de Fecha 18 de noviembre de 2014 paras. 199-206

su nacionalidad y una copia debidamente legalizada de los artículos referentes a esas leyes". El siguiente artículo exige que las sociedades extranjeras con sucursal tengan en Venezuela un representante investido de plenas facultades. A cambio del cumplimiento de esos requisitos, el Código de Comercio les otorga el privilegio de conservar su nacionalidad de origen, pero ser consideradas sociedades "domiciliadas en Venezuela". "Las sociedades que constituidas también en el extranjero sólo tuvieran en la República sucursales, o explotaciones que no constituyan su objeto principal conservan su nacionalidad pero se les considerará domiciliadas en Venezuela". El artículo 354 Código de Comercio establece pues que una sociedad extranjera, por el hecho de inscribir una sucursal en el Registro de Comercio, mantiene la nacionalidad extranjera pero adquiere domicilio en Venezuela. El precepto distingue con claridad entre - "sociedades extranjeras" – las constituidas fuera de Venezuela, - "sociedades nacionales" – las constituidas de acuerdo con el Derecho venezolano y que tienen la nacionalidad venezolana, - "sociedades domiciliadas en Venezuela" – las sociedades nacionales y además las sociedades constituidas fuera de Venezuela, pero que hayan cumplido con los requisitos exigidos para inscribir una sucursal en Venezuela. Esta clara distinción terminológica tiene su reflejo en la redacción del artículo 150 de la Constitución venezolana. Este precepto exige autorización parlamentaria para la celebración de contratos estadales con "entidades oficiales extranjeras o con sociedades no domiciliadas en Venezuela". Nótese que la norma se refiere a "entidades estatales extranjeras" y a "sociedades no domiciliadas" – no a "sociedades extranjeras". La precisión terminológica no puede ser casual: - En el caso de "entidades estatales extranjeras", la autorización es preceptiva, aun cuando la entidad estatal extranjera tuviera sucursal en Venezuela; -En el caso de "sociedades no domiciliadas", la creación de una sucursal y la subsiguiente domiciliación excluyen la necesidad de intervención parlamentaria. Existen razones de política legislativa que pueden justificar este tratamiento diferenciado: la contratación con una entidad estatal extranjera puede afectar a cuestiones de soberanía; mientras que la contratación con una sociedad extranjera, que se haya sometido a los requisitos de inscripción y transparencia exigidos por el Registro Mercantil venezolano, y disponga de un representante en territorio de la República, puede ser equiparada a la contratación con una sociedad venezolana – que no requiere autorización parlamentaria. - o alternativamente constituir una sucursal en Venezuela, sometiéndose a los requisitos de registro y transparencia del ordenamiento venezolano, y designando un apoderado con poderes generales que resida en el país, en cuyo caso la sociedad extranjera queda equiparada a una sociedad nacional y decae la necesidad de autorización parlamentaria."

En el mismo orden, y en términos de la obligación constitucional de acudir al foro nacional, en el supuesto de una diferencia entre inversor extranjero y Estado, en el caso de incumplimientos contractuales en áreas estratégicas para la economía, la problemática que se presenta, radica en que un incumplimiento contractual puede simultáneamente ser un incumplimiento del APPRI, lo que implicaría responsabilidad internacional del Estado. Es decir que el inversor extranjero pudiera invocar la oferta unilateral de arbitraje de un APPRI en los supuestos de incumplimiento del Tratado como son: las expropiaciones, la discriminación o un trato injusto y no equitativo por parte del Estado, independientemente del precepto constitucional. En este caso ambos incumplimientos, el del contrato y el del APPRI, responden a sistemas jurídicos diferentes con dinámicas diferentes como son la del derecho interno e *iusinternacional*.

Por otro lado, en la Carta Magna Bolivariana en su artículo 301º reafirma la potestad del Estado venezolano de proteger la industria nacional.[163] El texto de la disposición prescribe:

"El Estado se reserva el uso de la política comercial para defender las actividades de la empresas nacionales públicas y privadas. No se podrá otorgar a personas empresas u organismos extranjeros, regímenes más beneficiosos que los establecidos para los nacionales. La Inversión extranjera está sujeta a las mismas condiciones que la inversión nacional".

Este artículo constitucional, parecería hacer referencia al concepto de *Trato nacional*, en términos del *Nuevo Orden Económico Internacional*[164] en donde lo que se pretende es limitar los derechos del inversor extranjero. El *Trato Nacional*[165] es una disposición proveniente del Derecho Internacional comercial y es una cláusula

---

[163]   Constitución de la República Bolivariana de Venezuela, *op. cit.*, en nota 156, art 301.

[164]   El Nuevo Orden Económico Internacional es un movimiento de los países en desarrollo que llega a su apogeo en los inicios de la década de los 70's y que impulsó una serie de resoluciones de a Asamblea General de las Naciones Unidas, siendo la más celebre la Resolución 3281 (XXXIX), de 12 de Diciembre de 1974 que contiene la Carta de Deberes y Derechos Económicos de los Estados.

[165]   Dolzer R. y Schreuer C.: "Priciples of International Investment Law", *op cit*. en nota 149 , p. 178.

típica de los APPRI. Su inclusión tiene como propósito obligar al Estado huésped no hacer diferenciación negativa entre inversores locales y foráneos. En adición, si el **mandato constitucional anterior** se extiende más allá de la protección que el marco legal le confiere a la industria local y se entiende como "proteccionismo comercial" podría representar una medida contraria a los principios de la Organización Mundial del Comercio[166].

La Constitución Bolivariana en su artículo 302° establece que el Estado se reserva las actividades de carácter estratégico de su economía:

> "El Estado se reserva, mediante la Ley orgánica respectiva, y por razones de conveniencia nacional, la actividad petrolera y otras industrias, explotaciones, servicios y bienes de interés público y de carácter estratégico. El Estado promoverá la manufactura nacional de materias primas provenientes de la explotación de los recursos naturales no renovables, con el fin de asimilar, crear e innovar tecnologías, generar empleo y crecimiento económico, y crear riqueza y bienestar para el pueblo."

El artículo constitucional anterior cabría interpretarse como problemático en relación con los estándares del Derecho Internacional de protección de inversiones extranjeras. El mismo podría también ser entendido como la base constitucional que cimienta el largo camino expropiatorio que hasta la fecha se ha recorrido en Venezuela y que fue presentado en el primer capítulo.[167]

---

[166] Organización Mundial del Comercio WT/MIN(96)/ST/106 12 de diciembre de 1996 (96-5277) CONFERENCIA MINISTERIAL Original: español Singapur, 9-13 de diciembre de 1996 "En este nuevo contexto de relaciones comerciales entre los países, no hay lugar para el proteccionismo en ninguna de sus formas que son, de suyo, factores distorsionantes de los fundamentos del libre comercio. Compartimentos estancos para el tratamiento fuera del marco general del comercio, de productos determinados dependiendo del proveedor, o el establecimiento de sanciones comerciales o amenaza de ellas asociadas a elementos extra comerciales, no tienen cabida en este foro. Más bien, constituyen proteccionismos encubiertos que no hacen sino penalizar la eficiencia poniendo en riesgo el avance consistente del libre comercio".

[167] Según la Confederación venezolana de Industriales - CONINDUSTRIA - entre 2002 y junio de 2012 el Gobierno intervino 1.162 empresas. Al detallar el estudio, se observa que entre 2002 y 2006 apenas se expropiaron 15 compañías, pero desde 2007 a la fecha, el número

Para finalizar, una nota de prensa emanada por el Tribunal Supremo de Justicia de Venezuela bajo el título "Se consolida la inmunidad de Venezuela frente a tribunales extranjeros"[168], aunque muy cuestionable al contrastarla con el principio *pacta sunt servanda* del Derecho de los Tratados[169], muestra un claro giro de la posición venezolana hacia la *doctrina Rosatti*[170] iniciada en Argentina luego de la crisis económica vivida por esta nación a inicios del nuevo milenio y a raíz de la cantidad de fallos en contra del país austral por parte de Tribunales arbitrales internacionales. El comunicado del Tribunal Supremo informa que:

"8.- Las sentencias reiteraron las consideraciones formuladas en la sentencia N° 1.942/03, respecto a la ejecución de las decisiones de órganos judiciales internacionales, según la cual: "(") como principio general, la preeminencia de la soberanía que sólo puede ser derogada por vía de excepción en casos singulares y precisos (") las decisiones de los órganos judiciales internacionales existentes, institucionales o *ad hoc* (arbitrales), de carácter sectorial, para su ejecución en el Estado destinatario, no pueden obviar impunemente la soberanía nacional de estos ("). En caso de menoscabo de la Constitución, es posible sostener que, aun en esta hipótesis, no hay lugar a responsabilidad internacional por la inejecución del fallo, por cuanto éste atenta contra uno de los principios existenciales del orden internacional, como es el debido respeto a la soberanía estatal. El respeto al derecho interno de cada país y el agotamiento de la jurisdicción interna, son valores constantes para que proceda la decisión de esos órganos jurisdiccionales supranacionales, transnacionales o internacionales ("). El respeto al derecho interno se convierte así en un requisito previo, que sirve de dique de contención a que se dicten fallos que desconozcan, al menos, las normas constitucionales de los suscriptores de los

---

asciende a 1.147 tomas, 98% del total. en http://www.eluniversal.com
/economia/120729/ex propiaciones-estrategia-para-aumentar-el-control-
del-estado

168   El texto completo de la nota de Tribunal Supremo de Justicia venezolano
      se encuentra en: http://historico.tsj.gob.ve/informacion/notasdepren
      sa/notasdeprensa.asp?codigo=6941

169   Convención de Viena sobre el derecho de los Tratados (1969), *op. cit* en
      nota 21, art. 26: "Todo Tratado en vigor obliga a las partes y debe ser
      cumplido por ellas de buena fe"

170   H. Rosatti: "La política de servicios públicos de un país no se puede dirimir
      en el Ciadi", http://archivo.lacapital.com.ar/2005/02/06/economia/noti
      cia_169607.shtml

Convenios o Tratados. Planteado así, ni los fallos, Laudos, dictámenes u otros actos de igual entidad, podrán ejecutarse penal o civilmente en el país, si son violatorios de la Constitución, por lo que por esta vía (la sentencia) no podrían proyectarse en el país, normas contenidas en Tratados, Convenios o Pactos sobre Derechos Humanos que colidiesen con la Constitución o sus Principios rectores (")". (Sentencia de la Sala Constitucional N° 1.942/03). 9.- Conforme a lo anterior, se reafirmó que toda decisión o Laudo internacional, puede ser objeto de control constitucional, si se pretende ejecutar en Venezuela, tal y como lo asentó la Sala Constitucional en el fallo N° 1.939/08, en el caso: "Corte Interamericana de Derechos Humanos vs. Jueces de la Corte Primera de lo Contencioso Administrativo", y en la decisión N° 1.541/08, que a su vez ratifica la sentencia N° 1.942/03."

En el mismo orden, la *doctrina Rosatti* prescribe que los Laudos, del CIADI, en particular, y del arbitraje internacional, en general, son discriminatorios vs. el inversionista local y es esa característica lo que los hace inconstitucionales. Por la razón anterior, los Laudos foráneos deben ser revisados en función de la constitucionalidad de los mismos, lo que es claramente contrario a los principios de obligatorio cumplimiento de la Convención de Washington[171].

En suma, los argumentos anteriores patentemente advierten al inversionista extranjero que a la hora de una controversia con el Estado venezolano, este pondrá en duda la imparcialidad de la instancia arbitral internacional[172] y sus decisiones serán severamente cuestionadas por lo que las oportunidades de hacer efectivo un posible Laudo favorable localmente, se harán escasas[173].

---

[171] ICSID CONVENTION, REGULATIONSAND RULES, ICSID/15 April 2006: Article 54 of the ICSID Convention "Each Contracting State shall recognize an award rendered pursuant to this Convention as binding and enforce the pecuniary obligations imposed by that award within its territories as if it were a final judgment of a court in that State.": https://icsid.worldbank.org/ICSID/StaticFiles/basicdoc/CRR_English-final.pdf

[172] Alcoceba, A., Manero, A., y Quispe, F., *La Protección de la Inversión Española en los Estados Miembros del Alba*, Navarra, Civitas, 2010, pp. 103

[173] Según The Arbitration Review of the Americas 2010: "The submission of disputes related to investment arbitration or any other matter to international mechanisms must be approved by the President of Venezuela and the Treaty must be ratified by the National Assembly; on the basis of sovereignty, the state may denounce or modify those

Una vez cubierto el marco constitucional venezolano, a continuación se estudiará la evolución del marco legal que rige sobre las inversiones extranjeras en Venezuela, que representa el segundo nivel de análisis de la esfera jurídica nacional.

2. *La apuesta por el arbitraje internacional a la luz del marco legal de Venezuela hasta el año 2014*

El segundo nivel de análisis se decantará desde la perspectiva del *Régimen Legal*[174] que regia a las inversiones extranjeras en Venezuela hasta el año 2014. Es de resaltar que al mes de noviembre del año 2014, el marco jurídico no había variado desde su desarrollo en la última década del siglo XX, por lo que no acompañaba el cambio ontológico, constitucional y social, experimentado por la nación.

El *Régimen Legal* de inversiones hasta el año 2014 establece en su introducción su objetivo fundamental de pedigree esencialmente liberal:

"Enfrentarse al reto de aumentar la participación de Venezuela en las corrientes mundiales de comercio e inversión, implica necesariamente asumir una apertura a la inversión extranjera y a la transferencia efectiva de tecnología, las cuales, junto con los capitales y la tecnología nacional coadyuvarán al desarrollo de la economía que se traducirá en prosperidad social"[175].

Inmersa en el Régimen Legal se encuentra la Ley sobre Promoción y Protección de Inversiones[176] (Octubre 1999). Aun cuando es una de las primeras iniciativas legales del Presidente de la República Hugo Chávez Frías, se destacan elementos muy distantes al ac-

---

international Treaties where Venezuela was subject to a foreign jurisdiction; the enforcement of decisions rendered by foreign tribunals against Venezuela will depend on the national verification that the decision is not breaching the sovereignty of the country", en: http://www.global arbitrationreview.com/reviews/21/sections/79/chapters/ 823/venezuela

[174] Gobierno Bolivariano de Venezuela, Ministerio del Poder Popular para el Comercio, Superintendencia de Inversiones Extranjeras, Régimen Legal, Caracas 2012.

[175] *Ibídem*. p. 2.

[176] Decreto con Rango y Fuerza de Ley de Promoción y Protección de inversiones: *Gaceta Oficial* N° 5.390 Extraordinario de fecha 22 de octubre de 1999.

tual marco filosófico revolucionario de la segunda década del siglo XXI. Como muestra de la aseveración anterior tenemos el primer artículo de la Ley sobre Promoción y Protección de Inversiones, que exhibe a un Estado abierto e impulsor de las inversiones extranjeras y claramente enfocados en ofrecer un marco jurídico previsible y seguro para el inversor foráneo. En su artículo primero la Ley prescribe que:[177]

> "Este Decreto-Ley tiene por objeto proveer a las inversiones y a los inversionistas, tanto nacionales como extranjeros, de un marco jurídico estable y previsible, en el cual aquellas y estos puedan desenvolverse en un ambiente de seguridad, mediante la regulación de la actuación del Estado frente a tales inversiones e inversionistas, con miras a lograr el incremento, la diversificación y la complementación armónica de las inversiones en favor de los objetivos del desarrollo nacional".

En adición, esa Ley describe en su artículo tercero claramente los conceptos típicos de los APPRIs como son la inversión[178], la inversión internacional[179], y el inversionista internacional[180] con gran consonancia a los Tratados que rigen el sistema mundial de AP-PRIs de los países desarrollados. Posteriormente, la Ley vigente

---

[177]   *Ibídem*, art. 1.

[178]   *Ibídem*, art. 3: "A los efectos del presente Decreto-Ley, se entenderá por: 1) Inversión: Todo activo destinado a la producción de una renta, bajo cualquiera de las formas empresariales o contractuales permitidas por la legislación venezolana, incluyendo bienes muebles e inmuebles, materiales o inmateriales, sobre los cuales se ejerzan derechos de propiedad u otros derechos reales; títulos de crédito; derechos a prestaciones que tengan valor económico; derechos de propiedad intelectual, incluyendo los conocimientos técnicos, el prestigio y la clientela; y los derechos obtenidos conforme al derecho público, incluyendo las concesiones de exploración, de extracción o de explotación de recursos naturales y las de construcción, explotación, conservación y mantenimiento de obras públicas nacionales y para la prestación de servicios públicos nacionales, así como cualquier otro derecho conferido por Ley, o por decisión administrativa adoptada en conformidad con la Ley".

[179]   *Ibídem*, art. 2: "Inversión internacional: La inversión que es propiedad de, o que es efectivamente controlada por personas naturales o jurídicas extranjeras. La inversión internacional abarca a la inversión extranjera directa, a la inversión subregional, a la inversión de capital neutro y a la inversión de una Empresa Multinacional Andina".

[180]   *Ibídem*, art. 4: "Inversionista internacional: El propietario de una inversión internacional, o quien efectivamente la controle."

sobre inversiones en su artículo quinto[181] hace referencia al entramado de APPRIs presentes y futuros que ha celebrado y celebrará Venezuela, dejando claro que un nivel de protección superior negociado en un APPRI tiene prevalencia sobre esta Ley. En el mismo orden de ideas, la Ley sobre Promoción y Protección de Inversiones está claramente subsumida en el Derecho Internacional consuetudinario y convencional. En efecto, en la Ley se desarrollan de manera explícita los principios de *nación más favorecida*[182], *trato justo y equitativo*[183], *trato nacional*[184], y el principio de *no discriminación*[185]. Finalmente, la reiterada Ley calca los elementos clave de la costumbre internacional codificada[186] en el supuesto de una expropia-

---

[181] *Ibídem*, art. 5. "Los Tratados o acuerdos que celebre Venezuela podrán contener disposiciones que ofrezcan una protección más amplia a las inversiones que la prevista en este Decreto-Ley, así como mecanismos de promoción de inversiones distintos a los aquí consagrados. La vigencia y aplicación de los Tratados, convenios y acuerdos de promoción y protección de inversiones ratificados por Venezuela no serán afectados por lo previsto en este Decreto-Ley".

[182] *Ibídem*, art. 5: "Parágrafo Primero: No obstante lo previsto en los artículos 8° y 9° del presente Decreto-Ley, las inversiones y los inversionistas internacionales cuyos respectivos países de origen no tengan vigente con Venezuela un Tratado o acuerdo de promoción y protección de inversiones, disfrutarán sólo de la protección concedida por este Decreto-Ley, hasta tanto entre en vigencia un Tratado o acuerdo de promoción y protección de inversiones con su respectivo país de origen, que prevea a este respecto una cláusula de trato de nación más favorecida".

[183] *Ibídem*, art. 6. "Las inversiones internacionales tendrán derecho a un trato justo y equitativo, conforme a las normas y criterios del derecho internacional y no serán objeto de medidas arbitrarias o discriminatorias que obstaculicen su mantenimiento, gestión, utilización, disfrute, ampliación, venta o liquidación".

[184] *Ibídem*, art. 7: "Las inversiones y los inversionistas internacionales tendrán los mismos derechos y obligaciones a las que se sujetan las inversiones y los inversionistas nacionales en circunstancias similares, con la sola excepción de lo previsto en las leyes especiales y las limitaciones contenidas en el presente Decreto-Ley".

[185] *Ibídem*, art. 8. "No se discriminará en el trato entre inversiones ni inversionistas internacionales, en razón del país de origen de sus capitales".

[186] Si consideramos que tanto el N.A.F.T.A. en sus artículos 1105 y 1110 (http://www.nafta-sec-alena.org/en/view.aspx?x=343), como el US Model BIT(2004) en sus artículos 5, 6, y Anexos A y B (http://www. state.gov/documents/organization/117601.pdf), explícitamente intentan

ción[187] y posibilita el sometimiento a arbitraje internacional en el mecanismo de solución de controversias de un APPRI, y su texto dicta:

"Las controversias que surjan entre un inversionista internacional, cuyo país de origen tenga vigente con Venezuela un Tratado o acuerdo sobre promoción y protección de inversiones, o las controversias respecto a las cuales sean aplicables las disposiciones del convenio Constitutivo del Organismo Multilateral de Garantía de Inversiones (OMGI-MIGA) o del convenio sobre Arreglo de Diferencias Relativas a Inversiones entre Estados y Nacionales de Otros Estados (CIADI), serán sometidas al arbitraje internacional en los términos del respectivo Tratado o Acuerdo, si así éste lo establece, sin perjuicio de la posibilidad de hacer uso, cuando proceda, de las vías contenciosas contempladas en la legislación venezolana vigente".

La visión de la inversión extranjera expuesta anteriormente y plasmada en la Ley sobre Promoción y Protección de Inversiones, tan alineada con el concepto de inversión de los países desarrollados, contrasta radicalmente con la desarrollada en el documento "Mitos Imperiales Sobre la Necesidad de la Inversión Extranje-

---

codificar costumbre internacional podemos inferir que los mismos reflejan un opinio iuris consolidada en función a los elementos del estándar mínimo internacional (Fair and equitable treatment & Full protection and security) y los cuatro elementos en los supuestos de expropiación: razones de utilidad pública, no discriminación, pago de una compensación pronta y apropiada, y de acuerdo al debido proceso legal.

[187] Ley de Promoción y Protección de inversiones, *op.cit.* en nota 176, art. 11: "No se decretarán ni ejecutarán confiscaciones, sino en los casos de excepción previstos por la Constitución; y en cuanto a las inversiones e inversionistas internacionales, por el derecho internacional. Sólo se realizarán expropiaciones de inversiones, o se aplicarán a éstas medidas de efecto equivalente a una expropiación, por causa de utilidad pública o de interés social, siguiendo el procedimiento legalmente establecido a estos efectos, de manera no discriminatoria y mediante una indemnización pronta, justa y adecuada. La indemnización será equivalente al justo precio que la inversión expropiada tenga inmediatamente antes del momento en que la expropiación sea anunciada por los mecanismos legales o hecha del conocimiento público, lo que suceda antes. La indemnización, que incluirá el pago de intereses hasta el día efectivo del pago, calculados sobre la base de criterios comerciales usuales, se abonará sin demora".

ra"[188], emanado de la Superintendencia de Inversión Extranjera
-SIEX- y que recoge la posición actual del Gobierno venezolano
ante la inversión extranjera. En su preámbulo se establece lo siguiente[189]:

"La realidad de las prácticas imperiales de carácter neoliberal,
evidencian el notorio antagonismo con nuestro modelo productivo socialista que de alguna u otra forma han contribuido a frenar
su desarrollo y consolidación, razón por lo que se hace necesario
desmontar una serie de falsas concepciones utilizada como doctrina por la oligarquía financiera y comercial, trasnacional y venezolana, concebidas bajo el velo opaco del capital, que han servido
para orientar la inversión extranjera como supuesta palanca para
el desarrollo, para los países del Sur, tal como se exponen la difundida propaganda de los méritos que a ella se la atribuyen".

Esta retórica radical socialista, típica del movimiento revolucionario bolivariano, acompaña una negación absoluta de las bondades
de la inversión extranjera para el país receptor de la misma[190], como
la demuestra su texto:

"Entre los mitos más importantes que publicitan los interesados
sobre los beneficios de la inversión extranjera para los Estados
llamados en desarrollo, podríamos citar los siguientes:" 1) expan-
da los mercados existentes o cree nuevos mercados, 2) comple-
mente la dinámica del capital nacional público o privado del país
receptor produciendo un efecto multiplicador del desarrollo
económico, 3) potencie a través de la transferencia de tecnología el
incremento de la productividad con el mejoramiento de la capacidad tecnológica nacional, 4) Mejore la competitividad de los productos nacionales de exportación del país receptor con un supuesto mejoramiento de la calidad del producto y la disminución de su
precio, 5) Aumente los ingresos fiscales del Estado receptor a
través de impuestos, 6) Contribuye con la economía del Estado receptor mediante la infusión de dinero fresco, 7) Reanima econó-
micamente a empresas públicas y privadas quebradas o de men-
guada producción, 8) Son respetuosas de la legislación del Estado
receptor, 9) adapta su producción a las costumbres, hábitos, cultura e idiosincrasia de los habitantes del Estado receptor.

---

[188]   Gobierno Bolivariano de Venezuela, Ministerio del Poder Popular para el
        Comercio, Superintendencia de Inversiones Extranjeras, Mitos Imperiales
        Sobre la Necesidad de la Inversión Extranjera, Caracas 2002.

[189]   *Ibídem*, p. 1.

[190]   *Ibídem*, pp. 2-4.

En adición, cuestiona la existencia del Derecho Internacional aplicable en la ocurrencia de una expropiación[191]:

"Las inversiones extranjeras, se advierte, apenas exigen como condición a los Estados donde pretenden establecerse el respeto por parte de estos al Derecho Internacional. Con ello aluden a pautas y normas ficticias a las cuales se les atribuye la condición de normas de referido sistema jurídico en el supuesto de que tal régimen legal es de aplicación preferente al Derecho Nacional del país que recibe la inversión. En el caso de expropiación de la inversión extranjera por parte del Estado en cuyo territorio reside, alega que a despecho de lo que establezca la Constitución de dicho Estado, para que la expropiación se legitime, como ajustada a derecho debe ser "pronta adecuada y efectiva" pauta que se alega es supuestamente del Derecho Internacional, y ante la cual al soberanía del Estado receptor de la inversión debe ceder. Lo cual es perjudica la fiscalidad del Estado receptor de la inversión."

Finalmente, luego de desconocer la norma consuetudinaria de *Protección Diplomática* cuestiona la validez del sistema arbitral internacional y del CIADI[192], como foro de preferencia para la solución de controversias entre Estados e inversores privados de los APPRI en vigor.

---

[191] *Ibídem*, p. 5.

[192] *Ibídem*, pp. 5-6: "11) Se asegura que las controversias que pueden surgir entre los Estados inversionistas privados extranjeros, antes sujetos antaño a la práctica abusiva de la "Protección Diplomática" , cuentan en el presente con procedimiento de solución de conflictos, respetuosos de la soberanía estatal que ha reemplazado la condenada y repudiada institución en mientes. Esta afirmación merece ser puesta en tela de juicio, si se atiende a que la formula de reemplazo ofrecida hoy en día por el Banco Mundial para la referida solución de diferencias es el compromiso arbitral. Este procedimiento además de ser, un método de Derecho Internacional Privado, inaplicable por atentar contra la inmunidad de jurisdicción del Estado, esta concebido actualmente a través del sistema CIADI, desde 1965, patrocinado por el Banco Mundial establecido por un Tratado internacional. Este instrumento somete a los Estados receptores de inversión extranjera a un procedimiento legal que resulta obligatorio en los Tratados de Promoción y Protección de Inversiones, por el cual quedan obligados a aceptar la decisión inapelable un panel de árbitros de dudosa imparcialidad cuya mentalidad es además favorable al interés de la inversión privada. Los numerosos casos resueltos por los arbitro del CIADI entre los Estados latinoamericanos con inversionistas extranjeros son muestra elocuente de esta realidad; haciendo la salvedad para este análisis particular, la oportuna mención de la reciente denuncia y consecuente renuncia de a República Bolivariana de Venezuela al CIADI."

La posición del SIEX, ente administrativo dependiente del Poder Ejecutivo venezolano, es secundada por la decisión inmersa en el Expediente Nº 08-0763 (2008)[193] de la sala Constitucional del Tribunal Supremo de Justicia que afirma que la obligatoriedad de acceder a un proceso arbitral para la solución de controversias de inversión extranjera, aun cuando hayan sido acordadas y ratificadas en un APPRI en vigor, no es mandataria y debe existir una *"manifestación escrita e inequívoca de voluntad"* por el Estado en todas y cada una de las controversias que puedan aparecer. Lo anterior parece ser una referencia a la doctrina Calvo.

En suma, para un inversionista extranjero que iniciase una controversia arbitral internacional en el entorno venezolano hasta Noviembre del año 2014, tendría un marco legal interno circunscrito a la Ley sobre Promoción y Protección de Inversiones que explícitamente admite tal alternativa. Sin embargo, el inversor extranjero encontrará una posición hostil en los diferentes Poderes del Estado venezolano y una interpretación contraria a nivel constitucional para dirimir las diferencias en foros externos.

La Nueva Ley de Inversiones del año 2014 o el alineamiento con la Constitución Bolivariana – Marco Legal Socialista:

El 18 de Noviembre del año 2014 entra en vigor la nueva Ley de inversiones extranjeras de la República Bolivariana de Venezuela[194], actualizando el marco jurídico de las inversiones extranjeras en el país.

Su objetivo fundamental se evidencia en su artículo 1º:

"…Establecer los principios, políticas y procedimientos que regulan al inversionista y las inversiones extranjeras productivas de bienes y servicios en cualquiera de sus categorías, a los fines de alcanzar el desarrollo armónico y sustentable de la Nación, promoviendo un aporte productivo y diverso de origen extranjero que contribuya a desarrollar las potenciales productivas existentes en

---

[193] Véase el expediente en el sitio web del Tribunal Supremo de Justicia venezolano: http://www.tsj.gov.ve/decisiones/scon/Octubre/1541-171 008-08-0763.htm.

[194] Una reseña general del contenido más el texto completo de la Gaceta Oficial de la República Bolivariana de Venezuela Nº 6.152 se puede encontrar en: http://www.finanzasdigital.com/2014/11/gaceta-extra ordinaria-6-152-publican-ley-de-inversiones-extranjeras/.

el país, de conformidad con la Constitución de la Republica Bolivariana de Venezuela, las leyes y el Plan de la Patria, a los fines de consolidar un marco que promueva, favorezca y otorgue previsible a la inversión".

El objeto de la Ley de inversiones claramente se enfoca a resolver las contradicciones internas previamente establecidas entre el marco constitucional y el del plan de gobierno socialista con el marco legal nacional que rige a las inversiones extranjeras en Venezuela. En el mismo orden, la redacción anterior sugiere dejar en un plano de menor relevancia la necesidad de conciliar el objetivo anterior de la Ley con las obligaciones jurídicas asumidas por Venezuela en la esfera de Derecho Internacional con la suscripción de los APPRIs en vigor.

A. *Jurisdicción en caso de controversias sobre inversiones extranjeras*

Con el fin de decantar los elementos clave de la Ley, y contrastarlos con las disposiciones que generalmente están insertas en los APPRIs, se inicia el análisis con su artículo 5° relativo a la jurisdicción, que su contenido se construye de la siguiente manera:

"Las inversiones extranjeras quedarán sometidas a la jurisdicción de los tribunales de la Republica, de conformidad con lo dispuesto en la Constitución de la Republica Bolivariana de Venezuela y demás leyes. La Republica Bolivariana de Venezuela podrá participar y hacer uso de otros mecanismos de solución de controversias construidos en el marco de la integración de América Latina y El Caribe".

La cláusula anterior de la Ley reafirma el interés del Estado venezolano de dirimir las posibles controversias que se susciten con inversores extranjeros en un foro nacional, sin aparentemente considerar las disposiciones acordadas en los APPRIs suscritos por el Venezuela con otros Estados que, como se profundizará posteriormente cuando se analicen los mismos, pueden ir en dirección diferente a las expectativas venezolanas. Como ya ha sido establecido, los APPRIs y el marco legal interno se circunscriben a esferas jurídicas diferentes, sin embargo, en la Ley se omite cualquier mención a los Tratados, lo que no implica su inobservancia.

B. *La definición de inversión e inversor*

En el artículo 6°, la recientemente emitida Ley de inversiones venezolana hace un recuento de las definiciones válidas para los efectos de las inversiones extranjeras en Venezuela. Para los fines del presente trabajo solo se analizarán las definiciones que parecerían ser las más problemáticas, a juicio del autor, al contrastarlas con las definiciones típicas de los APPRIs. Primero, en la Ley de inversiones se define el concepto de inversión como:

"Todos aquellos recursos obtenidos lícitamente y destinados por un inversionista nacional o extranjero a la producción, de bienes y servicios que incorporen materias primas o productos intermedios con énfasis en aquellos de origen o fabricación nacional, en las proporciones y condiciones establecidas en el presente Decreto con Rango, Valor y Fuerza de Ley, que contribuyan a la creación de empleos, promoción de la pequeña y mediana industria, encadenamientos productivos endógenos, así como al desarrollo de innovación productiva".

La definición anterior presenta una serie de elementos que podrían ser contrarios al concepto típico que contienen, en general, los modelos de los APPRIs. Primero, los APPRIs como se presentará en el capítulo siguiente, típicamente definen la inversión en términos generales para ser lo más incluyente posible y que engloben futuras formas de inversión aun no desarrolladas. Dicho concepto de inversión incluye lo tangible y lo intangible. En el concepto incorporado en la Ley parecería que se limita exclusivamente a un tipo de inversión productiva e industrial orientada a fines específicos como la creación de empleos, etc. En adición, el concepto inversión tiene una serie de requerimientos que podrían catalogarse contrarios a los principios[195] de la OMC, organización internacional de la cual Venezuela es parte. Dichos principios mencionados son:

"[...] los impuestos y otras cargas interiores, así como las leyes, reglamentos y prescripciones que afecten a la venta, la oferta para la venta, la compra, el transporte, la distribución o el uso de productos, [...] no deberían aplicarse a los productos importados o nacio-

---

[195] Al ser Venezuela parte de la OMC desde el 1° de enero 1995 (GATT: 31 de agosto de 1990) el Estado venezolano está obligado a regirse por sus principios. La OMC es la única organización internacional que se ocupa de las reglas de comercio entre las naciones. Los Artículos I y III de GATT son los principios básicos de la OMC y abogan por la no discriminación comercial. En el Artículo III que lleva como título Trato nacional en materia de tributación y de reglamentación interiores. El texto anterior se encuentra en:http://www.fao.org/docrep/008/y5136s /y5136s0e.htm

nales de manera que se proteja la producción nacional. 4. Los productos del territorio de toda parte contratante importados en el territorio de cualquier otra parte contratante no deberán recibir un trato menos favorable que el concedido a los productos similares de origen nacional, en lo concerniente a cualquier Ley, reglamento o prescripción que afecte a la venta, la oferta para la venta, la compra, el transporte, la distribución y el uso de estos productos en el mercado interior."

En segundo término se aborda el concepto de inversión nacional que se define como: "La inversión realizada por el Estado venezolano, las personas naturales o jurídicas nacionales y las realizadas por los ciudadanos extranjeros que obtengan la Credencial de Inversionista Nacional". La definición anterior parecería indicar que al un inversor extranjero obtener la Credencial de Inversionista Nacional su inversión perdería el estatus de inversión extranjera, por lo que no estaría protegida por el manto de un APPRI en vigor. De nuevo esta interpretación es potencialmente conflictiva ya que, en general, los APPRIs habilitan a los inversores extranjeros a entablar litigios internacionales de inversión dependiendo de su nacionalidad que viene conferida por el Estado que la concede. El razonamiento anterior sugiere que aun cuando una inversión sea considerada como nacional, el inversor extranjero podría entablar un litigio de inversión por violaciones del Tratado, si el APPRI así lo establece.

En tercer lugar se aborda el concepto de inversión extranjera que se define como: "Es la inversión productiva efectuada a través de aportes realizados por los inversionistas extranjeros conformado por los recursos tangibles e intangibles, destinados a formar parte del patrimonio de los sujetos receptores de inversión extranjera en el territorio nacional…". De nuevo este concepto de inversión parecería ser limitado y excluyente *versus* las definiciones típicas de los APPRIs que en general son amplias e incluyen todo tipo de activo. En el mismo artículo, la Ley de inversiones define los tipos de aporte que constituyen una inversión extranjera, siendo estos:

"a) Inversión financiera en divisas y/o cualquier otro medio de cambio o compensación instituido en el marco de la integración latinoamericana o caribeña… b) Bienes de capital físicos o tangibles como plantas nuevas o reacondicionadas, equipos industriales nuevos o reacondicionados, materias primas y productos intermedios que formen parte del proceso productivo del sujeto receptor del la inversión… c) Bienes inmateriales constituidos por

108

marcas comerciales, marcas de producto, patentes de invención, modelos de utilidad, diseños o dibujos industriales y derechos de autor, así como todos los derechos de propiedad industrial e intelectual consagrados en la Constitución de la Republica Bolivariana de Venezuela y las leyes que regulan esta materia. Incluido también la asistencia técnica y conocimientos técnicos, manuales e instrucciones. Los aportes intangibles mencionados, serán considerados como inversión extranjera cuando la cesión se realice entre empresas que no se encuentren directa o indirectamente vinculadas entre si, previo registro del contrato de cesión ante el órgano competente en la materia de propiedad intelectual, siempre que la cesión de derechos involucre la transferencia efectiva al sujeto receptor de la inversión de la propiedad de los bienes inmateriales o intangibles cedidos".

En general, las definiciones de los tipos de aporte en la Ley sugieren una lista cerrada, lo que podría representar una diferencia relevante al compararlas con las listas abiertas y solo indicativas de la mayoría de los modelos de APPRIs. En términos de los tipos de aporte inmateriales, el texto de la Ley parecería indicar que para que se realice una inversión extranjera de esta naturaleza en Venezuela, los aportes deberían ser cedidos a su receptor, lo que no solo resulta paradójico sino lesivo para el poseedor original de este activo inmaterial, que lo perdería al invertirlo en el país.

La próxima definición presente en la Ley de inversiones venezolana, con interés práctico al contrastarla con las definiciones que se presentan generalmente en las estructuras de los APPRIs, es la de inversionista extranjero. En la Ley, es un inversionista extranjero "La persona natural o jurídica extranjera que realice una inversión registrada ante el Centro Nacional de Comercio Exterior. No califica como tal aquella persona natural o jurídica venezolana que directamente o por interpuestas personas figure como accionista de empresas extranjeras". La definición anterior, en términos de persona jurídica, sugiere ser contraria a la generalmente aceptada en el Derecho Internacional proveniente del asunto *Barcelona Traction,* en donde se considera como la nacionalidad de la persona jurídica la del Estado de su incorporación, independientemente de la nacionalidad de sus accionistas.

En el entendido que la doctrina *Barcelona Traction* ha sido superada, y que los accionistas de una razón social, que tienen una nacionalidad protegida por un APPRI, si están habilitados a presentar sus reclamaciones individuales en foros internacionales, parecería que la provisión referente a la definición de inversor y al foro que pueden acudir dichos inversores, es problemática al contrastarla con las definiciones de los APPRIs celebrados por Venezuela en su historia[196].

C. *La promoción de la inversión extranjera*

Posteriormente, la Ley de inversiones reza en su artículo 26° referente a las condiciones favorables a la inversión, lo siguiente:

"La Presidenta o Presidente de la Republica, podrá establecer condiciones favorables, beneficios, o incentivos específicos de promoción y estimulo a la inversión extranjera que contribuya a la transformación y desarrollo del modelo socio-productivo venezolano, así como también dictar medidas especiales destinadas a los sujetos receptores de la inversión extranjera, conforme a los establecidos en el pan de Desarrollo Económico y Social de la Nación, procurando la realización de inversiones en los sectores económicos y ámbitos territoriales que conlleve a la armonización de la política de inversión".

El texto anterior de la Ley de inversiones sugiere señalar que, según alguna disposición presidencial, se les podrán otorgar a ciertos inversores extranjeros que cumplan con los parámetros requeridos incentivos de carácter especial. La interpretación anterior podría considerarse como discriminatoria hacia el resto de los inversores extranjeros en el país y parecería que no se compagina con las obligaciones generales de Trato Nacional y Nación más Favorecida que típicamente están insertas en los APPRIs. Estas disposiciones serán extensamente analizadas en el capítulo siguiente.

---

[196]   a, F., "CHANGING APPROACHES TO THE NATIONALITY OF CLAIMS IN THE CONTEXT OF DIPLOMATIC PROTECTION AND INTERNATIONAL DISPUTE SETTLEMENT", en *ICSID Review 2000*, p. 22. El autor afirma que: "Even if a number of these arrangements are done by treaty or special agreement, the aggregate of the practice evidences quite forcefully that the criteria of the Barcelona Traction no longer prevail and that shareholders are increasingly entitled to protection or action on their own merit. This trend is also strengthened by the fact noted that increasingly the right of the affected individual prevails today over that of the State in the context of diplomatic protection; if the fiction of State intervention on its own right has been curtailed, similarly the fiction of corporate personality should not preclude the rights of individual shareholders as to their protection".

D. *Los condicionamientos procedimentales para el inversor extranjero*

El artículo 28° de la Ley aproxima el tema del nacimiento del derecho de los inversionistas extranjeros. Dicho artículo es formulado de la siguiente manera: "Los derechos consagrados a los inversionistas extranjeros en el presente Decreto con Rango, Valor y Fuerza de Lay y demás normativas aplicables surtirán sus efectos a partir del momento en que se otorgue el Registro de Inversión Extranjera". El enunciado de esta disposición parecería indicar que cualquier inversor extranjero, independientemente de estar ya establecido en el país, deberá estar registrado en el Registro de Inversión Extranjera para que sus derechos le sean conferidos. La interpretación anterior parecería ser contraria a los requerimientos típicos de los APPRIs celebrados por Venezuela referentes al establecimiento de la inversión y la protección que este le confiere.

En general, los modelos que se utilizan en la mayoría de los APPRIs venezolanos a través de su historia, conceden a la inversión extranjera que haya sido admitida según las leyes del Estado huésped, su manto de protección. La retroactividad de una Ley nacional que afecte el contenido de un APPRI no está contemplada a nivel *iusinternacional*, lo que podría crear una situación sobrevenida que puede originar controversias tanto a nivel de interpretación del Tratado entre los Estados parte, como reclamos arbitrales de los inversores extranjeros por incumplimiento del Tratado.

E. *Los beneficios de la inversión*

El artículo 29° que prescribe la normativa referente a la permanencia del capital de la inversión en el país, se construye de la siguiente manera:

"La inversión extranjera deberá permanecer en el territorio de la Republica por un lapso mínimo de cinco (5) años, contados a partir de la fecha en que haya sido otorgado el Registro. Cumplido este período, los inversionistas podrán, previo pago de los tributos y otros pasivos a los que haya lugar, realizar remesas al extranjero por concepto del capital originalmente invertido, registrado y actualizado."

La redacción de este artículo sugiere indicar que a través de la Ley de inversiones venezolana se ha implantado una restricción a la libre transferencia de divisas de carácter temporal y se han limitado los conceptos y montos a ser transferidos por el inversor extranjero. La interpretación anterior parecería ser contraria a la disposición de la libertad de transferencias en moneda de libre convertibilidad que está presente en la mayoría de los APPRIs celebrados por Venezuela. La misma línea de pensamiento se aplicaría al análisis de los artículos 32°, 33°, 34° y 35° de la Ley de inversiones.

La Ley de inversiones extranjeras aproxima en su artículo 37° el tema de la transferencia de la inversión extranjera. Su redacción versa de la siguiente manera:

> "En caso de liquidación de la empresa receptora de la inversión extranjera, los inversionistas extranjeros tendrán derecho a remesar al país de origen la inversión extranjera registrada, de acuerdo a lo establecido en el presente Decreto con Rango, Valor y Fuerza de Ley, y siempre que dichas liquidación se produzca a consecuencia de la venta de la empresa directamente a inversionistas nacionales, y a su vez, se compruebe por parte del Centro Nacional de Comercio Exterior, el funcionamiento pleno de las operaciones productivas y comerciales de la empresa receptora, con la permanecía de los bienes y los conocimientos tecnológicos que implicaros la inversión."

El artículo anterior puede ser interpretado en términos de que la Ley sobre inversiones extranjeras prescribe un solo supuesto para la transferencia de los montos provenientes de la liquidación de una inversión en Venezuela, que es la venta a inversionistas nacionales de sus activos y que el receptor de los mismos esté en pleno funcionamiento. Según la interpretación anterior parecería que al inversor extranjero se le limita la facultad de disposición de su inversión y la posibilidad de transferir las sumas recibidas por tal concepto libremente. El condicionamiento anterior podría resultar en reclamaciones sustentadas en el principio de no discriminación del Derecho Internacional inserto típicamente en la provisión de Trato Justo y Equitativo. En adición, otras disposiciones convencionales típicas en los APPRIs podrían ser posiblemente invocadas por un inversor extranjero en una instancia de un Tribunal arbitral internacional como son la de Trato Nacional y Nación más Favorecida.

F. *La supresión y revocación de la inversión*

Por su parte, el artículo 43° de la Ley de inversiones extranjeras en vigor desarrolla la normativa legal referente a la suspensión y revocatoria de la clasificación de inversión extranjera en Venezuela. La redacción del artículo es la siguiente:

"El Centro Nacional de Comercio Exterior podrá suspender o revocar los certificados otorgados, cuando los sujetos previstos en el artículo 4° del presente Decreto con Rango, Valor y Fuerza de Ley de Inversiones Extranjeras no cumplan con las disposiciones establecidas en este Decreto con Rango, Valor y Fuerza de Ley; y se regirá procesalmente por lo establecido en la Ley Orgánica de Procedimientos Administrativos".

Una interpretación del presente artículo sugiere que un ente del Estado venezolano, el Centro de Comercio Exterior, está habilitado para suspender o revocar un certificado que en sí representa la única calificación legal válida para que una inversión sea catalogada como extranjera. Si se toma como punto de partida la interpretación anterior, la provisión legal parecería que está en contravención con los derechos de establecimiento que en general se evidencian en los APPRIs, en donde la inversión extranjera luego de incorporarse legalmente en un Estado huésped está protegida por el mismo durante su vigencia. El problema jurídico hipotético en la esfera *iusinternacional* se presenta en el momento que Venezuela limite o no reconozca los derechos dimanantes de un APPRI que amparan a un inversor extranjero, lo que podría implicar una violación al Tratado y por ende un ilícito internacional sujeto a ser reparado.

G. *Efecto derogatorio de la Ley de las inversiones extranjeras*

La Ley de inversiones extranjera venezolana finaliza estableciendo en su apartado de disposiciones derogatorias que la Ley deroga "todas las disposiciones legales sublegales que contravengan el contenido del presente Decreto con Rango, Valor y Fuerza de Ley de Inversiones Extranjeras", además de derogar el marco jurídico que regia la materia de inversiones extranjeras en Venezuela inserto en los Decretos N° 1.103, N° 2.095, N° 2.912, N° 356, y el N° 1.867.

4. *Otras Leyes que afectan la Inversión*

En este apartado se analizarán las provisiones de las leyes que por su contenido podrían estar en discordancia con las obligaciones asumidas por Venezuela en los APPRIs. Para el fin anterior, se seleccionan las leyes con el mayor impacto sobre la inversión extranjera en el país.

A. *Ley Orgánica de Precios Justos*

La Ley Orgánica de Precios Justos[197], que entró en vigor en Enero del 2014, parece ser una de las más problemáticas al contrastarlas con los APPRIs, debido a que no solo regula los precios y márgenes[198] de todos los actores de la economía[199], sino que hace una declaración de utilidad pública en su art. 7° de todos los bienes y servicios de la economía revolucionaria, haciéndolos potenciales sujetos de una expropiación. El texto del artículo en cuestión expone:

"Declaratoria de Utilidad Pública: Artículo 7. Se declaran y por lo tanto son de utilidad pública e interés social, todos los bienes y servicios requeridos para desarrollar las actividades de producción, fabricación, importación, acopio, transporte, distribución y comercialización de bienes y prestación de servicios. El Ejecutivo Nacional puede iniciar el procedimiento expropiatorio cuando se hayan cometido ilícitos económicos y administrativos de acuerdo a lo establecido en el artículo 114 de la Constitución de la Republica Bolivariana de Venezuela y, cualquiera de los ilícitos administrativos previstos en la presente Ley. En todo caso, el Estado adoptar medida de ocupación temporal e incautación de bienes mientras dure el procedimiento exprop mediante la posesión inmediata, puesta en operatividad, administración y el aprovechamiento del establecimiento, local, bienes, instalaciones, transporte, distribución y servicios por parte del órgano o ente competente del Ejecutivo Nacional, a objeto de garantizar la disposición de dichos bienes y servicios por parte de la colectividad. El órgano o ente ocupante procurar la continuidad de la prestación del servicio o de las fases de la cadena de producción, distribución y consumo, de los bienes que corresponda. En los casos de expropiación, de acuerdo a lo previsto en este artículo, se compensar y disminuir del monto de la indemnización lo correspondiente a multas, sanciones y daños causados, sin perjuicio de lo que establezcan otras leyes".

---

[197] Ley Orgánica de Precios Justos, *op. cit.* en nota 11.

[198] *Ibídem*, art. 28: "Para la determinación del precio justo de bienes y servi como la determinación de los márgenes de ganancia, el ente rec fundamentarse en…"

[199] *Ibídem*, art. 2: "Quedan sujetos a la aplicación de la presente Ley, las personas naturales y jurídicas de derecho público o privado, nacionales o extranjeras, que desarrollen actividades económicas en el territorio de la República Bolivariana de Venezuela, incluidas las que se realizan a través de medios electrónicos"

Una vez más, el Estado tiene la potestad de expropiar dentro de los límites de legalidad *iusinternacional*, sin embargo, englobar toda la economía de un país dentro de la categoría de "utilidad pública" sugiere una visión restrictiva con un control absoluto del Estado sobre la iniciativa privada, que pudiese traer como consecuencia reclamaciones internacionales de inversores extranjeros por un trato que no es justo o equitativo, ya que con las medidas anteriores se podrían frustrar las genuinas expectativas de un inversor extranjero cuando realizó su inversión.

B. *Ley Orgánica de Seguridad y Soberanía Agroalimentaria*[200]

La Ley de seguridad alimentaria en vigor desde el año 2008, es otra de las leyes revolucionarias que parecería tener elementos que pueden generar reclamaciones arbitrales internacionales de inversores extranjeros por incumplimiento de un APPRI. Entre los elementos de la Ley que se consideran problemáticos se encuentran, primero que todo, que la industria agroalimentaria y sus servicios conexos son declarados *a priori*, de utilidad pública y expropiable.

El artículo 3° de la Ley indica:

"Se declaran de utilidad pública e interés social, los bienes que aseguren la disponibilidad y acceso oportuno a los alimentos, de calidad y en cantidad suficiente a la población,   como las infraestructuras necesarias con las cuales se desarrollan dichas actividades. El Ejecutivo Nacional, cuando existan motivos de seguridad agroalimentaria   decretar la adquisición forzosa, mediante justa indemnización y pago oportuno, de la totalidad de un bien o de varios bienes necesarios para la ejecución de obras o el desarrollo de actividades de producción, intercambio, distribución y almacenamiento de alimentos".

En la misma dirección, expropiatoria o restrictiva, de los derechos de propiedad del inversor, el artículo 31° de la Ley prescribe:

"Los planes sobre reservas estratégicas en casos de contingencias podrán prever la puesta en marcha de estrategias especiales de producción, intercambio, importación y distribución de alimentos o productos agrícolas, o medidas de emergencia tales como la expropiación, confiscación, comiso, requisición y otras aplicables

---

[200] DECRETO 6.071, CON RANGO, VALOR Y FUERZA DE LEY ORGÁNICA DE SEGURIDAD Y SOBERANÍA AGROALIMENTARIA, DE FECHA 31 de Julio 2008.

dentro del marco legal y en las condiciones que se especifican en el presente Decreto con Rango, Valor y Fuerza de Ley Orgánica y su Reglamento, con el propósito de garantizar la plena seguridad agroalimentaria de la población."

Finalmente, la Ley también regula los precios[201] y tipos de alimentos a producir[202], cercenando las libertades del inversor privado. En el contexto anterior, se puede afirmar que las provisiones mencionadas de la Ley Orgánica de Seguridad y Soberanía Agroalimentaria, pueden ser la base de reclamaciones arbitrales en términos de que limitan las expectativas legítimas de un inversor extranjero protegido por un APPRI, sin mencionar las posibles violaciones que un proceso de toma de la empresa, por parte de las instituciones del Estado en un supuesto de plan de contingencia, pueden acarrear. Una normativa jurídica similar rige la industria de los hidrocarburos, por lo que se omite el análisis de la Ley que regula dicha actividad ya que se alcanzarán las mismas conclusiones.

C. *Ley de la Actividad Aseguradora*

La Ley que regula la actividad aseguradora[203] contiene en sus provisiones una cláusula que parecería dar lugar a reclamaciones arbitrales internacionales, ya que la misma parece ser de carácter expropiador. En su disposición transitoria 8°, la Ley indica que:

"Dentro de los primeros cinco años, a partir de la entrada en vigencia de la presente Ley, los órganos y entes de la Administración Pública Nacional, Estadal y Municipal, promoverán, planificaran, programaran y ejecutaran los procesos de migración de los funcionarios o funcionarias, empleados o empleadas y obreros u obreras bajo su dependencia, amparados por seguros que tengan

---

[201] *Ibídem*, art. 20: "En ejecución del presente Decreto con Rango, Valor y Fuerza de Ley Orgánica, "… corresponde al Ejecutivo Nacional a través de sus órganos competentes: 4. Fijar los precios de los alimentos, productos o insumos agroalimentarios declarados de primera necesidad".

[202] *Ibídem*, art. 116: "Quienes incumplieren el orden priorizado de colocación de alimentos o productos agrícolas que establezca el Ejecutivo Nacional, de conformidad con el presente Decreto con Rango, Valor y Fuerza de Ley Orgánica y sus reglamentos, serán sancionados con el comiso del producto y multa de 10 hasta 100 unidades tributarias (10 U.T. a 100 U.T.").

[203] La Ley de la Actividad Aseguradora, *op. cit.* en nota 10.

por origen el empleo público, a las aseguradoras publicas y al Sistema Público Nacional de Salud. Dicha migración consiste en la sustitución en el sector publico de contrataciones de seguros privados por aseguradoras y servicios de salud públicos".

La disposición anterior se podría catalogar como intrínsecamente expropiatoria, ya que contiene una medida prescriptiva y sustitutiva de los seguros privados por públicos, lo que puede ser entendido como una violación al trato justo y equitativo mediante una medida arbitraria. La cláusula anterior, puede causar un efecto equivalente a una expropiación, ya que del mercado asegurador de Venezuela una porción superior al 50% corresponde al sector público. Una medida similar se tomó en el sector bancario en el año 2007, lo que ocasionó el cierre de bancos locales dependientes de los depósitos sector público, que no pudieron ajustarse a la nueva realidad financiera y fueron absorbidos por el Estado.

En suma, a juicio del autor, la Ley de inversiones extranjeras promulgada el 18 de Noviembre del 2014, y el conjunto de leyes sectoriales estudiadas, parecerían agudizar el distanciamiento entre el marco legal nacional venezolano y las reglas y principios jurídicos del Derecho Internacional, que están presentes en los APPRIs que ha celebrado el Estado venezolano. Esta brecha entre esferas legales sugiere que nuevos litigios arbitrales internacionales se seguirán produciendo por violaciones a las provisiones insertas en los APPRIs, como resultado de la aplicación del marco legal nacional.

A continuación, se estudiará ese conjunto de obligaciones internacionales de Venezuela, desde los parámetros establecidos en los capítulos anteriores.

CAPÍTULO IV:

"EFECTOS DEL RÉGIMEN SOBRE EL DERECHO INTENCIONAL DE INVERSIONES VINCULANTE PARA VENEZUELA"

Con el fin de entender las diferencias entre los APPRIs que Venezuela ha firmado a lo largo de su historia se compararán sus contenidos siguiendo el patrón típico que en general estructuran a los Acuerdos de Promoción y Protección Reciproca de Inversiones[204]. Dicho formato general cuenta con un Titulo y un Preámbulo, seguido por las disposiciones del ámbito de aplicación del Tratado tanto en la esfera objetiva compuesta por el concepto de inversión, la subjetiva como son los inversores, la territorial que delimita el espacio geográfico de aplicación y la temporal que regula su vigencia. Luego de las disposiciones iniciales se analizará el régimen pactado para admisión de las inversiones, para proceder a sumergirnos en el estudio comparativo de las disposiciones que afectan la promoción y las protecciones substantivas negociadas contenidas en los estándares del tratamiento para estas inversiones e inversores. Finalmente se explorará el resto de las provisiones convencionales que estructuran los APPRIS como son las referidas a la expropiación, la indemnización por daños, la libre transferencia de capitales, la subrogación, el manejo de controversias entre Inversor-Estado y las Inter-Estatales. Obviamente, se hará énfasis particular en el análisis de los elementos que inciden en la protección del inversionista y las garantías judiciales que los APPRIs ofrecen.

---

[204] UNCTAD, *Bilateral Investment Treaties 1995–2006: Trends in investment Rulemaking*, New York and Geneva, United Nations, 2007, p. 3: "Most BITs concluded in the last decade have a similar basic structure and content") en http://unctad.org/en/docs/iteiia20065_en.pdf

Este análisis comparativo de los Tratados internacionales tiene como objeto la determinación de las obligaciones vigentes para Venezuela, observando las diferencias existentes pre y post la Revolución Bolivariana, así como su condicionamiento por el Derecho interno. De esta manera, se integran los capítulos.

1. *El Preámbulo: Las intenciones de los Estados para la celebración de los APPRIs*

En General, los preámbulos de los APPRIs contienen los objetivos e intenciones que los Estados han acordado al concluir un Tratado. Aún cuando los preámbulos no establecen derechos y obligaciones vinculantes para los Estados contratantes de un APPRI, no significa que sean irrelevantes. Por el contrario su importancia radica en que forman parte fundamental del contexto del Tratado por lo que el preámbulo es muy relevante para su interpretación según el Derecho Internacional consuetudinario codificado en el artículo 31º de la Convención de Viena (1969)[205]. En el mismo orden de ideas, los lineamientos generales establecidos en el preámbulo de un APPRI juegan un papel clave en las decisiones arbitrales debido a que en múltiples tribunales se ha decantado el objeto y fin del Tratado dentro de su contenido[206]. El énfasis de su importancia se recoge, entre otros asuntos arbitrales, en el caso *Siemens A. G. v. Ar-*

---

[205] El texto anexo del art. 31º de la Convención de Viena, sobre el Derecho de los Tratados, en *op. cit* en nota 21, que fue extraído de una copia certificada verdadera depositada con el Secretario General de las Naciones Unidas (Certified True Copies (CTCs) of Multilateral Treaties Deposited with the Secretary-General), establece: Regla general de interpretación, 1. Un Tratado deberá interpretarse de buena fe conforme al sentido corriente que haya de atribuírsele a los términos del Tratado en el contexto de estos teniendo en cuenta su objeto y fin. 2. Para los efectos del interpretación de un Tratado, el contexto comprenderá, además del texto, incluidos su preámbulo y anexos.

[206] Algunos ejemplos de la importancia del preámbulo en la jurisprudencia arbitral están en los asuntos Ronald S. Lauder v. Czech Republic (Final Award, 3 Sep. 2001) en para. 292; SGS v. Philippines (Decision of the Tribunal on Objection to Jurisdiction, 29 Jan. 2004) en para.116; MTD Chile S. A. v. Chile (Award, 25 May 2004) en para. 113; CMS Gas Transmission Company v. Argentina (Award, 12 May 2005) en para. 274; Eureko B. V. v. Poland Partial Award, 19 Aug. 2005) en para. 248; Continental Casualty Company v. Argentina (Decision on Jurisdiction, 22 Feb. 2006) en para. 80; Saluka Investment BV v. Czech Republic (Partial Award, 17 Mar. 2006) en paras. 299-300.

gentina de manera categórica: "El Tribunal debe guiarse por el propósito del Tratado como se expresa en su titulo y preámbulo"[207.] Lo anterior tiene como implicación obvia que es necesario que el contenido del preámbulo sea consistente con las disposiciones sustantivas del APPRI.

En adición, desde el punto de vista político, el preámbulo contiene elementos esenciales que los gobiernos de los Estados contratantes desean transmitir como por ejemplo incluir lenguaje específico que reafirme que los objetivos de promoción y protección de la inversiones extranjeras no pueden ser alcanzados a expensas de las políticas del Estado referentes a salud pública, protección del medio ambiente y derechos laborales internacionalmente reconocidos.

Iniciando el análisis específico de los preámbulos de los APPRIs pre-proceso revolucionario tenemos que varias categorías se hacen evidentes. La primera y más difundida es la que incluye los tres elementos típicos de los preámbulos[208] en los APPRIs como son: "la importancia de intensificar cooperación económica recíproca, el referente a la creación y mantenimiento de condiciones favorables para las inversiones de la contraparte contratante, y el reconocimiento de la promoción y protección de las inversiones extranjeras en virtud de favorecer la prosperidad de los Estados parte"[209.] La segunda categoría es la que, incluye otros elementos tales como "la contribución al progreso tecnológico"[210], "la creación

---

[207] Caso *Siemens G. A. v. Argentina* (Decisión sobre Jurisdicción, 3 de Agosto 2004) en para. 81: "El Tribunal considera que el Tratado no debe ser interpretado ni restrictiva ni libremente, ya que ninguno de estos adverbios forma parte del Artículo 31(1) de la Convención de Viena. El Tribunal debe guiarse por el propósito del Tratado como se expresa en su título y preámbulo … El preámbulo recoge que las partes han aprobado las disposiciones del Tratado …"

[208] Dolzer R. y Stevens, M., *Bilateral Investment Treaties, The Netherlands, Martinus Nijhoff Publishers*, 1995, pp. 20-21 Newcombe, A., y L. Paradell, L., *Law and Practice of Investment Treaties*, The Netherlands, Kluwer Law International BV, 2009, p.65. Ambas obras ofrecen una descripción de los elementos que componen el preámbulo.

[209] APPRIs entre Venezuela-Alemania (1998), Venezuela-Unión Bélgica-Luxemburgo (1998), Venezuela-España (1997) Venezuela-Paraguay (1997), Venezuela-Perú (1997), Venezuela-Lituania (1996), Venezuela-Reino Unido (1996), Venezuela-Canadá (1996), Venezuela-República Checa (1995), Venezuela-Argentina (1994).

[210] APPRI entre Venezuela-Argentina (1994).

de un clima favorable a las inversiones... que impliquen transferencia de capitales"[211], "el asegurar un clima propicio a las inversiones dentro del respeto a las leyes del país receptor"[212], y "la protección y promoción de las inversiones... contra riesgos no comerciales"[213]. La tercera categoría de preámbulos hace referencia a elementos procesales como es la caracterización del foro de solución de controversias. En este respecto refuerza la necesidad de "asegurar a las inversiones seguridad jurídica y medios imparciales y eficientes para la solución de las controversias"[214.] Finalmente, la cuarta categoría de preámbulos del período previo al año 2000, reafirma la importancia de obligaciones sustantivas específicas incluidas en los APPRIs. Este es el caso del énfasis que realizan la mayoría de los Tratados suscritos con los países europeos en referencia a lo deseable de un trato justo y equitativo para las inversiones[215]. La inclusión de un trato justo y equitativo en el preámbulo ha servido para el desarrollo de una extensa jurisprudencia arbitral[216] siendo reconocido el caso *Lauder*[217], por parte de la doctrina, como el primero de los casos en donde se evidencia dicha conexión. Un importante número de *leading cases* han seguido esta línea de trabajo reafirmando la relevancia de una explícita mención de trato justo y equitativo en el preámbulo[218].

---

[211] APPRI entre Venezuela-Brasil (1995), Venezuela-Chile (1994), Venezuela-Ecuador (1994).

[212] APPRIs entre Venezuela-Brasil (1995), Venezuela-Italia (1990).

[213] APPRI entre Venezuela-Brasil (1995).

[214] APPRIs entre Venezuela Cuba (1996), Venezuela-Uruguay (1997), Venezuela-Costa Rica (1997).

[215] APPRIs entre Venezuela-Países Bajos, Venezuela-Dinamarca, Venezuela-Confederación Suiza, Venezuela-Portugal, Venezuela-Suecia y Venezuela-Barbados.

[216] Newcombe, A. and Paradell, L., Law and Practice of Investment Treaties, *op. cit.* en nota 208, p.114. Los autores hacen un análisis sobre los efectos de la inclusión de estándar de trato justo y equitativo (TJE) en el preámbulo.

[217] Ronald S. Lauder v. Czech Republic (Final Award. 3 de Sep. 2001) para. 292.

[218] Occidental Exploration and Production Company v. Ecuador (Final Award, 1 July, 2004) en para. 183, CSM Gas Transmission Company v. Argentina (Award 12 May, 2005) en para. 274, Azurix Corp. v. Argentina (Award 14 July 2006) en para. 360, Siemens A. G. v. Argentina (Award 6 de Feb. 2007) en para. 81.

Una primera conclusión parecería indicar que existe una desconexión al contrastar las categorías previamente decantadas de los preámbulos de los APPRIs del período pre-Revolución Bolivariana *versus* el marco jurídico vigente en Venezuela. El propósito fundamental de los preámbulos de los APPRIs es promover y proteger las inversiones extranjeras y crear condiciones favorables para su desarrollo. Este objetivo base parecería no ser reforzado tanto en el marco constitucional bolivariano como en la nueva Ley de inversiones en vigor. En adición, dos elementos sugieren ser los que presentan las mayores dificultades entre el lenguaje preambular de los APPRIs del siglo XX y la nueva Ley de inversiones venezolana, siendo el primero de ellos el que implica la libre transferencia de capitales y, el segundo, el que parecería sugerir el acceso al foro arbitral internacional mediante la mención de medios imparciales y eficientes para la solución de las controversias, opuesto al mecanismo inserto en la Constitución Bolivariana y en la nueva Ley de Inversiones. Es de señalar que esta primera conclusión parecería ser razonable en la medida que el entorno socio-político del país durante la última década del siglo XX se desenvolvía en una economía con fuerte tendencia liberal en donde el marco jurídico promovía la inversión extranjera en los mismos términos que se reflejan en los preámbulos de los APPRIs.

Entrando a los APPRIs post-proceso revolucionario, tenemos que todos los Tratados siguen las cuatro categorías antes mencionadas. Dentro de los APPRIs que se subsumen en la primera categoría, donde se evidencian los tres elementos típicos de los preámbulos como son "la importancia de intensificar cooperación económica recíproca, el referente a la creación y mantenimiento de condiciones favorables para las inversiones de la contraparte contratante, y el reconocimiento de la promoción y protección de las inversiones extranjeras en virtud de favorecer la prosperidad de los Estados parte", están los Tratados en vigor con la República Islámica de Irán (2006), la República de Belarús (2008), y la República Socialista de Vietnam (2009). En el segundo grupo de Tratados tenemos el de la República Francesa (2001) que, además de tener los elementos de la primera categoría, incluye elementos adicionales tales como estimular la transferencia de capitales y tecnologías. La tercera categoría de preámbulos, que hacen referencia a elementos procesales como es la caracterización del foro de soluciones de controversias la conforman los APPRIs firmados con la República de Bolivia (2000) y con la Federación Rusa (2008). En el primero se resalta la importancia de brindar "seguridad jurídica y medios imparciales y eficientes para la solución de controversias", mientras en el segundo se reafirma la necesidad de proveer de "medios legales confiables y efectivos que protejan sus derechos e intereses en cuanto a sus inversiones". Como ya ha sido mencionado, el fraseo utilizado será clave para la interpretación del APPRI por las Partes Contratantes y por otros afectados por el Tratado incluyendo los potenciales inversores extranjeros involucrados en el proceso de solución de controversias y los miembros del Tribunal arbitral[219].

Tal como se concluyó previamente parecería que los preámbulos de los APPRIs post-Revolución Bolivariana, al tener esencialmente las mismas características que sus predecesores pre-revolucionarios, observan las mismas falencias al contrastarlos *versus* el marco jurídico que rige en la Venezuela bolivariana.

2. *El Ámbito de Aplicación: Los límites materiales, personales, temporales y territoriales de los APPRIs*

Las disposiciones del ámbito de aplicación del Tratado abarcan tanto la esfera objetiva compuesta por el concepto de inversión, como la subjetiva que representa a los inversores, la territorial que delimita el espacio geográfico de aplicación y la temporal que regula su vigencia.

A. *La Inversión: El límite material de la inversión*

El término inversión representa el *ratione materiae* del APPRI. Según parte de la doctrina la primera definición objetiva general de la noción de inversión está contenida en el caso *Salini v. Morocco* (2001)[220]. La misma proviene del criterio general contenido en el preámbulo de la Convención de Washington de 1965, de donde se

---

[219] Mann, H., IISD Model International Agreement on Investment for Sustainable Development: International Institute for Sustainable Development, Winnipeg, iisd, 2006, p. 2. El autor desarrolla el tema de los efectos de la redacción del preámbulo sobre la interpretación del APPRI.

[220] Ben Hamida, W., "La notion d'investissement et d'investisseur dans la jurisprudence arbitrale récente", en *Nations Unies Commission Economique et Sociale pour l'Asie occidentale*, Paris, ESCWA, 2013, p. 3.

ha deducido y aplicado[221]. Los criterios generales identificados de acuerdo con el *Salini Test*[222] para definir una inversión son:

- ❖ Contribución económica efectiva por parte del inversionista.

- ❖ Cierta duración de la ejecución del proyecto.

- ❖ Participación de los riesgos por el inversor.

- ❖ Cooperación al desarrollo económico del Estado receptor de la inversión.

En general, inversión se plantea como todos los tipo de activos[223] de manera abierta y flexible con el fin de permitir una extensa gama de opciones a la misma durante la vida de los APPRIs[224]. La aparente homogeneidad dentro de la gran amplitud del concepto de inversión en los APPRIs sugiere que el mismo no es absoluto y puede estar sujeto a modificaciones en el futuro[225].

En los Tratados de Inversión suscritos por Venezuela antes del nuevo milenio podemos detectar varias tendencias diferentes en la definición de inversión. La primera definición es la que puede ser denominada activo-céntrica[226]. La definición activo-céntrica tal y

---

[221]   Giardina, A. "Legal Aspects of Recourse to Arbitration by an Investor Against the Authorities of the Host State under Inter-State Treaties" en Yearbook of Institute of International Law – Tokyo Session – Draft Works, éditions A. Pedone, 2013, p 31.

[222]   Salini v. Morocco, Decision on Jurisdiction, 23 July 2001, 42 ILM (2003) 609, para 52: "The doctrine generally considers that investment infers: contributions, a certain duration of performance of the contract, and a participation in the risks of the transaction. In reading the Convention's preamble, one may add the contribution to the economic development of the host State of the investment as an additional condition."

[223]   *Ibídem*, p. 6.

[224]   Iruretagoiena Agirrezabalaga, I., "Promoción y protección de las inversiones españolas en el extranjero: los APPRI". En *Anuario español de Derecho Internacional Privado*, Tomo 2, 2002; p. 161.

[225]   Dolzer, R., y Stevens, M., *Bilateral Investment Treaties, op. cit*, en nota 208, p. 26.

[226]   El término activo-céntrico es una traducción del autor del vocablo anglosajón asset-based. Dicha terminología tiene sus raíces en el mundo del Marketing en donde una posible estrategia de expansión de marca está basada en los activos disponibles. Para más información sobre el

SIMÓN PEDRO DEFFENDINI S. (J. D.)

como su nombre lo indica emana de todo tipo de activo[227], todas las categorías de activos[228] y todo tipo de bienes[229]. La definición va acompañada en estos APPRIs de algunas categorías generales de activos que son meramente indicativas, más no excluyentes. Las mismas se pueden agrupar en cinco clases:

❖ Bienes muebles e inmuebles en general y demás Derechos Reales.

❖ Acciones y cualquier tipo de participación en sociedades.

❖ Títulos en dinero y demás formas de valor económico y aportaciones.

❖ Derechos de propiedad intelectual, "good will" y conocimiento técnicos.

❖ Derechos de explotación sobre recursos naturales obtenidos mediante contratos.

La redacción de esta definición de inversión sugiere que se garantiza protección a todas sus formas posibles.

La segunda y la más utilizada[230] definición de inversión que se encuentra en los diferentes APPRIs que ha firmado Venezuela puede ser catalogada como la tautológica[231]. En esta definición, la inversión se describe de manera circular como "todo tipo de bien invertido". Parte de la doctrina reconoce a esta práctica como la forma de permitir que el concepto de inversión evolucione con la naturaleza cambiante de las circunstancias[232]. Como la consecuencia obvia del uso de una definición tautológica es que los Estados

---

tema en Dinnie, K., Nation Branding: Concepts, Issues, Practice. Butterworth-Heinemann, Oxford, UK 2008.

[227] APPRIs entre Venezuela-Alemania (art. I) Venezuela-Reino Países Bajos (art. I).

[228] APPRI entre Venezuela-Chile (art. I).

[229] APPRIs entre Venezuela-Suiza-(art. 1.2), Venezuela-Reino Unido (art. I).

[230] APPRIs Dinamarca-Venezuela, Uruguay-Venezuela, España-Venezuela, Cuba-Venezuela.

[231] Fadlallah, I., "La notion d'investissement: vers une restriction à la compétence du CIRDI?", International Chamber of Commerce (ICC), Paris 2005, pp. 259-268.

[232] Vandevelde, K., "United States Investment Treaties: Policy and Practice", Kluwer Law, Boston 1992.

126

partes conceden a los Tribunales arbitrales un importante grado de discrecionalidad al interpretarla. Es de resaltar que la definición tautológica de inversión en los Tratados suscritos por Venezuela en el período pre-revolucionario, ha sido ampliada de manera excepcional hacia "...cualquier sector de la actividad económica, sea cual fuere" en el APPRI suscrito con la Unión Económica Belgo-Luxemburguesa (2002). Una modificación de la definición tautológica en un representativo número de Tratados de Venezuela[233] incluyen algunas limitaciones a las inversiones permitidas, en especial las referidas a "que se realicen en conformidad con las leyes y reglamentos de la Parte contratante en cuyo territorio se realizó la inversión". Otra variación a la definición tautológica se evidencia en los APPRIs que dicha definición se complementa con las posibles mutaciones que experimentará la inversión a largo de su existencia. Como ejemplo de ello, se pueden evidenciar las redacciones en donde "cualquier alteración en la forma en que se inviertan los activos no afectará a su naturaleza como inversión"[234].

La tercera definición de inversión encontrada es la contenida en el APPRI entre la República de Venezuela y el Gobierno de Canadá (1998). La peculiaridad de esta definición de inversión es que la misma emana del concepto de inversor. Inversión puede ser la "...propiedad de un inversor o controlada directa o indirectamente, inclusive a través de un inversor de un tercer Estado en el territorio de la otra Parte..."[235]. La inclusión de la noción de propiedad o control parecería sugerir la pretensión de las partes de limitar la aplicabilidad del Derecho consuetudinario codificado en el racional de la Corte Internacional de Justicia en el *Caso Barcelona Traction, Light and Power Co., LTD (Bélgica v. España)*, en donde solo razones sociales pueden ostentar la protección diplomática del Estado de su incorporación. Se debe reiterar la mención anterior que la doctrina de *Barcelona Traction* ha evolucionado en el contexto de los APPRIs. En esencia, el Tratado de inversión protege a todas las inversiones de los inversores de las Partes contratantes, independientemente de que existan estratos corporativos entre el inversor y la inver-

---

[233]   APPRIs entre Venezuela-República Checa, Venezuela-República Italiana, Venezuela-Ecuador, Venezuela-Argentina, Venezuela-Paraguay, Venezuela-Brasil, Venezuela-Suecia, y Venezuela-Perú.

[234]   APPRIs entre Venezuela-Lituania (1996), Venezuela-Barbados (1995) y Venezuela-Costa Rica (1998).

[235]   APPRI entre Venezuela-Canadá, art. 1 (f).

sión[236]. La segunda peculiaridad de esta definición de inversión en el APPRI entre Venezuela-Canadá es la incorporación de una exclusión al concepto de inversión de "...activos que no sean utilizados o no hayan sido adquiridos en la expectativa de utilizarlos, con el propósito de obtener beneficios económicos". Lo anterior sugiere el interés de los Estados signatarios del Tratado de limitar el concepto inversión a activos productivos y generadores de flujos de efectivo para los inversores.

En general, los APPRIs analizados del período pre-revolucionario con una definición de inversión amplia e incluyente parecerían evidenciar que el origen de la inversión extranjera no es un factor decisivo para la existencia de la misma. Según la jurisprudencia arbitral del caso *Tradex v. Albania*[237]:

> "Foreign investment" in Art. 1 (3), nowhere requires that the foreign investor has to finance the investment from his own resources. As seen above, quite to the contrary, the law provides for a broad interpretation of "investment". In the present context it may be particularly noted that Art. 1 (3) expressly includes "every kind of investment...owned directly or indirectly by a foreign investor", "loans, claim to money or claim to performance having economic value" and "any right conferred by law or contract...". "does not give room for further conditions".

En adición, mediante las definiciones de inversión desarrolladas previamente, amplias y flexibles, el sistema arbitral estaría proclive a aceptar la mayoría, sino todas, las controversias que los inversores extranjeros iniciasen[238]. En general, el Estado huésped parecería estar obligado a renunciar a sus prerrogativas soberanas al aceptar controversias arbitrales provenientes de cualquier operación económica inclusive aquellas sin conexión con una inversión

---

[236] Vandevelde, K., United States Investment Treaties: Policy and Practice, *op. cit.* en nota 232, pp. 45-46.

[237] Tradex v. Albania, Award, 29 April 1999, 5 ICSID Reports 70, paras 108-111.

[238] Legum, B., The meaning of 'investment, in the ICSID Convention, Cambridge, Cambridge University Press, 2010, p. 326 El autor desarrolla sobre las posibilidades de iniciar controversias en el sistema arbitral CIADI basadas en la amplitud de la definición de inversión ver.

según los principios del *Salini test*[239]. La aseveración anterior se evidencia en el Caso *Fedax N. A. v. Venezuela*[240] , en donde el Tribunal Arbitral determinó que la amplitud del lenguaje utilizado en el APPRI permitía la valoración como inversión extranjera a un instrumento financiero, como es una pagaré[241], emitido por un órgano del Estado venezolano.

En suma, se puede argumentar que en todos los APPRIs suscritos por Venezuela durante el siglo XX el concepto de inversión acordado entre las partes presenta cuatro problemas fundamentales para el Estado huésped de la inversión, por incluir cualquier elemento tangible o intangible con un valor económico, virtualmente sin limitación[242]. Primero, el concepto de inversión se aleja de la definición clásica de inversión extranjera directa que seguía la formula "propiedad, derechos, e intereses" y que se encuentra en los Tratados tradicionales, los Tratados de Amistad, Comercio, y Navegación (FCN) y los documentos de Derechos Humanos[243]. Segundo, el concepto de inversión inmerso en los APPRIs dista de la definición reconocida por la jurisprudencia arbitral CIADI que en la actualidad es cada vez más precisa y aceptada[244]. La definición reconocida por la doctrina contiene cuatro elementos básicos (contribución al inversor, duración del proyecto en el tiempo, existencia de riesgo operacional, y contribución al desarrollo del Estado huésped)[245] que es rebasada por la infinita gama de posibilidades que la definición de inversión incorporada a los APPRIs puede

---

[239] Bekker, P. Making Transnational Law Work in the Global Economy, Cambridge ,Cambridge University Press, 2010, p. 353

[240] Fedax N.V. v. Venezuela (Decision of Jurisdiction, 11 Jul. 1997) en para 36. http://www.italaw.com/sites/default/files/case-documents/ita0315_0.pdf

[241] Traducción de "Promissory note".

[242] Newcombe, A. and Paradell, L., Law and Practice of Investment Treaties, *op. cit.* en nota 208, p.331.

[243] Lillich R., & Weston, B., International Claims: Their Settlement by Lump Sum Agreements: 1975 - 1995, Washington DC, University Press of Virginia, 1998, p. 180.

[244] Iruretagoiena Agirrezabalaga, I., *El Arbitraje en los Litigios de Expropiación de Inversiones Extranjeras, op. cit.* en nota 224, p. 46.

[245] Shreuer, C., The ICSID Convention: A Commentary, *op. cit.* en nota 162, p. 140. Autopista v. Venezuela, Decision on Jurisdiction, 27 September 2001, 16 ICSID Review-FILJ (2001) 469, paras 94-101.

alcanzar. Un ejemplo de lo anterior es que controversias que pudieran originarse de la reposesión por parte del Estado huésped de un crédito bancario recibido por el inversor en su territorio, serían aceptables por tribunales arbitrales considerando el término de inversión de los APPRIs acá señalados. Tercero, debido a que solo las controversias que surjan directamente de la inversión[246] son de jurisdicción del sistema de solución de controversias del Tratado, en este caso del CIADI, el rango de controversias posibles es ilimitado. Es de resaltar que para que el CIADI entienda su jurisdicción sobre una controversia, además del concepto de inversión recogido en el APPRI, se debe contrastar con el *Salini Test*[247] y los cuatro criterios concurrentes de inversión antes mencionados[248]. Cuarto, dentro de las posibilidades de inversión consideradas como válidas en el concepto de inversión de los APPRIs, además de inversiones que están físicamente presentes y operativas en el Estado huésped, también se reconocen las "shells companies"[249] que representan personas jurídicas sin actividad real en el Estado de su incorporación y creadas con el fin de acceder a las protecciones que brinda el Tratado más amigable para el inversor extranjero, en términos de la ruta para el arbitraje.

Sin embargo, los problemas anteriores parecerían estar alineados con el marco jurídico en vigor en Venezuela para la última década del siglo XX orientado a la activa captación de inversión extranjera.

Migrando al análisis de los APPRIs post-Proceso Revolucionario, observamos que todos los Tratados contienen conceptos de inversión subsumidos en las categorías antes desarrolladas.

---

[246] Ouakarat, P., La Practique du CIRDI, DPCI, *v.* 13, n. 2, 1987, pp. 285-296.

[247] Salini v. Morocco, "Decision on Jurisdiction", 23 July 2001, 42 ILM (2003) 609, para 52: "The doctrine generally considers that investment infers: contributions, a certain duration of performance of the contract, and a participation in the risks of the transaction. In reading the Convention's preamble, one may add the contribution to the economic development of the host State of the investment as an additional condition."

[248] Dolzer R. & Schreuer C., "Principles of International Investment Law", *op. cit.* en nota 149, p. 68.

[249] Eberhardt P., & Olivero, C., Profiting from injustice: How law firms, arbitrators and financiers are fuelling an investment arbitration boom, Brussels/Amsterdam, Corporate Europe Observatory and the Transnational Institute, 2012, p. 26.

En la primera categoría con un concepto de inversión activo-céntrico puro, resaltan los APPRIs entre Venezuela-Francia (2004) y Venezuela-Bolivia (2000). En la segunda categoría conceptual, la Tautológica, se evidencia en los APPRIs suscritos entre Venezuela-Belarús (2008), Venezuela-Irán (2006) y Venezuela-Rusia (2009). En todos, se reflejan las limitaciones a las inversiones permitidas, en especial las referidas a "que se realicen en conformidad con las leyes y reglamentos de la Parte contratante en cuyo territorio se realizó la inversión", además de complementar la definición con las posibles mutaciones que experimentará la inversión en términos de "cualquier alteración en la forma en que se inviertan los activos no afectará su naturaleza como inversión". Finalmente, el APPRI entre Venezuela-Vietnam (2009) limita el concepto de inversión en dos sentidos. Por un lado el concepto solo comprende las inversiones dedicadas a una actividad productiva. Por el otro, incorpora una exclusión al concepto de inversión de "...Contratos comerciales por la venta de bienes y servicios...", o "la extensión de un crédito en conexión con una transacción comercial..."

Las clasificaciones de inversión previamente desarrolladas para el período post-revolucionario, al igual que las del período precedente, parecerían estar en claro conflicto al contrastarlas con las definiciones de inversión e inversión extranjera que se presenta en la nueva Ley de Inversiones de Venezuela. Para la nueva Ley la inversión se refiere a:

"Todos aquellos recursos obtenidos lícitamente y destinados por un inversionista nacional o extranjero a la producción, de bienes y servicios que incorporen materias primas o productos intermedios con énfasis en aquellos de origen y fabricación nacional, en las proporciones y condiciones establecidas en el presente Decreto con Rango, Valor, y Fuerza de Lay, que contribuyan a la creación de empleos, promoción de la pequeña y mediana industria encadenamientos productivos endógenos, así como al desarrollo de innovación productiva".

En el mismo contexto, inversión extranjera es "la inversión productiva efectuada a través de aportes realizados por los inversionistas extranjeros conformados por recursos tangibles en intangibles, destinados a formar parte del patrimonio de los sujetos receptores de la inversión"[250].

Las discrepancias parecieran ser irreconciliables en por lo menos tres puntos clave. Primero, el concepto de inversión en los APPRIs venezolanos es incluyente, amplio, y prácticamente sin restricciones, lo que dista del concepto de "inversión productiva" con las calificaciones y restricciones desarrolladas en la nueva Ley. En segundo término parecería que una definición tautológica y prospectiva con la capacidad de adaptarse a las nuevas formas de inversión emergentes, como la que está inserta en un grupo relevante de APPRIs venezolanos estaría en contraposición con la definición cerrada de inversión, e inversión extranjera incorporada en la nueva Ley. En tercer lugar, el requerimiento de la Ley de inversiones vigente sobre la necesidad de que la inversión sea efectuada a través de aportes por los inversionistas extranjeros, sugiere no estar en consonancia con la jurisprudencia arbitral del caso *Tradex* antes explicada.

B. *Inversor: El límite personal de la inversión*

En segundo término evaluamos el concepto del inversor en el ámbito de aplicación al APPRI. Es importante señalar que la nacionalidad del inversor es la clave para determinar lo foráneo[251] de la inversión y la aplicación de un Tratado determinado. El término inversor representa el *ratione personae* del APPRI, estando representado tanto por personas naturales como por personas jurídicas, y que son los beneficiarios del contenido de los Tratados.

a. *El inversor como persona natural: Los individuos que invierten*

En función a la definición de inversor dentro de los APPRIs tenemos que la práctica venezolana antes del año 2000, utilizaba tres diferentes esquemas. En la primera y más común de las categorías el inversor se define de manera teleológica. En esta definición el inversor es la persona que realiza una inversión en el territorio de la otra Parte contratante[252]. Todos los de APPRIs con definición

---

[250] Ley de Inversiones 2014, *op. cit.* en nota 6, art. 3.

[251] A. Sinclair," The Substance of Nationality Requirements in Investment Treaty Arbitration", 20 ICSID Review-FILJ, Oxford 2005, p. 357

[252] APPRI entre Venezuela-Dinamarca, Venezuela-Uruguay, Venezuela-Suecia, Venezuela-Brasil, Venezuela-Italia, Venezuela-República Checa,

teleológica del inversor como persona física o natural suscritos por Venezuela previo al año 2000, establecen el vinculo de nacionalidad del inversor de conformidad con la legislación de una de las partes contratantes.

La segunda categoría es la que define al inversor exclusivamente como una persona natural que tiene la nacionalidad de una de las partes contratantes de conformidad con sus leyes aplicables[253]. En esta categoría el vinculo entre inversión e inversor se establece en la definición de inversión "… todo tipo de activo… invertido por un inversor". Una variación de la definición de inversor antes evaluada es la que se aprecia en el APPRI Venezuela-Canadá (1998), en donde se aborda el tema de la doble nacionalidad entre las Partes, taxativamente limitándola. El texto utilizado establece que el inversor es "toda persona natural que posea la ciudadanía de (la Parte contratante) de acuerdo a su legislación que realice una inversión en el territorio de (la otra Parte contratante) y que no posea la nacionalidad de la primera (Parte contratante)"[254]. Con este diseño, la definición de inversor parecería que efectivamente minimiza la posibilidad de que un nacional venezolano, haciendo inversiones en Venezuela reciba la protección del APPRI lo que es un resultado obvio y razonable ya que los APPRIs pretenden proteger inversiones e inversionistas extranjeros.

El tercer grupo de APPRIs no especifica el concepto de inversor explícitamente y solo define a "nacionales"[255,] que son personas naturales que tienen la nacionalidad de una de las Partes Contratantes. En este tipo de Tratado la conexión entre inversión y nacional se establece en la disposición referente a la promoción y protección de las inversiones de nacionales de la otra parte contratante.

Finalmente, en todos los Tratados del período pre-revolucionario el criterio para definir inversor es homogéneo para ambas partes del APPRI y esta cimentado en tener la nacionalidad de una

---

Venezuela-Chile, Venezuela-Cuba, Venezuela-España y Venezuela-Costa Rica.

[253] APPRI entre Venezuela-Suiza, Venezuela-Argentina, Venezuela-Paraguay, Venezuela-Lituania, Venezuela-Unión Belgo-Luxemburguesa y Venezuela-Portugal.

[254] APPRI entre Venezuela-Canadá Art. I.g.ii.

[255] APPRI Entre Venezuela-Países Bajos, Venezuela-Reino Unido, Venezuela-Alemania y Venezuela-Perú.

de las Partes Contratantes con arreglo a su legislación. El tipo de definición anterior de inversor que adopta la nacionalidad como vinculo con el APPRI tiene implícito el problema de la doble o múltiples nacionalidades. En todos los Tratados suscritos por Venezuela previo 1999, a excepción del APPRI Canadá-Venezuela como se ha señalado previamente, la posibilidad de problemas con estas características pueden emerger. En estos posibles casos la doctrina[256] se decanta por el uso del principio de nacionalidad efectiva incluida en el Caso *Nottebohm*[257], en donde la nacionalidad del inversor vendrá definida por la del Estado donde tiene el vínculo más cercano.

En el caso de que el inversor tenga la nacionalidad de ambos Estados parte de un APPRI, el proyecto de artículos sobre la protección diplomática de la CDI[258] prescribe que un Estado puede ejercer la protección diplomática *versus* otro Estado en el supuesto que un nacional ostente la nacionalidad ambos, pero su ciudadanía predominante sea la del primer Estado "tanto en la fecha en la que se produjo el perjuicio como en la fecha de la presentación oficial de la reclamación". Sin embargo, parte de la doctrina parecería estar de acuerdo que la solución aceptada es no considerarlo como extranjero en el Estado huésped de la inversión[259] por lo que las protecciones y garantías del un APPRI le serian inaplicables. Esta

---

[256] Giardina, A, "Legal Aspects of Recourse to Arbitration by an Investor Against the Authorities of the Host State under Inter-State Treaties" en Yearbook of Institute of International Law – Tokyo Session – Draft Works, en *op. cit.* en nota 221, p. 35

[257] Nottebohm, Liechtenstein v Guatemala, Preliminary Objection (Second phase), Judgment, [1955] ICJ Rep 4, ICGJ 185 (ICJ 1955), 6th April 1955, International Court of Justice [ICJ]

[258] Comisión de Derecho Internacional, Títulos y textos de los proyectos de artículos sobre la protección diplomática, 58° período de sesiones, Ginebra 2006, art. 7° Nacionalidad múltiple y reclamación frente a un Estado de la nacionalidad: "Un Estado de la nacionalidad no podrá · ejercer la protección diplomática con respecto a una persona frente a otro Estado del que esa persona sea también nacional, a menos que la nacionalidad del primer Estado sea predominante tanto en la fecha en la que se produjo el perjuicio como en la fecha de la presentación oficial de la reclamación".

[259] Geck, K., "Diplomatic Protection", *Encyclopedia of Public International Law*, vol. X, E.P.I.L. 1987

tendencia doctrinal parecería estar alineada con el criterio que se decanta del artículo 25° (2) de CIADI que prescribe:

> (2) "National of another Contracting State" means:(a) any natural person who had the nationality of a Contracting State other than the State party to the dispute on the date on which the parties consented to submit such dispute to conciliation or arbitration as well as on the date on which the request was registered pursuant to paragraph (3) of Article 28 or paragraph (3) of Article 36, **but does not include any person who on either date also had the nationality of the Contracting State party to the dispute...**"[260]

En suma, los diferentes conceptos de inversor natural de los APPRIs suscritos por Venezuela durante la última década del siglo pasado parecerían estar insertos en los cánones típicos liberales que siguen los APPRIs del mismo período. En adición, su redacción no parece estar en contradicción con el marco jurídico que regía las inversiones extranjeras en Venezuela durante el mismo lapso temporal.

Evaluando ahora los APPRIs post-Proceso Revolucionario, observamos que todos los Tratados contienen conceptos de inversión en los grupos anteriores. En la primera categoría, o definición teleológica del inversor, tenemos los Tratados firmados por la República Bolivariana de Venezuela con la Federación Rusa (2009), la República de Belarús (2008), y la República de Bolivia (2000). Una variación de la definición teleológica es la contenida en el APPRI suscrito con la República Islámica de Irán (2006) en donde parecería que se limita el riesgo de la doble nacionalidad del inversor mediante la inclusión del texto "Personas naturales, sean consideradas sus nacionales y no posean la nacionalidad de la Parte contratante receptora"[261].

El segundo tipo de inversor definido exclusivamente como una persona natural que tiene la nacionalidad de una de las partes de conformidad con sus leyes aplicables la encontramos en el APPRI entre la República Bolivariana de Venezuela y República Socialista de Vietnam (2009).

---

[260] ICSID Convention, Regulations and Rules, *op. cit.* en nota 173 Art. 25 (2).
[261] APPRI entre Venezuela-Irán, Art. I.2.a.

El tercer tipo de concepto de inversor que no se define y solo hace referencia a "nacionales"[262,] se encuentra presente en el Tratado suscrito con la República Francesa (2004). En este Tratado, de manera consistente como los APPRIs analizados anteriormente preproceso revolucionario, la conexión entre inversión y un nacional se establece en la disposición referente a la promoción y protección de las inversiones de nacionales de la otra parte contratante.

Debido a las similitudes en las definiciones de inversor entre los APPRIs pre y post Revolución Bolivariana, todos los Tratados suscritos por Venezuela parecerían tener los mismos problemas al contrastarlos con el concepto de inversor en la nueva Ley de inversiones venezolana. Según la Ley un inversionista extranjero es: "la persona natural o jurídica extranjera que realice una inversión registrada ante el Centro Nacional de Comercio Exterior. No califica como tal aquella persona natural o jurídica venezolana que directamente o por interpuestas personas figure como accionista de empresas extranjeras"[263].

Evidentemente, la definición de inversor de la nueva Ley que en esencia se centra en un requisito procesal de haberse inscrito en el CENCOEX, parecería distar significativamente de los conceptos insertos en todos los APPRIs que solo requieren tener la nacionalidad del Estado que la confiere. En adición, parecería que los foros internacionales estarían propensos a escuchar casos de arbitraje por incumplimientos de los APPRIs de "any natural person who had the nationality of a Contracting State other than the State party to the dispute" independientemente estén inscritos en el organismo venezolano antes citado[264].

b. *El inversor como persona jurídica: Las razones sociales que invierten*

El inversor jurídico será beneficiario o no de las protecciones y garantías que un APPRI provee en función del vínculo que se establezca entre la persona jurídica y el territorio de las partes de un APPRI. Partiendo de la base de que la nacionalidad está deter-

---

[262] APPRIs entre Venezuela-Países Bajos, Venezuela-Reino Unido, Venezuela-Alemania, y Venezuela-Perú.

[263] Ley de Inversiones 2014, *op. cit.* en nota 6.

[264] *Ibídem.*

minada siempre por las leyes del Estado que la concede[265], en el caso de las personas jurídicas y en el marco de la jurisprudencia arbitral como se evidencia en el caso *Autopista v. Venezuela*, la nacionalidad sigue dos criterios fundamentales siendo el más utilizado el de lugar de incorporación o registro de la misma, y alternativamente el centro administrativo o de control real de la sociedad:

"According to international law and practice, there are different possible criteria to determine a juridical person's nationality. The most widely used is the place of incorporation or registered office. Alternatively, the place of the central administration or effective seat may also be taken into consideration"[266].

El doble requisito en conjunción ha sido reconocido por la CDI[267] como necesario para hacer efectiva la protección diplomática que solo se puede activar como *última ratio* si un Estado no honrara las disposiciones de un Laudo Arbitral[268]. Debe recalcarse, una vez más, que la jurisprudencia internacional en materia de inversiones ha matizado los principios sobre la nacionalidad relativos a la protección diplomática, tal como previamente establecido.

Dentro de los APPRIs que la República de Venezuela suscribió antes del tercer milenio, la primera definición de inversor está conformada por personas jurídicas que han sido agrupadas exclusivamente mediante su constitución o incorporación según las leyes de una de las partes contratantes, perteneciendo a este grupo tres

---

[265] Dolzer R. & Schreuer, C. *Principles of International Investment Law, op. cit.* en nota 149, p. 47

[266] Texto en caso *Autopista v. Venezuela*, Decision on Jurisdiction, 27 September 2001, 16 ICSID Review-FILJ (2001) 469, para. 107

[267] Comisión de Derecho Internacional, Títulos y textos de los proyectos de artículos sobre la protección diplomática, *Op. Cit.* en nota 233: Artículo 9 -Estado de la nacionalidad de una sociedad- A los efectos de la protección diplomática de una sociedad, se entiende por Estado de la nacionalidad el Estado con arreglo a cuya legislación se constituyó dicha sociedad. Sin embargo, cuando la sociedad esté controlada por nacionales de otro Estado u otros Estados, no desarrolle negocios de importancia en el Estado en el que se constituyó y tenga la sede de su administración y su control financiero en otro Estado, este Estado se considerará el Estado de la nacionalidad.

[268] Condorelli, L. "L'évolucion de champ d'application de la protection diplomatique. Mutations et practiques nationales", Bruselas, Bruylant, 2003, pp. 12-13.

APPRIs en vigor[269]. Insertas en la misma clasificación, se hacen patentes las aclaratorias a la definición de inversor mediante el reconocimiento de las sucursales de las personas jurídicas protegidas por el Tratado en el Estado huésped a la inversión[270]. Por el otro lado, limitaciones al término también se aprecian en algunos APPRIs suscritos por Venezuela en donde otros criterios se añaden al de la incorporación de la persona jurídica, como son que tengan su sede en el Estado que les confiere nacionalidad[271] y que además realicen actividades económicas reales[272]. En función a la sede, la misma se entiende como el lugar donde el manejo efectivo de la persona jurídica se lleva a cabo[273]. Una peculiaridad en el concepto de inversor se encuentra en el APPRI en vigor entre Venezuela y Perú, en donde la única condición para que una sociedad o persona jurídica esté cubierta por el APPRI es que esté controlada por nacionales de los Estados parte[274]. En todos los APPRIs anteriores se observa que la nacionalidad de las personas jurídicas está primordialmente definida por el criterio del reconocimiento de la misma por las leyes del Estado que la concede, que en sí representa una concepción formal de nacionalidad en línea con la sentencia de la CJI en el Caso *Barcelona Traction*[275].

En otro orden, se observan las redacciones de inversor persona jurídica definidas mediante la conexión de propiedad o control que se ejerce sobre la inversión. En los APPRIs pre-proceso revoluciona-

---

[269] APPRIs entre Venezuela -Reino de Dinamarca (1994), Venezuela -Reino Unido (1996), Venezuela -Barbados (1995)

[270] APPRI entre Venezuela-Canadá(1998)

[271] APPRIs entre Venezuela-Alemania(1998), Venezuela-Portugal (1995), Venezuela-Costa Rica (1998), Venezuela-Ecuador (1994), Venezuela-Italia (2001), Venezuela-República Checa (1996),

[272] APPRI entre Venezuela-Chile (1994)

[273] United Nations Conference on Trade and Development, Scope and Definitions. UNCTAD Series on issues in international investment agreements", New York and Geneva, United Nations publications 1999, p. 39

[274] APPRI entre Venezuela-Perú (1998) art. 1 (3) "Sociedades" designa a todas las personas jurídicas, incluidas las sociedades civiles y comerciales y demás asociaciones que ejerzan una actividad económica comprendida en el ámbito del presente Convenio y que estén efectivamente controladas, directa o indirectamente, por nacionales de una de las Partes Contratantes.

[275] Caso relativo a la Barcelona Traction Light and Power Company, LTD Fallo de 5 de Febrero de 1970, ICJ Reports 1970, pp. 4 y ss.

rio se evidencia que, en general, el control extranjero está definido en el ámbito de aplicación subjetiva del Tratado, o sea desde la perspectiva del inversor. El control extranjero sin embargo sobre personas jurídicas tiene una serie de matices en su formulación que impactan de manera diferencial la interpretación de los distintos Tratados. En el primer grupo identificado, luego de establecer los requisitos de la nacionalidad siguiendo el criterio de la constitución o la incorporación conforme a la legislación del Estado que confiere la nacionalidad, se extiende el concepto de persona jurídica a las establecidas en el territorio del Estado huésped a la inversión, pero efectivamente controladas por personas naturales o jurídicas del Estado contraparte[276]. En el segundo grupo manteniendo la formulación anterior, se añade el requisito de tener la sede en el territorio del Estado que confiere la nacionalidad a la persona jurídica, o sea, el inversor[277].

El resto de los APPRIs del período previo al año 1999 muestran una diferencia de fondo muy relevante, ya que otorgan *ius standi* a personas jurídicas no constituidas conforme a la legislación de una de las parte, pero efectivamente controladas directa o indirectamente por personas naturales o jurídicas con la nacionalidad de la otra parte[278], o sea, "personas jurídicas que tengan sede en un tercer país, pero que sean efectivamente controladas directa o indirectamente por un inversor de una de las Partes Contratantes"[279]. Una variación a la formulación de inversor anterior se observa con el APPRI vigente entre la República de Venezuela y la República de Lituania, que manteniendo la redacción anterior, aclara el concepto de control directo o indirecto, vinculándolo a una participación sustancial en la propiedad de la entidad.

Puede concluirse que las generales, imprecisas e ilimitadamente incluyentes redacciones insertas en los APPRIs pre-revolucionarios permiten el efecto no deseable de *"treaty shopping"*[280], en donde las

---

[276] APPRIs entre Venezuela-España (1997), Venezuela-Cuba (1997), Venezuela-Uruguay (1998)

[277] APPRIs entre Venezuela-Argentina (1995), Venezuela-U. E. Belgo-Luxemburguesa (2002), Venezuela-Paraguay (1997)

[278] APPRIs entre Venezuela-Confederación Suiza (1994), Venezuela-Reino de lo Países Bajos (1993), Venezuela-Brasil (1997)

[279] APPRI entre Venezuela-Suecia (1997)

[280] United Nations Conference on Trade and Development, "Investor State Disputes arising from Investment Treaties: A Review", Series on

personas jurídicas pueden escoger un Estado de nacionalidad de conveniencia[281], sin tener actividades sustanciales de negocios en los mismos. Debido a que Venezuela no se protegió de formulaciones como las anteriores cuando suscribió los APPRIs mencionados, personas jurídicas han accedido a las protecciones y garantías del los Tratados solo con una transferencia de acciones entre una empresa constituida en un Estado sin APPRI hacia otra razón social incorporada en un Estado con las protecciones de un Tratado en vigor con el país. Muestra de ello es el emblemático caso *Autopista v. Venezuela,* en donde luego de haberse realizado la transferencia del 75% de las acciones de una empresa con nacionalidad venezolana a otra razón social incorporada en el extranjero, inmediatamente sus accionistas aprobaron una resolución en la que manifestaron que la empresa estaba sometida al control extranjero a todos los efectos del Convenio de Washington y que estaba sometida al régimen de arbitraje previsto en una cláusula contractual[282].

La noción de control directo o indirecto de la inversión, ejercido por personas naturales o jurídicas, implica que los Tratados protegen las inversiones realizadas por inversores de un Estado parte de un APPRI, independientemente de cuantos niveles corporativos existan entre ellos y la inversión. Por lo anterior, más de un Estado pudiere ejercer protección a la inversión[283], lo que en sí parecería representar la manera de minimizar la aplicación de la jurisprudencia del Caso *Barcelona Traction*[284] en donde "international law does not recognize, in respect of injury caused by a State to a foreign company, any diplomatic protection of shareholders exercised by a State other than the national State of the company"[285].

International Investments Policies for Development , United Nations, New York and Geneva 2005, p. 21.

[281] *Ibídem: "home country of convenience" – that is, the seeking of home countries that have treaties with host countries where investment are to be made".*

[282] Caso *Autopista, op. cit* en nota 266, paras. 26-26.

[283] Vandevelde, K., "United *States Investment Treaties: Policy and Practice", op. cit.* en nota 232.

[284] UNCTAD, BILATERAL INVESTMENT TREATIES 1995–2006: TRENDS IN INVESTMENT RULEMAKING, *op. cit.* en nota 204, p.17: "Most BITs concluded in the last decade have a similar basic structure and content") en http://unctad.org/en/docs/iteiia20065_en.pdf.

[285] *Barcelona Traction, op. cit.,* en nota 275. p. 42.

En suma, en los APPRIs del período pre-revolucionario la definición de personas jurídicas efectivamente controladas por inversores de la otra parte contratante podría traer como consecuencia:

Primero, una definición laxa de nacionalidad permite su posible abuso lo que podría habilitar la posibilidad de *forum shopping*, en el que los inversores encuentran nacionalidades de APPRIs que les garantizan mínimas obligaciones bajo las leyes del Estado huésped y máxima protección bajo el Tratado en vigor, independientemente de la conexión de la inversión con el Estado o con la nacionalidad real del inversor.

Segundo, una definición incluyente de inversionista extranjero centrada en el único requisito de que la sociedad haya sido incorporada en uno de los Estados parte de un APPRI, permite que inversionistas del Estado receptor de la inversión puedan establecer *"shell companies"* con la nacionalidad del Estado contraparte del APPRI, con el único fin de acceder a la protección del Tratado.

Tercero, una definición de inversor que incluya sociedades constituidas en una de las partes del APPRI pero que estén efectivamente controladas por nacionales de la otra parte, permite que sociedades locales, sometidas a control extranjero, estén protegidas por el Tratado dándole la posibilidad de tener *ius standi* contra el Estado de su incorporación.

Este supuesto se aplicaría también a las inversiones de los nacionales de una de las partes en sociedades locales de la otra parte a través de sociedades interpuestas[286].

Los problemas antes citados han sido reconocidos por la jurisprudencia arbitral, como se evidencia en el caso *Saluka v. Czech Republic*:

"The Tribunal has some sympathy for the argument that a company which has no real connection with a State party to a BIT, and which is in reality a mere shell company controlled by another company controlled by another company which is not constituted under the laws of that State, should not be entitle to invoke the provision of that Treaty".[287]

---

[286] Díez-Hochleitner, J., "Las Inversiones a través de sociedades locales en los APPRIs celebrados por España con países de Latinoamérica", *Revista Electrónica de Estudios Internacionales*, pp. 8-9.

[287] *Saluka v. Czech Republic*, Partial Award, *op. cit*, en nota 206, para. 240.

Sin embargo, el mismo Tribunal arbitral aún evidenciando excesos por parte de inversores extranjeros, optó por decidir en función de la definición acordada entre las partes de un APPRI[288], tal como se evidencia a continuación:

"The Tribunal cannot in effect impose upon the parties a definition of "investor" other than that which they themselves agreed. That agreed definition required only that the claimant-investor should be constituted under the laws of (in the present case) The Netherlands and it is not open to the Tribunal to add other requirements which the parties could themselves have added but which they omitted to add".

La línea de interpretación de jurisprudencia anterior, que implica que un Tribunal arbitral en general decidirá en función a la definición del concepto de inversor extranjero, persona jurídica, acordada entre las partes del APPRI independientemente de su amplitud, ha sido reafirmada en casos recientes que involucran al Estado venezolano. Como ejemplo de ello se encuentra el *caso Mobil v. Venezuela* en donde una persona jurídica originaria de una tercer Estado sin APPRI con Venezuela incorporó una razón social de conveniencia, sin relación alguna con sus operaciones mercantiles, en un Estado con APPRI con Venezuela para acceder a sus protecciones lo que es sí parecería implicar *forum shopping*. El resultado es que el Tribunal arbitral entendió que la persona jurídica calificaba dentro del concepto de inversor extranjero incluido en el APPRI, por lo que le eran atribuibles las protecciones y garantías del Tratado en cuestión.[289]

En el mismo caso, el Tribunal arbitral parecería señalar que es un objetivo perfectamente válido acceder al foro arbitral internacional incluido en el manto de protección de un APPRI por un inversor extranjero, aun cuando dicho inversor sea una mera *shell company* sin actividades reales en el estado de su incorporación como se sugiere en el caso *Mobil v. Venezuela*:

---

288 *Ibídem*, para. 241.

289 Mobil v. Venezuela, Decision on Jurisdiction, 10 June 2010, ICSID CASE No. ARB/07/27, para. 150: "It is undisputed that Venezuela Holdings (Netherlands) is an entity incorporated in the Netherlands and as such, a Dutch national entitled to avail itself of the BIT."

"It thus appears to the Tribunal that the main, if not the sole purpose of the restructuring was to protect Mobil investments from
adverse Venezuelan measures in getting access to ICSID arbitration through the Dutch-Venezuela BIT"[290]... "As stated by the
Claimants, the aim of the restructuring of their investments in
Venezuela through a Dutch holding was to protect those investments against breaches of their rights by the Venezuelan authorities by gaining access to ICSID arbitration through the BIT. The
Tribunal considers that this was a perfectly legitimate goal as far
as it concerned future disputes."[291]

En adición, parecería paradójico para el autor, que un Tribunal
arbitral, evaluando la misma controversia, pueda conceder la posibilidad de catalogar una figura como lo es un *shell company*, admi-
sible como se demostró en le cita anterior y abusiva[292] en el mismo
caso, dependiendo del tiempo en que la controversia se haga manifiesta:

"With respect to pre-existing disputes, the situation is different
and the Tribunal considers that to restructure investments only in
order to gain jurisdiction under a BIT for such disputes would
constitute, to take the words of the Phoenix Tribunal, "an abusive
manipulation of the system of international investment protection
under the ICSID Convention and the BITs 140. The Claimants
seem indeed to be conscious of this, when they state that they "invoke ICSID jurisdiction on the basis of the consent expressed in
the Treaty only for disputes arising under the Treaty for action
that the Respondent took or continued to take after the restructuring was completed".

Finalmente, parecería ser razonable entender que los resultados antes presentados corresponden a las consecuencias de la interpretación, por parte de un Tribunal arbitral, de una definición
de inversor pactada entre Estados Soberanos que podría haber sido
acotada y limitada según las diferentes necesidades de los Estados
firmantes.

---

[290] *Ibídem*, para 190: "It thus appears to the Tribunal that the main, if not the
sole purpose of the restructuring was to protect Mobil investments from
adverse Venezuelan measures in getting access to ICSID arbitration
through the Dutch-Venezuela BIT".

[291] *Ibídem*, para 204.

[292] *Ibídem*, para 205.

En otro orden de ideas, al evaluar los APPRIs post-revolucionarios, observamos que todos los Tratados contienen los mismos conceptos de inversor según la clasificación previamente desarrollada en el período político-social anterior. Los APPRIs entre la República Bolivariana de Venezuela y la República Socialista de Vietnam, la Federación Rusa, y la República de Belarús responden a la primera clasificación establecida donde el único requisito para la nacionalidad de las personas jurídicas es su lugar de incorporación o constitución en conformidad con las leyes aplicables del Estado huésped. Una limitación al concepto de inversor anterior se encuentra en el Tratado aun pendiente por ratificación entre Venezuela y Bolivia, en donde la única condición adicional a la incorporación para que una entidad jurídica este cubierta por el APPRI es que la misma este controlada por nacionales de los Estados parte[293]. El AP-PRI entre Venezuela y Francia se sigue el modelo de catalogar como inversores a las personas jurídicas constituidas y con su sede social en los Estados parte. En adición, en el Tratado Franco-venezolano también se establecen como inversores a las personas jurídicas efectivamente controladas directamente o indirectamente tanto por nacionales o entes jurídicos constituidos y con su sede social en uno de los Estados parte. En el mismo orden, la redacción del APPRI entre Venezuela e Irán sigue la formula anterior, estableciendo el vínculo de la nacionalidad de las personas jurídicas a través de la incorporación y la sede en el Estado de nacionalidad, con la adición importante de que las mismas deben tener verdaderas actividades económicas en la parte que le otorgó la nacionalidad.

Tal como previamente concluido, las grandes consistencias encontradas entre las redacciones de los conceptos de inversionista, persona jurídica, en los APPRIs pre y post Revolución Bolivariana implican que los problemas previamente expuestos, como la posibilidad de la creación de *shell companies* y el acceso a *forum shopping*, están presentes en los Tratados de ambos períodos, por lo que los APPRIs tendrán las mismas coincidencias y divergencias al ser contrastados con la nueva Ley de inversiones venezolana.

En términos de los concepto de inversor extranjero, persona jurídica, incluidos en los APPRIs suscritos por Venezuela a través de toda su historia se puede argumentar que en general distan de

---

[293]   APPRI entre Venezuela-Bolivia, art. 1 (B) "Persona jurídica designa a toda entidad jurídica, publica o privada, con o sin fines de lucro, constituida de conformidad con la legislación de esa Parte contratante o efectivamente controlada por inversionistas de esa parte contratante".

manera significativa del concepto de inversionista extranjero y empresa extranjera incluidos en la nueva Ley de inversiones. La Ley prescribe que un inversionista extranjero, independientemente sea natural o jurídico, es "la persona natural o jurídica extranjera que realice una inversión registrada ante el Centro Nacional de Comercio Exterior. No califica como tal aquella persona natural o jurídica venezolana que directamente o por interpuestas personas figure como accionista de empresas extranjeras". Lo anterior parecería estar separado por una brecha muy pronunciada de los conceptos amplios e incluyentes de los APPRIs suscritos por Venezuela a través de su historia.

Entre los puntos que parecerían ser los más problemáticos, a juicio del autor, están, primero que todo, la desconexión inversor-nacionalidad-Estado de incorporación. En este respecto, los requisitos de la nueva Ley parecerían obviar los principios del Derecho Internacional codificados en el proyecto de artículos de la CDI en donde la nacionalidad de una persona jurídica está siempre dictada por el Estado que la otorga, independientemente esté registrado o no en un ente del Estado huésped. En el contexto anterior, es menester tomar en consideración la flexibilidad de la jurisprudencia arbitral.

En segundo término, un elemento que sugiere grandes dificultades se encuentra en la definición de inversor, persona jurídica de los APPRIs suscritos por Venezuela en donde se confiere el estatus de inversor extranjero en la medida que sus accionistas sean nacionales de un Estado parte del Tratado. En este respecto tampoco es necesario, para que las obligaciones de los APPRIs surtan efecto a nivel internacional y los inversores extranjeros están protegidos, la inscripción en el CENCOEX.

Como tercer tema problemático aparece que la definición de la nueva Ley no califica como inversionista extranjero a las personas naturales o jurídica venezolanas que directamente o por interpuestas personas figuren como accionistas de empresas extranjeras. Dicha prescripción parecería ir en dirección opuesta a los conceptos de inversor extranjero, persona jurídica, que se incluyen en un número importante de APPRIs de ambos períodos político-sociales de Venezuela como ha sido antes demostrado. Se deben enfatizar dos aspectos clave en este respecto como son, en primera instancia, que la definición de las personas jurídicas efectivamente controladas directamente o indirectamente tanto por nacionales o entes jurídicos constituidos y con su sede social en uno de los Estados parte no excluyen en los APPRIs a los nacionales venezolanos, y en segunda instancia, se debe resaltar que el velo corporativo que cubre en general los diferentes niveles de los accionistas de una persona jurídica extrajera parecería hacer los lineamientos de la Ley de inversiones venezolana poco factibles de materializar en el contexto de un Tribunal arbitral internacional.

C. El Territorio: El límite geográfico de la inversion

La definición de territorio limita el ámbito de aplicación geográfica del APPRI representando su *ratione loci*. El mismo circunscribe el espacio terrestre, aéreo, y sobre todo marino en donde las protecciones y garantías protegen al inversor con su manto.

En general la definición de territorio utilizada por Venezuela en sus APPRIs antes del año 1999, aplica para ambas partes del Tratado y se refiere al territorio terrestre, aéreo, y marítimo incluyendo mar territorial, zona económica exclusiva y plataforma continental que se extiende fuera del mar territorial sobre la cual las partes tienen o puedan tener, de acuerdo al Derecho Internacional, jurisdicción y Derechos Soberanos para su explotación, exploración y preservación de los recursos naturales.[294] Obsérvese, la importante referencia a los espacios de soberanía y jurisdicción regulados por el Derecho Internacional. Una descripción alternativa y simplificada a la anterior limita el territorio a áreas terrestres, aéreas, marinas y submarinas donde los Estados parte del Tratado ejerzan o lleguen a ejercer soberanía y jurisdicción de acuerdo al Derecho Internacional[295]. Matizando las definiciones de territorio anteriores tenemos que el mismo se establece según la legislación interna además de estar en concordancia con el Derecho Internacional[296].

Solo dos APPRIs no cuentan con una definición explícita de territorio en el ámbito de aplicación incorporado en las definiciones iniciales como son los suscritos entre la República de Venezuela y el Gobierno del Reino de Suecia y la República Federal de Alemania.

---

[294] APPRIs entre Venezuela-España, Venezuela-Lituania, Venezuela-U. E. Belgo-Luxemburguesa, Venezuela-República Checa, Venezuela-Costa Rica, Venezuela-Canadá, Venezuela-Reino Unido y Venezuela-Paraguay.

[295] APPRIs entre Venezuela-Uruguay, Venezuela-Cuba, Venezuela-Argentina, Venezuela-Brasil, Venezuela-Confederación Suiza, Venezuela-Chile, Dinamarca, Venezuela-Paraguay, Venezuela-Países Bajos y Venezuela-Portugal

[296] APPRIs entre Venezuela-Barbados, Venezuela-Ecuador, Venezuela-Italia, Venezuela-Perú.

Los Acuerdos de Promoción y Protección Reciprocas de Inversión del gobierno revolucionario siguen exactamente las formulaciones elaboradas en el período previo al año 1999. En primer término, se evidencian los APPRIs celebrados con el Gobierno de la República de Belarús y la República Francesa que se centran en la explotación, exploración y preservación de los recursos naturales. Luego, tenemos los APPRIs que cuentan con una definición simplificada[297], y los que hacen referencia al territorio reconocido tanto por legislación interna además de estar en concordancia con el Derecho Internacional[298], finalizando en el APPRI con Bolivia que no especifica una definición del territorio.

En resumen, se puede afirmar respecto al ámbito de aplicación geográfico de los APPRIs suscritos por Venezuela a través de toda su historia, que lógicamente no existen diferencias representativas entre los Tratados suscritos antes del año 1999 y los refrendados en el período post-revolucionario. Como corolario a la afirmación anterior no se evidencian contradicciones entre los todos los APPRIs en vigor y el marco jurídico que rige en el país.

D. *Duración y Retroactividad: El límite temporal del APPRI*

El *ratione temporis* de los APPRIs lo constituyen dos elementos fundamentales: su vigencia y la retroactividad del mismo. Ambos problemas entroncan con el de la aplicación de los Tratados internacionales en el tiempo, que está resuelto en el Derecho Internacional general en los Convenios de Viena de 1969 y 1986, artículo 28° referente a la irretroactividad de los Tratados:

> Las disposiciones de un Tratado no obligarán a una parte respecto de ningún acto o hecho que haya tenido lugar con anterioridad a la fecha de entrada en vigor del Tratado para esa parte ni de ninguna situación que en esa fecha haya dejado de existir, salvo que una intención diferente se desprenda del Tratado o conste de otro modo.

Los APPRIs suscritos por Venezuela en el período previo al gobierno revolucionario tienen desde el punto de vigencia una práctica heterogénea. Dichos Tratados pueden ser clasificados según su duración, según su tipo de renovación y según su permanencia luego de ser denunciados.

---

[297] APPRI entre Venezuela-Irán (2006).

[298] APPRIs entre Venezuela-Rusia y Venezuela-Vietnam.

En primer lugar se observan los APPRIs con una duración de 15 años con una vigencia posterior indeterminada. La denuncia es efectiva entre 6 y 12 meses y tienen una permanencia de 15 años[299]. Una variación de esta modalidad de cláusula de aplicación temporal la tenemos en el APPRI suscrito entre la República de Venezuela y el Reino de los Países Bajos que sus prórrogas no son indefinidas sino en períodos discretos de 10 años. El resto de los términos temporales son idénticos a los establecidos previamente.

En segundo término, tenemos los APPRIs más numerosos, con una vigencia inicial de 10 años, renovación posterior indefinida, períodos de preaviso de 6 a 12 meses para que una denuncia se haga efectiva y entre 10[300] y 15 años[301] de permanencia de protección a los inversores de las partes posterior a la finalización del mismo. Como iteraciones a este modelo de redacción de la cláusula de ámbito de aplicación temporal tenemos los Tratados con términos definidos de renovación tácita y automática de 2 años[302] y 10 años[303].

La tercera alternativa de cláusula de vigencia temporal del los APPRIs se encuentra en los Tratados suscritos con Italia y Portugal, con una vigencia inicial de 10 años, renovaciones tácitas por períodos de 5 años, preaviso de denuncia de 6 y 12 meses respectivamente y permanencia de las protecciones y garantías a los inversores e inversiones por 5 años posterior a la denuncia.

Finalmente y de manera peculiar se encuentra el APPRI entre la República de Venezuela y el Gobierno de Canadá que no prevé una vigencia inicial, sino que circunscribe su duración posterior a su ratificación a la fecha de una posible denuncia, que entraría en vigor luego de 12 meses de haber sido informada por las vías diplomáticas. Una vez denunciado el Tratado protege a las inversiones existentes antes de la fecha de la denuncia por un período de 15 años.

---

[299] APPRIs entre Venezuela-Lituania, Venezuela-Suecia, Venezuela-Alemania y Venezuela-Perú.

[300] APPRIs entre Venezuela-Brasil, Venezuela-Cuba, Venezuela-Argentina, Venezuela-Uruguay, Venezuela-Suiza, Venezuela-Barbados, Venezuela-Ecuador, Venezuela-Costa Rica y Venezuela-República Checa.

[301] APPRIs entre Venezuela-Chile y Venezuela-Reino Unido.

[302] APPRI entre Venezuela-España.

[303] APPRIs entre Venezuela-Paraguay, Venezuela-U. E. Belgo-Luxemburgo y Venezuela-Dinamarca.

El período de permanencia evidenciado en todos los APPRIs pre-revolucionarios del siglo XX, en el supuesto de su posible denuncia por una de las partes, corresponde a la lógica de ofrecer a los inversionistas extranjeros seguridad jurídica y estabilidad.

En términos de retroactividad todos los APPRIs de la década de los 90 del siglo pasado incluían la provisión de protección a las inversiones realizadas antes de la entrada en vigor de los diferentes Tratados, sin embargo la retroactividad no aplica a controversias que se engendrasen en el período previo a la ratificación de los APPRIs y a las ya iniciadas. Tampoco protege a las reclamaciones pendientes o surgidas durante el lapso previamente acotado.

Por otro lado, los APPRIs post-Revolución Bolivariana siguen el segundo modelo normativo con una formulación temporal de vigencia inicial de 10 años, renovación posterior indefinida, períodos de preaviso de 6 a 12 meses para que una denuncia se haga efectiva y 10 años[304] de permanencia de protección a los inversores de las partes posterior a la finalización del mismo. Una matización a este modelo de redacción a la cláusula temporal la tenemos en el APPRI Venezuela-Rusia con términos definidos de renovación tácita y automática de 5 años. Solamente el Tratado entre Venezuela-Francia contiene la máxima longevidad prevista en un APPRI durante el período post-revolucionario haciendo reminiscencia a los Tratados firmados por el Estado venezolano a finales de los años 90.

Los APPRIs posteriores a 1999, en general, contienen la cláusula de retroactividad y sus protecciones y garantías se aplican a las inversiones realizadas antes de que el Tratado entrara en vigor, sin embargo se excluyen taxativamente las controversias previas a la cristalización de los mismos. Una excepción a la regla de retroactividad anterior se evidencia, en el APPRI suscrito entre Venezuela-Rusia.

La retroactividad se inicia el 1° de Enero de 1992, cuando Rusia se convierte en el Estado continuador de la URSS. En este APPRI se excluyen las controversias previas a su ratificación.

Finalmente, el APPRI suscrito entre Venezuela y Francia, rompe los esquemas previamente descritos y no prevé ninguna disposición de retroactividad. Como en todos los Tratados Interna-

---

304 APPRIs entre Venezuela-Bolivia, Venezuela-Vietnam, Venezuela-Irán y Venezuela-Belarús.

ciones, en este caso se aplica el artículo 28° de la Convención de Viena (1969) que establece que "las disposiciones de un Tratado no obligarán a una parte respecto de ningún acto o hecho que haya tenido lugar con anterioridad a la fecha de entrada en vigor del Tratado"[305], en tanto es Derecho Internacional consuetudinario.

Partiendo del hallazgo que a nivel de *ratione temporis* no existen diferencias representativas entre los APPRIs suscritos antes del año 1999 y los refrendados en el período post-revolucionario, se podría asumir que al contrastarlos *versus* la Ley de inversiones vigente en Venezuela todos los Tratados tendrán el mismo nivel de convergencia. Al evaluar la Ley de inversiones lo primero que parecería estar en contradicción versus los textos de los APPRIs es que en sus disposiciones derogatorias taxativamente se prescribe que "quedan derogadas todas las disposiciones legales y sublegales que contravengan el contenido del presente Decreto con Rango, Valor y Fuerza de Ley de Inversiones Extranjeras"[306]. Según lo consagrado en la Carta Magna venezolana, todos los APPRIs entran en vigor mediante una Ley aprobatoria como lo establece el texto constitucional en su artículo 154°:

"Los Tratados celebrados por la República deben ser aprobados por la Asamblea Nacional antes de su ratificación por el Presidente o Presidenta de la República, a excepción de aquellos mediante los cuales se trate de ejecutar o perfeccionar obligaciones preexistentes de la República, aplicar principios expresamente reconocidos por ella, ejecutar actos ordinarios en las relaciones internacionales o ejercer facultades que la Ley atribuya expresamente al Ejecutivo Nacional"[307].

Lo anterior parecería implicar que los APPRIs en vigor, al pertenecer al marco jurídico de Venezuela y que en sus disposiciones contengan elementos que contravengan la Ley de inversiones deberían ser derogados por dicha Ley. Como es evidente, los APPRIs también pertenecen a la esfera jurídica *iusinternacional* por lo que

---

[305] Convención de Viena (1969), *op. cit.* en nota 21, Artículo 28, Irretroactividad de los Tratados: Las disposiciones de un Tratado no obligarán a una parte respecto de ningún acto o hecho que haya tenido lugar con anterioridad a la fecha de entrada en vigor del Tratado para esa parte ni de ninguna situación que en esa fecha haya dejado de existir, salvo que una intención diferente se desprenda del Tratado o conste de otro modo.

[306] Ley de Inversiones 2041, *op. cit.* en nota 6: Disposiciones derogatorias 6°.

[307] Constitución República Bolivariana de Venezuela, *op. cit.* en nota 6.

no son susceptibles a una derogación de esta naturaleza. Por el razonamiento anterior parecería confirmarse que todos los APPRIs suscritos por Venezuela a lo largo de su historia, al incluir elementos que no están alineados con la nueva Ley de inversiones, deben ser derogados mediante su denuncia u otro tipo de terminación de un Tratado internacional. De lo contrario el marco legal de inversiones venezolano debe ser modificado con el fin de encontrar coincidencias entre el derecho interno y los principios del Derecho Internacional plasmado en las provisiones de los APPRIs vigentes en el país.

3. *La Admisión, el Establecimiento y la Promoción de las inversiones extranjeras: Las condiciones para la aceptación de las inversiones en el Estado huésped*

Las protecciones y garantías que ofrecen los APPRIs se aplican a inversiones extranjeras admitidas y establecidas en los Estados huéspedes de la inversión. Según el Derecho Internacional de la inversión, la admisión se refiere al derecho de inversores extranjeros de incorporar sus inversiones en un Estado huésped y establecimiento son las condiciones bajos las cuales el inversor se le permite desarrollar sus negocios durante el período de vida de sus inversiones[308].

Por otro lado, los Estados se han reservado la potestad absoluta, reconocida por el Derecho Internacional, de controlar la admisión y el establecimiento de extranjeros incluyendo inversores en sus territorios.[309]

En la totalidad de los APPRIs celebrados por Venezuela en la última década del siglo XX, la admisión de las inversiones está condicionada a la legislación de la Parte contratante que recibe la misma. El modelo de admisión utilizado en los APPRIs firmados por Venezuela es reconocido como modelo de "cláusula de admi-

---

[308] Dolzer R. y Schreuer, C., *Priciples of International Investment Law, op. cit.* en nota 149, p. 80

[309] United Nations Conference on Trade and Development, Admission and Establishment. UNCTAD Series on issues in international investment agreements", New York and Geneva, United Nations publications 2002, p. 3: "States have traditionally reserved to themselves absolute rights, recognised in international law, to control the admission and establishment of aliens, including foreign investors, on their territory".

sión"[310] o modelo "Europeo"[311]. Lo anterior claramente muestra la preocupación del Estado venezolano en no menoscabar su soberanía a la hora de establecer su poder decisorio sobre las inversiones extranjeras que se gozan de las protecciones y garantías que ofrecen los APPRIs. El enunciado típico de las cláusulas de admisión de los APPRIs Venezolanos establece que "Cada Parte contratante admitirá las inversiones de la otra Parte contratante de conformidad con su legislación y práctica administrativa..."[312], lo que reafirma el derecho soberano del Estado de controlar de manera exclusiva la entrada de extranjeros en su territorio enmarcado en el Derecho Internacional consuetudinario[313]. Una peculiaridad absoluta se encuentra en el APPRI entre Venezuela y Canadá que introduce el concepto de Nación más Favorecida en el artículo 2° del Tratado sobre establecimiento, adquisición y protección de inversiones, que su redacción incorpora el texto:

"Each Contracting Party shall permit establishment of a new business enterprise or acquisition of an existing business enterprise or a share of such enterprise by investors or prospective investors of the other Contracting Party, in accordance with its laws and regulations, but in all cases on a basis no less favourable than that which, in like circumstances, it permits such acquisition or establishment by investors or prospective investors of any third state".

El párrafo anterior otorga a los inversores de las partes, el derecho de recibir el mejor trato en función a la admisión de las inversiones que cada una de ellos ofrece a inversores de un tercer Estado. En síntesis, si Venezuela en el fortalecimiento de sus nuevas alianzas regionales suscribiere un APPRI garantizando a un tercer Estado los estándares internacionales de Trato Nacional o

---

[310] United Nations Conference on Trade and Development, Bilateral Investment Treaties 1995-2006: *Trends in Investment Rulemaking, op. cit* en nota 204, p. 21 en: http://unctad.org/en/docs/iteiia20065_en.pdf

[311] Sacerdoti, G., "Market access by foreign investors. "Bilateral treaties and multilateral instruments on investment protection". Collected Courses of the Hague Academy of International Law 269. Martinus Nijhoff Publishers, 1997, pp. 331.

[312] APPRI entre Venezuela-Chile, Art. 2: Promoción de las Inversiones, p. 4.

[313] Brownlie, I., *Principles of public international law,* Oxford University Press, Oxford 1998 p. 522.

Nación más Favorecida en la fase de admisión y pre-estableci-
miento, las inversiones y los inversores de Canadá *ipso facto* gozarían
de tal garantía, lo que evidentemente es contrario al espíritu de
control sobre la admisión de las inversiones extranjeras impulsado
por el Estado venezolano, lo que finalmente parecería incidir en
una limitación convencional a su Poder Soberano.

En términos de la promoción de las inversiones, tenemos que
la práctica en el modelo de cláusula en los APPRIs de la República
de Venezuela no es homogénea. El primer grupo de APPRIs solo
hace una referencia vaga y general del compromiso que tienen las
partes del Tratado de "promover" o "estimular" las inversiones
"en todo lo posible".[314] Un segundo grupo de APPRIs incluye,
además de la redacción anterior en la provisión de admisión y
promoción, estándares de trato sustantivos absolutos como son el
de *trato justo y equitativo*[315] y en *plena seguridad y protección*[316] que
serán desarrollados en el apartado siguiente. Como tercera alternativa se evidencian en los APPRIs suscritos entre Venezuela y el
Reino de España[317] y entre Venezuela y Costa Rica[318] que en la disposición relativa a la admisión y la promoción, las partes se comprometen a informar sobre las oportunidades de inversión en sus
respectivos territorios. Finalmente, se encuentran los APPRIs que
incorporan en la cláusula de admisión y promoción la obligación
de los Estado parte de facilitar[319] o no negar[320] la obtención de permisos relativos a la inversión que sean necesarios para ejecución de
contratos y la procura asistencia técnica y profesional. Se podría
inferir, sin embargo, que la obligación de facilitar o no negar los
permisos y otros habilitadores de la inversión se extienden a todos

---

[314] APPRIs entre Venezuela-Argentina, Venezuela-Cuba, Venezuela-Uruguay, Venezuela-Ecuador, Venezuela- Lituania, Venezuela-Dinamarca y
Venezuela-Reino de los Países Bajos.

[315] APPRIs entre Venezuela-Barbados, Venezuela-République Checa, Venezuela-Italia, Venezuela-Portugal y Venezuela-Alemania.

[316] APPRIs entre Venezuela-Reino Unido, Venezuela-Perú, Venezuela-Suecia.

[317] APPRI entre Venezuela -Reino de España, art. 2, Promoción, Admisión y
Ámbito de Aplicación, p. 3.

[318] APPRI entre Venezuela -Costa Rica, Art. 2, Promoción y Admisión, p. 2.

[319] APPRIs entre Venezuela-U. E. Belgo-luxemburguesa, Venezuela-Confederación Suiza y Venezuela-Chile.

[320] APPRIs entre Venezuela- Brasil y Venezuela-Paraguay.

los APPRIs en vigor por que dicha obligación está implícita en el fin último de los Tratados como es la promoción y estimulo de condiciones favorables para las inversiones en el Estado huésped.

Para los APPRIs del post-Revolución Bolivariana, la admisión sigue una práctica uniforme e idéntica a la expuesta en los APPRIs anteriores al año 1999. En todos los Tratados se utiliza el modelo de la cláusula de admisión referida a la obligación de estar en consonancia con la legislación del Estado huésped a la inversión. Una sola variante a esta fórmula se encuentra en el APPRI entre el Gobierno venezolano y el Gobierno de la Republica Islámica de Irán, que hace énfasis en la necesidad que las inversiones deberán ser aprobadas por un ente estatal específico en el caso de Irán[321].

En términos de la disposición de promoción, los APPRIs del siglo XXI no presentan diferencias versus sus antecesores pre-revolucionarios. Las tres fórmulas se siguen a cabalidad tanto la del enunciado general[322] como la del texto general acompañado por una provisión sustantiva de trato absoluto[323] y la redacción acompañada con la obligación de promover las condiciones favorables para atraer las mismas en el Tratado entre Venezuela e Irán.

Debido a las variadas construcciones de las disposiciones que contienen los lineamientos generales para la admisión y establecimiento de las inversiones extranjeras en todos los APPRIs suscritos por Venezuela, parecería haber importantes dificultades entre estas definiciones en los Tratados y el marco jurídico nacional por la entrada en vigor de la Ley de inversiones del año 2014. En primer lugar, para los inversores que ya se han establecido legalmente en el país según el marco jurídico del Estado en el momento de su incorporación, la definición de inversión conexa con las limitaciones a la admisión y establecimiento de la misma que se evidencian en la Ley parecería no tener efecto como la jurisprudencia arbitral lo ha confirmado.

---

[321] APPRI entre Venezuela-Irán, Art. 3. Admisión de las Inversiones: 1. Cualquiera de las Partes Contratantes deberá admitir en su territorio las inversiones, dentro del marco de sus leyes y regulaciones. En el caso de la República Islámica de Irán, las inversiones deberán ser aprobadas por la Organización para la Inversión, Economía y Asistencia Técnica de Irán (O.I.E.A.T.I.) o la agencia que a esta sustituyese.

[322] APPRIs entre Venezuela-Francia y Venezuela-Bolivia.

[323] APPRIs entre Venezuela-Rusia, Venezuela-Belarús y Venezuela-Vietnam.

En el caso *Salini v. Morocco* el APPRI en cuestión contenía un esquema similar de admisión al de los APPRIs venezolanos y definía inversión como:

"...the term "investment" designates all categories of assets invested, after the coming into force of the present agreement, by a natural or legal person, including the Government of a Contracting Party, on the territory of the other Contracting Party, **in accordance with the laws and regulations of the afore mentioned party**. In particular, but in no way exclusively, the term "investment" includes..."[324]

En este contexto, el Estado demandado argumentó que la inversión no podía ser considerada como tal, ya que la misma no calificaba porque no se ajustaba a la definición de inversión del marco legal del país en cuestión. El Tribunal arbitral desestimó este argumento siguiendo el razonamiento:

"The Tribunal cannot follow the Kingdom of Morocco in its view that paragraph 1 of Article 1 refers to the law of the host State for the definition of "investment". In focusing on "the categories of invested assets (...) in accordance with the laws and regulations of the aforementioned party," this provision refers to the validity of the investment and not to its definition. More specifically, it seeks to prevent the Bilateral Treaty from protecting investments that should not be protected, particularly because they would be illegal"[325].

El mismo razonamiento fue aplicado por el Tribunal arbitral del caso *Tokios Tokeles v. Ukraine* en donde el Estado que respondía la demanda argumentó que ciertos requisitos administrativos no estaban satisfactoriamente cubiertos por el demandante, por lo que su inversión no cumplía el requisito del APPRI de estar de acuerdo con las leyes y regulaciones del Estado huésped de la inversión. La decisión desestimó este argumento:

"In the present case, the Respondent does not allege that the Claimant's investment and business activity — advertising, printing, and publishing — are illegal per se. In fact, as discussed above, governmental authorities of the Respondent registered the Claim-

---

[324] Salini v. Morocco, *Op. Cit.* en nota 247, para. 45 (negrillas incluidas).
[325] *Ibídem*, para. 46.

ant's subsidiary as a valid enterprise in 1994, and, over the next eight years, registered each of the Claimant's investments in Ukraine, as documented in twenty-three Informational Notices of Payment of Foreign Investment. The Respondent now alleges that some of the documents underlying these registered investments contain defects of various types, some of which relate to matters of Ukrainian law. Even if we were able to confirm the Respondent's allegations, which would require a searching examination of minute details of administrative procedures in Ukrainian law, to exclude an investment on the basis of such minor errors would be inconsistent with the object and purpose of the Treaty. In our view, the Respondent's registration of each of the Claimant's investments indicates that the "investment" in question was made in accordance with the laws and regulations of Ukraine"[326].

Un segundo problema parecería estar cimentado sobre los requerimientos que impone la Ley de inversiones al inversor extranjero ya admitido y establecido según las leyes del país en el artículo 31° "condiciones generales a la inversión extranjera". Dicho problema afecta a todos los APPRIs suscritos por Venezuela y dimana de los requisitos que impone la Ley en función de: "… promover la incorporación de bienes y servicios de origen nacional… participar en políticas dictadas por el Ejecutivo Nacional destinadas al desarrollo de proveedores locales… responder a los objetivos de política económica…". Los requisitos anteriores no parecerían estar acordes con los principios insertos en el Acuerdo sobre las Medidas en materia de inversiones relacionadas con el Comercio (MIC) en el marco de la OMC, organización internacional que Venezuela es miembro activo. El MIC en su artículo 1° referente al Trato Nacional y restricciones cuantitativas establece en su anexo:

1. Las MIC incompatibles con la obligación de trato nacional establecida en el párrafo 4 del artículo III del GATT de 1994 comprenden las que sean obligatorias o exigibles en virtud de la legislación nacional o de resoluciones administrativas, o cuyo cumplimiento sea necesario para obtener una ventaja, y que prescriban: a) la compra o la utilización por una empresa de productos de origen nacional o de fuentes nacionales, ya se especifiquen en términos de productos determinados, en términos de volumen o valor de los productos, o como proporción del volumen o del valor de su producción local.

---

[326] ICSID Washington, D.C., *Tokios Tokeles v. Ukraine*, Case No. ARB/02/18, Decision on Jurisdiction, para. 86.

Por lo anterior, los preceptos incluidos de la Ley de inversiones de Venezuela del año 2014 sugieren estar en contraposición con los acuerdos que, en general, se han incluido tanto en los APPRIs del siglo XX como en los post-revolucionarios abriendo la posibilidad de que inversores extranjeros inician acciones arbitrales en foros internacionales por potenciales incumplimiento de los Tratados al abordar los temas de admisión y establecimiento de los mismos.

4. *Los Estándares generales de trato: Las obligaciones adquiridas por el Estado huésped para el tratamiento de las inversiones*

Los estándares generales de trato están compuestos por las protecciones y garantías que ofrecen los APPRIs a las inversiones e inversores una vez que han sido admitidas y se han establecido en el Estado huésped de la inversión.

Los mismos regulan todos los aspectos de la existencia de la inversión extranjera en el Estado huésped[327] y se dividen en estándares absolutos[328], debido a que son independientes al trato que reciben otras inversiones y relativos[329], que son estándares cuyo contenido sustantivo existe en relación con el trato que se le otorga a otras inversiones o inversores en el territorio de los Estados parte.

Entre los estándares absolutos de trato se encuentran las disposiciones referentes al Trato Justo y Equitativo, a la Plena Protección y Seguridad Física, a las expropiaciones, y a las transferencias de fondos. Los estándares relativos están fundamentalmente conformados por el Trato Nacional y por la Nación más Favorecida.

---

[327] Vandevelde, K. "United States investment treaties: policy and practice", *op. cit.* en nota 232, p. 43.

[328] Walker, H., "Modern treaties of friendship, commerce and navigation" en Minnesota Law Review, 42, 1958, pp. 805–824 p. 811: "fair and equitable treatment denotes a non-contingent or absolute standard. This means that it applies to investments in a given situation without reference to standards that are applicable to other investment or entities; it may apply to other investments or entities, but its content does not vary according to how other investments or entities are treated."

[329] Newcombe A. & Paradell L., *Law and Practice of Investment Treaties, op. cit.* en nota 208 p. 148.

A. *Estándares absolutos de trato: Las obligaciones iusinternacionales independientes del resto de los inversores en un Estado huésped*

Un estándar absoluto de trato significa que se aplica a inversiones en una situación determinada sin referencia a otros estándares y su contenido no varía en función de como otras inversiones o entidades son tratadas[330]. Los estándares absolutos de trato son el Trato Justo y Equitativo y la Plena Protección y Seguridad.

a. *El Trato Justo y Equitativo en el Derecho Internacional general: El principio más importante de justicia y equidad*

El origen del TJE parecería remontarse a una cláusula contenida en la declaración de principios de los Tratados y es uno de los estándares clave en la protección de las inversiones extranjeras[331]. Aun cuando es considerado como el estándar mas importante de inversión[332], el TJE es una obligación contenida en un concepto jurídico indeterminado de límites imprecisos que ha sido creada para ser aplicada a supuestos concretos como es otorgar a los inversores beneficiarios un tratamiento justo y equitativo[333].

Un número importante de Tribunales arbitrales han Tratado de dar una definición específica al concepto indeterminado de Trato Justo y Equitativo y la doctrina reconoce como la definición más completa y citada[334] la desarrollada por el Tribunal *Tecmed v. México*[335]:

---

330   Walker, H.: *"Modern treaties of friendship, commerce and navigation"*, Minnesota Law Review, 42, pp. 805-824.

331   A. Giardina, "Legal Aspects of Recourse to Arbitration by an Investor Against the Authorities of the Host State under Inter-State Treaties" en *Yearbook of Institute of International Law – Tokyo Session – Draft Works, op. cit* en nota 221, p. 54.

332   C. Scheuer, "Fair and Equitable Treatment in Arbitral Practice", *The Journal of World Investment & Trade,* Geneva (2005), p. 357.

333   A. Pastor, "Protección de inversiones con conceptos indeterminados: el trato justo y equitativo en los APPRIS celebrados por España" en *Revista española de derecho internacional,* v. 58, N° 1, 2006, BOE (Madrid) 2007, p. 272.

334   Dolzer R. & Schreuer C.: *Priciples of International Investment Law, op. cit.* en nota 149 p. 130.

335   *TECMED v. México,* Award, 29 May 2003, 43 ILM (2004) 133.

"154. The Arbitral Tribunal considers that this provision of the Agreement, in light of the good faith principle established by international law, requires the Contracting Parties to provide to international investments treatment that does not affect the basic expectations that were taken into account by the foreign investor to make the investment. The foreign investor expects the host State to act in a consistent manner, free from ambiguity and totally transparently in its relations with the foreign investor, so that it may know beforehand any and all rules and regulations that will govern its investments, as well as the goals of the relevant policies and administrative practices or directives, to be able to plan its investment and comply with such regulations. Any and all State actions conforming to such criteria should relate not only to the guidelines, directives or requirements issued, or the resolutions approved thereunder, but also to the goals underlying such regulations. The foreign investor also expects the host State to act consistently, i.e. without arbitrarily revoking any preexisting decisions or permits issued by the State that were relied upon by the investor to assume its commitments as well as to plan and launch its commercial and business activities. The investor also expects the State to use the legal instruments that govern the actions of the investor or the investment in conformity with the function usually assigned to such instruments, and not to deprive the investor of its investment without the required compensation".

La *Opinio Juris* no es unánime al interpretar el alcance del Trato Justo y Equitativo y las posturas doctrinales son el reflejo de las diferencias encontradas en los Dicta de los Laudos arbitrales. En síntesis, se pueden clasificar los componentes convergentes que conforman el estándar de TJE según la jurisprudencia arbitral en los siguientes principios clave[336]: debido proceso[337], no discrimina-

---

[336] Giardina, A., "Legal Aspects of Recourse to Arbitration by an Investor Against the Authorities of the Host State under Inter-State Treaties" en *Yearbook of Institute of International Law* – Tokyo Session – Draft Works, *op. cit.* en nota 221, p. 59-62.

[337] Paulsson, D., *"Denial of Justice in International Law"*, Cambridge, CAMBRIDGE UNIVERSITY PRESS, 2005, pp. 100-111: *"States are held to an obligation to provide a fair and efficient system of justice, not to an undertaking that there will never be an instance judicial misconduct."*… *"The very definitions of denial of justice encompasses the notion of exhaustion. There can be no denial of justice before exhaustion"*, Crawford, J., *"Second report on State responsibility"* en *Yearbook of the International Law Commission 1999, Volume 2, UN Publications, New York & Geneva (1999)*, p. 26 *"an aberrant*

ción[338] o arbitrariedad[339], obligación de vigilancia, satisfacción de las legítimas expectativas del inversor a través de transparencia y conducta jurídica consistente por parte del Estado huésped y la buena fe[340].

Una violación al principio de Trato Justo y Equitativo se hace patente con actos en contra del inversor que demuestren negligencia voluntaria del deber de un Estado, inacción muy por debajo de estándar internacional, o inclusive mala fe subjetiva[341]. Las violaciones del TJE también se pueden evidenciar cuando un Estado actúa de manera manifiestamente inconsistente con las expectativas generadas al inversor extranjero a la hora de llevar a cabo su inversión y actuar de manera no transparente, irrazonable o discriminatoria[342]. Por lo anterior es posible que un Tribunal arbitral, al entender de una controversia que no trate directamente de violaciones del TJE, lo relacione con algunas de sus manifestaciones: falta de transparencia[343], inestabilidad jurídica[344], incumplimiento con las expectativas legitimas del inversor[345], incumplimiento de las

---

decision by an official lower in the hierarchy which is capable of being reconsidered, dos not of itself amount to an unlawful act.

[338] *Lemirte v. Ukranie (ICSID CASE N. ARB/06/18): "Discrimination, in the words of pertinent precedents, requires more than different treatment. To amount to discrimination, a case must be treated differently from similar cases without justification..."*

[339] *Elettronica Sicula SpA (United States of America v Italy) International Court of Justice, Judgment, 20 July 1989, ICJ Reports 1989, p. 15: "Arbitrariness is not so much something opposed to a rule of a law, as something opposed the rule of the law... It is a willful disregard of due process of law, an act which shocks, or at least surprises, a sense of juridical propriety".*

[340] Siag and Clorinda *Vecchi v. The Arab Republic of Egypt (ICSID Case No. ARB/05/15): "The general, if not cardinal, principle of customary international law the States must act in good faith is thus a useful yardstick by which to measure the Fair and Equitable Standard".*

[341] *Genin v. Estonia, Award, 25 June 2001, 17 ICSID Review-FILJ (2002) 395.* p. 367.

[342] *Saluka v. Czech Republic, Partial Award, op. cit.* en nota 206, para. 309.

[343] *Maffezini v. Spain*, Award on the Merits, 13 November 2000, 16 ICSID Review-FILJ (2000) 248, para. 83.

[344] *Metalclad v. México*, Award, 30 August 2000, 5 ICSID Reports 2009, para 76.

[345] *Tecmed v. México*, Award, *op. cit.* en nota 335, para 167.

obligaciones contractuales[346], faltas al debido proceso [347], mala fe[348], y finalmente coerción o acoso[349].

Desde el punto de vista jurídico son dos las líneas de pensamiento que aglutinan el alcance del concepto Trato Justo y Equitativo. En primer término, tenemos la que vincula el estándar al Derecho Internacional consuetudinario[350] y estándar mínimo internacional[351] de protección. La segunda línea de pensamiento vincula el Trato Justo y Equitativo con su significado gramatical específico[352], a la luz de los principios de la interpretación de Tratados[353] de la Convención de Viena sobre el Derecho de los Tratados (1969).

La primera corriente doctrinal, en donde se interpreta el Trato Justo y Equitativo equivalente al estándar mínimo internacional, se origina en la creencia que en el Derecho Internacional consuetudinario los extranjeros, en general, y los inversores extranjeros, en

---

[346] *Waste Management v. México*, Final Award, 30 April 2004, 43 ILM (2004) 967, para. 115.

[347] Middle East Cement v. Egypt, Award, 12 April 2002, 18 ICSID Review-FILJ (2003) 602, para. 143.

[348] *Bayindir v. Pakistan*, Decision on jurisdiction, 14 November 2005, para. 250.

[349] *Pope & Talbot v. Canada*, Award on Damages, 31 May 2002, 41 ILM (2002) 1347, para. 67-69.

[350] Mann, H., IISD Model International Agreement on Investment for Sustainable Development Negotiators' op. cit en nota 219: "This provision returns to the classic intention of all Parties in drafting such a provision, to set a minimum thresholds of conduct that would clearly shock the impartial observer. This is the hallmark of the reference to customary international law... The Minimum International Standards Articles sets a base line standard for treatment that is, in effect, expected of all governments.

[351] L. F. H. Neer & Pauline Neer v. United Mexican States, 4 RIAA (1951) 60: "*The treatment of an alien, in order to constitute an international delincuency, should amount to outrage, to bad faith, to willful neglect of duty, or to an insufficiency of government action so far short of international standards the every reasonable and impartial man would readily recognize its insufficiency.*"

[352] Sacerdoti, G.: "*Bilateral Treaties and Multilateral Investments on Investment Protection*", 206, Recueil des Courts 251, 1997, p. 346.

[353] Convención de Viene sobre el Derecho de los Tratados (1963), *op. cit.* en nota 21: Interpretación de los Tratados. Art 31. Regla general de interpretación. I. Un Tratado deberá interpretarse de buena fe conforme al sentido corriente que haya de atribuirse a los términos del Tratado en el contexto de estos y teniendo en cuenta su objeto y fin.

particular, tienen derecho a cierto nivel de trato por parte del Estado que los acoge. Lo anterior implica que un trato por debajo de ese nivel es reconocido como una violación a las obligaciones del Estado representando un ilícito Internacional. Para el inversor extranjero esta visión representa una garantía de ser el receptor de un mínimo nivel de protección internacional derivado de los principios de justicia y equidad. Es de resaltar que en el Derecho Internacional consuetudinario cada Estado tiene la potestad soberana de determinar si actuará como Estado huésped a un inversor o a una inversión extranjera y delimitar los términos y condiciones con los que admitirá al inversor o a la inversión en su territorio[354], sin embargo el estándar mínimo internacional es reconocido por el Derecho Internacional en todas las circunstancias y casos.

En función a la corriente jurídica que entiende que el TJE es equivalente al estándar mínimo internacional y al Derecho Internacional consuetudinario, tenemos el escenario North American Free Trade Agreement como el más representativo. Los tribunales del NAFTA conformada por México, Estados Unidos de Norte América y Canadá han aceptado la equivalencia sin mayor resistencia y consideran que en el contexto del artículo 1105(1) del Tratado NAFTA[355] como un *fait accompli* que el concepto Trato Justo y Equitativo es equivalente al estándar mínimo de trato en el Derecho Internacional consuetudinario[356].

En la segunda línea de pensamiento doctrinal reconoce que el estándar de Trato Justo y Equitativo debe ser interpretado gramati-

---

[354] Brownlie, I., *Principles of Public International Law, op. cit.* en nota 313, p. 522.

[355] North American Free Trade Agreement Article 1105: Minimum Standard of Treatment 1. Each Party shall accord to investments of investors of another Party treatment in accordance with international law, including fair and equitable treatment and full protection and security. 2. Without prejudice to paragraph 1 and notwithstanding Article 1108(7)(b), each Party shall accord to investors of another Party, and to investments of investors of another Party, non-discriminatory treatment with respect to measures it adopts or maintains relating to losses suffered by investments in its territory owing to armed conflict or civil strife. 3. Paragraph 2 does not apply to existing measures relating to subsidies or grants that would be inconsistent with Article 1102 but for Article 1108(7)(b).

[356] Schreur C., *"Fair and Equitable Tretment in Arbitral Practice", op. cit.* en nota 332, p. 363.

calmente según las provisiones relevantes de los APPRIs sobre la base de su texto específico[357]. En este contexto, el concepto del Trato Justo y Equitativo es autónomo e independiente, y tal como lo reafirma Mann "A un Tribunal no le concierne un estándar mínimo, máximo o promedio. Lo que debe decidir es si todas las circunstancias de la conducta en cuestión son justas y equitativas, o injustas y no equitativas"[358].

Ante esta incertidumbre, es poco factible asumir que la mayoría de los Estados han adoptado una corriente jurídica única, aceptando la equivalencia entre el Trato Justo y Equitativo y el estándar mínimo, lo que sugiere que una interpretación gramatical es la más adecuada y debe ser aplicada a las controversias que surjan en relación a violaciones del TJE en los APPRIs celebrados con una redacción que no sea *expressis verbis*.

En referencia al principio de TJE es de enfatizar que para evaluar sus infracciones "los tribunales arbitrales no deben tomar su propio estándar idiosincrático, mas deben ser disciplinados basándose en la práctica Estatal, la jurisprudencia arbitral y otras fuentes del Derecho Internacional consuetudinario o general"[359].

El análisis del diseño de la provisión del Trato Justo y Equitativo en la práctica venezolana para la elaboración de sus APPRIs se inicia decantando las similitudes y consistencias entre los diferentes APPRIs, suscritos por el Estado venezolano. Para tal fin se iniciará el análisis agrupando los Tratados en donde se hace mención

---

[357] *TECMED S.A. v. ESTADOS UNIDOS MEXICANOS, LAUDO, op. cit.* en nota 335, para. 155: *"El Tribunal Arbitral entiende que los alcances de la garantía de tratamiento justo y equitativo contemplada en el artículo 4(1) del Acuerdo arriba enunciados son los que cabe asignarle tanto si se la interpreta de forma autónoma, teniendo en cuenta para ello el texto del artículo 4(1) del Acuerdo que la formula conforme a su sentido normal u ordinario (art. 31(1) de la Convención de Viena), o conforme al derecho internacional y al principio de buena fé a la luz del cual debe juzgarse los alcances de las obligaciones asumidas bajo el Acuerdo y la conducta relativa a su satisfacción."*

[358] Mann F., *British Treaties for the Promotion and Protection of Investments, op. cit.* en nota 358, pp. 241(traducción del autor).

[359] Vasciannie, S., "Fair and Equitable Treatment Standard in International Investment Law and Practice" (1999) 70 *British Year Book of International Law*, p. 99, 100, 104, 145.

del Trato Justo y Equitativo de manera exhortatoria[360] para luego seguir la metodología de tres niveles de protección que provee la cláusula TJE a los inversores discriminando la misma en simple, media y completa[361]. En esta clasificación de tres niveles se asume que el estándar de Trato Justo y Equitativo es la obligación primordial y los otros estándares que ofrecen protección substantiva a las inversiones y que la complementan y en la misma provisión del Tratado, no son más que ejemplos o instancias específicas de esta obligación predominante.[362] En la combinación de estándares anterior el Trato Justo y Equitativo sirve como fundamento amplificador o límite de los demás estándares de protección[363].

El nivel de protección simple conjuga en la misma disposición de Trato en el APPRI el Trato Justo y Equitativo con los estándares relativos de protección Trato Nacional, Nación más Favorecida que serán estudiados en el próximo apartado y la obligación del Estado de abstenerse de someter la inversión a medidas injustificadas o discriminatorias. El segundo nivel de protección, o medio, está compuesto por el nivel simple con la adición de otro estándar de protección, típicamente representado por el *pacta sunt servanda* o el estándar de Plena Protección y Seguridad.

El nivel de protección máximo, o completo, está compuesto el estándar del Trato Justo y Equitativo, acompañado tanto por estándares absolutos, tales como la obligación del Estado de no obstaculizar el desenvolvimiento de las inversiones mediante el ejercicio de medidas discriminatorias o arbitrarias[364] y el estándar

---

360 UNCTAD, *Fair and Equitable Treatment*, Series on issues in international investment agreements, New York & Geneva (1999), p. 24, Traducción de la palabra de lengua inglesa "Hortatory".

361 Pastor Palomar, A., "Protección de la inversiones con conceptos indeterminados: El Trato Justo y Equitativo en los APPRIS Celebrados por España" *op. cit.* en nota 333, p. 276.

362 Mann, F., "British treaties for the promotion and protection on investments", *op. cit* en nota 358, p. 238.

363 Pastor, A. "Protección de la inversiones con conceptos indeterminados: El Trato Justo y Equitativo en los APPRIS Celebrados por España", *op. cit.* en nota 333, p. 277.

364 APPRIs entre Venezuela-Países Bajos, Venezuela-Suiza, Venezuela-Dinamarca, Venezuela-Barbados, Venezuela-Portugal y Venezuela-Suecia.

de Plena Protección y Seguridad[365]. En adición, se incorporan los dos estándares contingentes como son el Trato Nacional y el de Nación mas Favorecida[366] y se vincula directamente el Trato Justo y Equitativo al Derecho Internacional. Finalmente, se incluye la cláusula paraguas[367] que protege las obligaciones contractuales que ha asumido el Estado con un inversor extranjero.

Según Pastor Palomar, esta combinación de estándares constituye una regulación completa en la escala de tres niveles de protección[368], lo que representa el mayor nivel de protección que una inversión extranjera puede disponer. Con la combinación de estándares anterior el inversor extranjero accede al más extensivo nivel de protección contemplado para su inversión en un Estado huésped en los APPRIs de la actualidad.[369]

b. *La práctica venezolana y el Trato Justo y Equitativo en los APPRIs*

El Estado venezolano tiene suscritos seis APPRIs en donde en su preámbulo se enuncia que un Trato Justo y Equitativo es deseable para las inversiones de los Estados parte[370]. Dicha mención del Trato Justo y Equitativo se hace de manera exhortatoria y no vinculante hacia obligaciones específicas por parte de los Estados parte[371], sin embargo la misma sirve para potenciar el concepto en el

---

[365] APPRIs entre Venezuela-Países Bajos, Venezuela-Suiza, Venezuela-Dinamarca y Barbados.

[366] APPRIs entre Venezuela-Países Bajos, Venezuela-Suiza, Venezuela-Dinamarca y Venezuela-Portugal.

[367] APPRIs entre Venezuela-Países Bajos, Venezuela-Barbados y Venezuela-Suecia.

[368] Pastor, A. "Protección de la inversiones con conceptos indeterminados: El Trato Justo y Equitativo en los APPRIS Celebrados por España" *op. cit.* en nota 333, p. 277.

[369] UNCTAD, *Fair and Equitable Treatment*, Series on issues in international investment agreements, *op. cit* en nota 360, p. 32.

[370] APPRIs entre Venezuela-Países Bajos, Venezuela-Dinamarca, Venezuela-Suiza, Venezuela-Portugal, Venezuela-Barbados y Venezuela-Suecia.

[371] UNCTAD, *Fair and Equitable Treatment*, Series on issues in international investment agreements, New York & Geneva (1999), p. 24.

espíritu del Tratado y dar sustento racional a las provisiones operativas del mismo[372].

Previo al período revolucionario, el nivel de protección completo lo ostentan los APPRIs suscritos entre la República de Venezuela con el Reino de Países Bajos, la República de Argentina, República de Cuba, el Gobierno de Barbados, el Reino de España y el Reino Unido. Cabe señalar que no todos estos Tratados incorporan en su redacción de los estándares relativos de Trato Nacional y Nación más Favorecida en la misma disposición en donde se evidencia el estándar del Trato Justo y Equitativo[373], sin embargo "cabe interpretar contextualmente que el régimen se complementa con dicha disposición"[374].

Evidentemente, en los casos en donde los estándares relativos están en provisiones separadas del APPRI a la del TJE la interpretación del sentido corriente del texto[375] sugiere que dichos estándares contingentes se pueden solapar en circunstancias específicas, pero no constituyen una parte del Trato Justo y Equitativo.

En el mismo, período previo al nuevo milenio, el nivel medio de protección se encuentra en los APPRIs entre el Estado venezolano y el Reino de Dinamarca, la Confederación Suiza, el Reino de Suecia, la República de Uruguay, la República del Ecuador, la Unión Económica Belgo-Luxemburguesa, la República Federal de Alemania, la República de Brasil, la República de Lituania, y la República de Costa Rica. En todos estos APPRIs el estándar complementario por excelencia al núcleo fijo de protección simple es el de Plena Protección y Seguridad y en todos se vincula el TJE expresamente con su conformidad con el Derecho Internacional. Esta combinación de estándares sugiere que los Estados parte no desean que el TJE esté limitado al estándar mínimo internacional, sin embargo tiene siempre que ser interpretada a la luz de los principios

---

[372]   UNCTAD, *Fair and Equitable Treatment*, Series on issues in international investment agreements, New York & Geneva (1999), p. 18.

[373]   APPRIs entre Venezuela-Barbados, Venezuela-Reino de España y Venezuela-Reino Unido.

[374]   Pastor A.: "Protección de la inversiones con conceptos indeterminados: El Trato Justo y Equitativo en los APPRIS Celebrados por España" *op. cit.* en nota 333, p. 276.

[375]   Convención de Viena sobre el derecho de los Tratados (1969) *op. cit.* nota 21, Art. 31.

del Derecho Internacional. Finalmente, los APPRIs que, según la clasificación anterior por sus características en la combinación de estándares, se incluyen en la categoría de protección simple son los suscritos por la República de Venezuela con la República de Portugal, la República del Perú, la República de Chile, la República de Paraguay y la República de Italia. Dicha combinación de estándares contingentes aunados al estándar de Trato Justo y Equitativo implica que los Estados parte no desean que el trato se límite al estándar mínimo internacional, por lo que una interpretación textual de lo que es justo y equitativo es la adecuada a la hora de determinar si ha habido una violación del Tratado. Además, esta combinación también protege al inversor extranjero de un trato dispensado por el Estado a sus nacionales o nacionales de terceros Estados que esté por debajo del umbral que garantiza en Derecho Internacional.

Una peculiaridad en el período ante 1999, es la evidenciada en el APPRI suscrito entre la República de Venezuela con el Gobierno de Canadá. El mismo sigue el esquema de conjunción entre el Trato Justo y Equitativo y el estándar de Plena Protección y Seguridad de acuerdo con "los principios del Derecho Internacional". Esta combinación sugiere la eliminación de la posibilidad que la interpretación del estándar TJE sea textual[376] lo que remite la provisión a ser interpretada bajo la óptica del estándar mínimo internacional. La afirmación anterior se confirma en el artículo II del Anexo al Tratado que expresa que "Nada de este acuerdo será interpretado en el sentido de obligar a una Parte contratante a extender … (un) trato más favorable que aquel que está obligado a extender … en el caso de Canadá , en virtud del … ("NAFTA")[377]. El artículo 1105[378] del NAF-

---

[376] UNCTAD, *BILATERAL INVESTMENT TREATIES 1995–2006: TRENDS IN INVESTMENT RULEMAKING, op cit.* en nota 204, p. 30: "Most BITs concluded in the last decade have a similar basic structure and content") en http://unctad.org/en/docs/iteiia20065_en.pdf.

[377] *Agreement between the Government of Canada and the Government of the Republic of Venezuela for the Promotion and Protection of Investments (1996):* **NAFTA, Group of Three Treaty and Exceptions**: Nothing in this agreement shall be interpreted to require a Contracting Party to extend the other Contracting Party, any investor of the other Contracting Party, or to any investment, any right, privilege, preference or treatment more favourable than required to be extended by that Contracting Party. In the case of Canada, under the North American Free Trade Agreement (the "NAFTA") to any state, investor or investment to which the NAFTA

TA, hace una equivalencia entre el estándar mínimo internacional y un trato de acuerdo con el Derecho Internacional incluyendo Trato Justo y Equitativo y Plena Protección y Seguridad.

Una consecuencia de las redacciones anteriores es que en un número relevante de los más recientes procesos arbitrales que ha enfrentado Venezuela por las violaciones al TJE, o alguna de sus manifestaciones, han sido la base de las decisiones desfavorables para el Estado venezolano. Así lo demuestran cinco de los últimos seis procesos arbitrales a la fecha en donde el Estado venezolano no ha salido favorecido por incumplimiento de obligaciones asumidas en un APPRI:

❖   En *OI European Group B.V. v. República Bolivariana de Venezuela*[379] las acciones arbitrarias de un ente del Estado venezolano son entendidas por el Tribunal arbitral como violaciones del TJE y por lo tanto del Tratado.

"La República no llevó a cabo la ocupación de las Plantas conforme al Árt. 56 de la LECUPS porque –según admite su experto– el procedimiento garantista allí previsto hubiera tomado tiempo y obligado a depositar el justiprecio. La Demandada utilizó la figura de la ocupación temporal prevista en la Ley INDEPABIS, para hacerse con las Plantas, no como medida provisional por la existencia de presuntos incumplimientos por las Empresas de la Ley INDEPABIS, sino para privar a la Demandante de sus derechos conforme a la LECUPS... Schreuer incluye cómo ejemplo de decisiones arbitrarias "a measure taken for reasons that are different from those put forward by the decision maker"... En opinión del Tribunal, la actuación del INDEPABIS ejecutando la ocupación de las Plantas encaja nítidamente en esta categoría, y constituye una violación de la garantía de TJE prevista en el APRI".

---

applies. En: http://www.sice.oas.org/Investment/BITSbyCountry/BITs/CAN_Venezuela_e.asp.

[378]   *North American Free Trade Agreement,* Article 1105: Minimum Standard of Treatment: 1. Each Party shall accord to investments of investors of another Party treatment in accordance with international law, including fair and equitable treatment and full protection and security, en: htpp://www.international.gc.ca/trade-agreements-accords-commerciaux/topics -domaines/disp-diff/nafta.aspx.

[379]   *OI European Group B.V.* y República Bolivariana de Venezuela, Caso *CIADI* No. ARB/11/25 - LAUDO paras. 518-519.

❖ En *Flughafen Zürich A.G. y Gestión de Ingeniería IDC S.A. v. República Bolivariana de Venezuela* el Tribunal arbitral condenó al Estado venezolano ya que incurrió en denegación de justicia que representa una de las manifestaciones del estándar de Trato Justo y Equitativo. En el Laudo el Tribunal confirma:

"...la Sala Constitucional del Tribunal Supremo de facto consumó la entrega del Aeropuerto al Poder Nacional, actuando de oficio, sin respetar las exigencias más básicas del debido proceso, sin norma autorizante y con un objetivo político ya anunciado en la Sentencia 565/2008: reforzar los poderes y competencias del Poder Ejecutivo central en materia aeroportuaria y recortar los de los Estados (y por ende el de empresas concesionarias de los Estados). Y en la aclaración de Sentencia de 23 de julio, actuando nuevamente de oficio, dio carta de naturaleza a los actos ejecutados en el ínterin por el Ejecutivo, que habían formalizado la toma de control del Aeropuerto.

En consecuencia el Tribunal Arbitral concluye que la República Bolivariana de Venezuela incurrió en una denegación de justicia en perjuicio de las Demandantes, al ordenar la Sentencia del Tribunal Supremo de 4 de marzo de 2009 y su aclaración que el manejo y control del Aeropuerto se entregara al Poder Ejecutivo nacional.[380]

❖ En *ConocoPhillips v. República Bolivariana de Venezuela* el Tribunal arbitral concluye que Venezuela no cumplió con una de las obligaciones del APPRI y la misma se centra en una violación al principio de buena fe, que representa otras de las manifestaciones del estándar absoluto TJE[381]:

"The Tribunal does not have before it any evidence at all of the proposals made by Venezuela in this final period. It observes that whatever confidentiality agreement there was has not prevented the submission to it by the Respondent of the ConocoPhillips proposals of June and August 2007. There is no evidence that Venezuela moved from its insistence on book value, a standard confirmed by its Minister's statement in early 2008 at a point when the arbitration had begun. Nor is there any evidence that in this

---

[380] *Flughafen Zürich A.G. y Gestión de Ingeniería IDC S.A. y República Bolivariana de Venezuela, op. cit.* en nota 164, paras. 707-708.

[381] *CONOCOPHILLIPS V. BOLIVARIAN REPUBLIC OF VENEZUELA,* DECISION ON JURISDICTION AND THE MERITS, ICSID CASE No. ARB/07/30.

period, the Venezuelan representatives brought the compensation formulas in the Petrozuata and Hamaca Association Agreements into the negotiations. Finally, at this stage too there was no proposal for compensation in respect of ConocoPhillips' assets in the Corocoro Project as Dr Mommer appeared to confirm in cross-examination; he was not re-examined on the course of the negotiations. The Tribunal accordingly concludes that the Respondent breached its obligation to negotiate in good faith for compensation for its taking of the ConocoPhillips assets in the three projects on the basis of market value as required by Article 6(c) of the BIT, and that the date of the valuation is the date of the Award".[382]

❖ En *Mobil v. Venezuela* el Tribunal Arbitral concluye que el Estado venezolano al haber frustrado las expectativas legítimas del inversionista viola su obligación concerniente a dispensar un Trato Justo y Equitativo:

"It thus appears that the production and export curtailments imposed from November 2006 were incompatible with the Claimants' reasonable and legitimate expectations, and thus breached the FET standard contained in Article 3(1) of the BIT. The Respondent is responsible for the damage resulting from this breach …The Tribunal has already decided that the production and export curtailment measures breached the FET standard contained in Article 3(1) of the Treaty (see paragraph 264 above). The Tribunal does not consider it necessary to separately examine whether the Respondent's conduct was also arbitrary and/or discriminatory.

Indeed, the Claimants would not be entitled to greater relief even if the Tribunal were to establish a breach of these BIT protections.[383]

❖ En *Gold Reserve v. Venezuela* el Tribunal arbitral encontró violaciones a las obligaciones subsumidas en el estándar de Trato Justo y Equitativo como son el frustrar las expectativas legítimas del inversor mediante actos y medidas administrativas inconsistentes y no transparentes contrarias al principios de buena fe:[384]

---

[382] *Ibídem,* paras. 400-401.

[383] *Mobil v Venezuela* Award, *Op. Cit.* paras 264, 273 (ICSID CASE No. ARB/07/27 AWARD

[384] GOLD RESERVE INC. v BOLIVARIAN REPUBLIC OF VENEZUELA, ICSID Case No. ARB(AF)/09/1, AWARD, paras. 564, 591,606

"Having thoroughly considered the Parties' written and oral
submissions and the evidence in the file of this proceeding, the
Tribunal has concluded that by its conduct Respondent has
breached the obligation to accord Claimant's investment fair and
equitable treatment ("FET") under Article II (2) of the BIT... In the
Tribunal's view, Respondent violated the BIT's fair and equitable
treatment provision through the measures and conduct that have
been examined above. Respondent's failure to sign the Initiation
Act despite Claimant's repeated requests without explaining the
reasons for such inaction, rather reinforcing Claimant's expecta-
tion that such signature would be forthcoming once the proposed
alternative access road had been accepted, amount to conduct ev-
idencing (through acts and omissions) a lack of transparency, con-
sistency and good faith in dealing with an investor... In the present case, Respondent's breach of legitimate expectations as a FET
component is of particular significance in view of the value attributed to legitimate expectations by Venezuelan law".

❖   En el sexto caso *Tidewater v. Venezuela,* aun cuando el demandante invocó la provisión de TJE debido a que consideraba que
Venezuela la había infringido el estándar al haber frustrado sus
expectativas legítimas, el Tribunal arbitral consideró que dicha
violación de carácter de justicia procesal en este asunto no añadía
al fondo de la controversia que era el hecho alegado de una expropiación:[385]

"The claim of failure of fair and equitable treatment is, in the Tribunal's view, simply inapposite in the present case in which the
real focus of the claim is not on the procedural fairness of Respondent's treatment of Claimants, but on its taking of their property. Considering the case through the prism of a claim of fair and
equitable treatment does not add anything to the Tribunal's consideration of the questions of liability or the quantum of damage.
Claimants rely on the same measures for this claim and do not as-
sert that a different measure of damage is applicable. Accordingly,
the Tribunal leaves aside the other alleged causes of action and
proceeds to analyse the level of compensation to be awarded for
the principal claim of expropriation".

Una vez analizados los APPRIs celebrados en el siglo XX, a
continuación se analizarán los APPRIs post-Revolución Bolivariana

---

[385]   ICSID Case No. ARB/10/5 TIDEWATER v. THE BOLIVARIAN
REPUBLIC OF VENEZUELA - AWARD para. 150.

de manera consistente con la lógica de análisis anterior con los Tratados del siglo XX, en función del tipo de protección que dimana de la disposición Trato Justo y Equitativo. En la categoría de la protección completa puede ser catalogado el APPRI suscrito entre la República Bolivariana de Venezuela y la República Plurinacional de Bolivia. El Tratado contiene todos los estándares de protección de un nivel simple, tanto absolutos como relativos, aunado con los estándares de Plena Protección y Seguridad, el principio *pacta sunt servanda* y la máxima de que el trato debe estar de conformidad con las normas y criterios del Derecho Internacional. En el mismo nivel de protección completa se incluye el APPRI suscrito entre la Venezuela y la República Francesa. En este APPRI se evidencian todos los elementos del Tratado boliviano, a excepción de la cláusula paraguas. En adición, en su redacción se incluye una amplia lista indicativa de posibles obstáculos al funcionamiento de la inversión que son evidencias de infracciones al TJE. El lenguaje utilizado es tan amplio que se puede concluir que casi cualquier medida regulatoria adoptada por Estado huésped puede ser considerada violación del estándar por un Tribunal arbitral. Finalmente, en relación con las cláusulas contingentes en el APPRI Venezuela-Francia, las mismas se aplican por referencia en provisiones separadas. En sí, ambos APPRIs contienen todo el abolengo liberal de los Tratados previos al período revolucionario

En el nivel medio de protección dimanante del estándar Trato Justo y Equitativo, se encuentra el APPRI suscrito entre la República Bolivariana de Venezuela y la República de Belarús. El Tratado contiene, en adición a las los estándares que componen el nivel simple, el principio de Plena Protección y Seguridad y el de *pacta sunt servanda*. En el mismo orden de protección medio se encuentran los APPRIs suscritos entre el Gobierno de la República Bolivariana de Venezuela con la República Islámica de Irán y la República Socialista de Vietnam. En ambos Tratados se complementa el nivel simple con el estándar de Plena Protección y Seguridad. Es de resaltar que en estos APPRIs se evidencia la primera gran diferencia *versus* los Tratados del período anterior y, en los últimos, no se hace ninguna mención o referencia en el cuerpo del Tratado al Derecho Internacional. Lo anterior tiene una implicación fundamental ya que las inversiones extranjeras podrían tener un trato no discriminatorio al comparase con las inversiones de inversores nacionales o foráneos de otros Estados, sin embargo dicho trato podría estar por debajo del umbral del estándar mínimo internacional. En adición la carencia de esta mención sugiere que los Estados parte

hacen patente su no reconocimiento al estándar mínimo internacional de trato por representar este una visión de los estados occidentales desarrollados exportadores de capital. Finalmente, nos
encontramos con el APPRI suscrito entre el Gobierno de la República de Venezuela y el Gobierno de la Federación Rusa, que en
sí es uno de los más recientemente celebrados por el Estado venezolano. El Tratado tiene unas características únicas que lo colocan
por debajo del nivel de protección simple. En la provisión del tratamiento a las inversiones, primero que todo limita el Trato Justo y
Equitativo al "...manejo, mantenimiento, disfrute, uso o disposición de tales inversiones" y no incluye el texto que obliga a los Estados parte a no ejercer medidas arbitrarias, injustificadas o discriminatorias. Adicionalmente, aun cuando los estándares relativos
están presente en la misma disposición del TJE los mismos están
sujetos a restricciones ya que los Estados parte se reservan el derecho de "...aplicar y a introducir de acuerdo con la legislación de su
Estado excepciones del tratamiento nacional respecto de inversionistas extranjeros y de sus inversiones, incluyendo reinversiones".
También en este APPRI las partes se eximen de hacer alguna mención al Derecho Internacional lo que reduce de manera significativa
el umbral de protección del Tratado.

En suma, la práctica del Estado venezolano ha variado significativamente en el modo en que los estándares de protección en
conjunción al Trato Justo y Equitativo interactúan *ergo* el nivel de
protección que dispensan a las inversiones extranjeras. En todos los
APPRIs del período pre-revolucionario y los primeros post-
revolucionarios se observan los APPRIs con elevados niveles de
protección y reconocedores del sistema jurídico *iusinternacional,* sin
embargo en los más recientes APPRIs suscritos por Venezuela el
nivel de protección disminuye considerablemente y no se incluyen
menciones al Derecho Internacional lo que sugiere reservas de los
Estados que suscriben el Tratado hacia dicho sistema jurídico. La
evolución del estándar de TJE parecería ser el resultado del cambio
en la práctica del régimen bolivariano.

Al analizar los efectos del texto de la Ley venezolana de inversiones en vigor versus el concepto indeterminado de Trato Justo y
Equitativo algunas inquietudes surgen. En General, la Ley parecería
incorporar algunos elementos que como previamente se ha demostrado en el contexto de jurisprudencia arbitral han sido contrarios a
Venezuela al haber sido interpretados como arbitrarios o discriminatorios. En el mismo orden, los preceptos de la Ley podrían ser

percibidos por el inversor extranjero como una conducta jurídica inconstante por parte del Estado venezolano ya que implica un cambio de reglas ontológico que podría frustrar las expectativas legítimas del inversor creadas por el marco jurídico de Derecho Internacional incorporado en los APPRIs. Por lo anterior, se podría concluir que la nueva Ley de inversiones de Venezuela más que minimizar las posibles controversias enmarcadas en el estándar de TJE las potencia y habilita al inversor extranjero a elevar posibles casos de incumplimientos de los APPRIs tanto pre y como post revolución a tribunales arbitrales internacionales.

c. *La Plena Protección y seguridad física: La obligación del Estado de proteger los bienes de un extranjero*

Continuando con el análisis de los estándares de trato absolutos nos encontramos con el principio que prescribe la Plena Protección y Seguridad - en adelante PPyS - a las inversiones de los Estados partes de un APPRI. El estándar PPyS, al lado del principio de Trato Justo y Equitativo, es considerado por algunos Estados, en particular los integrantes del NAFTA, parte esencial del estándar mínimo internacional y del Derecho Internacional consuetudinario[386]. Se puede argumentar que el estándar mínimo, aun cuando la doctrina esta divida sobre su alcance, es un concepto aceptado mundialmente entre los Estados que han suscritos APPRIs. En suma, parecería correcto afirmar que el estándar mínimo incluye a los estándares de trato TJE y PPyS, pero no está limitado a ellos[387].

A diferencia del TJE que representa un concepto indeterminado y de relativa corta data, PPyS es un estándar tradicionalmente definido con mayor precisión y considerado como un estándar antiguo, utilizado comúnmente en los Tratados de Amistad, Comercio y Navegación del Siglo XIX[388].

---

[386] NAFTA Free Trade Commission, Interpretation Note of 31 July 2001, cited in *Mondev v. USA*, Award, 11 October 2002, 42 ILM (2003) 85, para 101.

[387] A. Giardina, "Legal Aspects of Recourse to Arbitration by an Investor Against the Authorities of the Host State under Inter-State Treaties" en *Yearbook of Institute of International Law – Tokyo Session – Draft Works, op. cit.* en nota 221, *p 21-22*

[388] UNCTAD: *Bilateral Investment Treaties in the Mid-1990s*, 1998, p. 55.

Los elementos que componen el estándar de PPyS son en principio, la seguridad física y la protección legal del inversor en el Estado huésped[389]. Seguridad física a su vez contiene las obligaciones del Estado referentes a la protección contra la violencia privada y la protección contra la violencia de los órganos del Estado.

En general el estándar PPyS se refiere a la promesa y obligación del Estado huésped de tomar todas las medidas posibles para proteger la inversión extranjera de efectos adversos tanto a nivel de infraestructura física como los derechos del inversor[390]. En adición PPyS no es más que la tradicional obligación de proteger a los extranjeros bajo el Derecho Internacional consuetudinario, aunado con la obligación residual provista para aquellos casos en los cuales los actos que originan la controversia no son atribuibles al Estado sino a un tercero. Este principio está claramente expresado en el *dictum* de *El Paso v Argentina*:

"The BIT requires that Argentina provide "full protection and security" to El Paso's investment. The Tribunal considers that the full protection and security standard is no more than the traditional obligation to protect aliens under international customary law and that it is a residual obligation provided for those cases in which the acts challenged may not in themselves be attributed to the Government, but to a third party. The case-law and commentators generally agree that this standard imposes an obligation of vigilance and due diligence upon the government... "The 'due diligence' is nothing more nor less than the reasonable measures of prevention which a well-administered government could be expected to exercise under similar circumstances."... The minimum standard of vigilance and care set by international law comprises a duty of prevention and a duty of repression. A well-established aspect of the international standard of treatment is that States must use "due diligence" to prevent wrongful injuries to the person or property of aliens caused by third parties within their territory, and, if they did not succeed, exercise at least "due diligence" to punish such injuries. If a State fails to exercise due diligence to prevent or punish such injuries, it is responsible for this omission and is liable for the ensuing damage. It should be emphasised that the obligation to show "due diligence" does not

---

[389] Schreuer, C. "Full Protection and Security" en *Journal of International Dispute Settlement* (2010), p. 2-10.

[390] *Dolzer R. & Schreuer C., Priciples of International Investment Law, op. cit.* en nota 149, p. 151.

mean that the State has to prevent each and every injury. Rather, the obligation is generally understood as requiring that the State take reasonable actions within its power to avoid injury when it is, or should be, aware that there is a risk of injury. The precise degree of care, of what is "reasonable" or "due," depends in part on the circumstances".[391]

Desde el punto de la jurisprudencia, ha sido reconocido en una larga serie de Laudos arbitrales que el no proveer de protección a un extranjero que es Tratado con violencia crea responsabilidad del Estado huésped de la inversión[392].

Aun cuando el principio de PPyS es considerado un principio absoluto de trato, o sea, es independiente del tratamiento que se dispensa a otras inversiones en determinado Estado, se puede argumentar que es un estándar absoluto modificado[393], ya que será ejercido en función a las capacidades y recursos limitados que un Estado en cuestión tenga a su disposición. Lo anterior implica que el principio plena seguridad física y protección es una obligación del Estado caracterizada dentro del principio de Derecho Romano *diligentia quam in suis*[394], o sea que esta acotado en función de lo que razonablemente pueda ser esperado de Estado a la luz de sus recursos.[395]

El análisis de los APPRIs venezolanos suscritos antes de 1999 se inicia con los Tratados que contienen el principio de Plena Protección y Seguridad en su preámbulo. Tal como se evidenció en los análisis del TJE previos, el estándar PPyS se observa en tres APPRIs de manera exhortatoria[396] y no vinculante hacia obligaciones especificas

---

[391] *El Paso Energy International Company v. The Argentine Republic, ICSID Case No. ARB/03/15*, paras. 522-523

[392] Sornarajah, M. *The International Law on Foreign Investment*, Cambridge University Press, Cambridge, 2010, p. 359.

[393] Newcombe A. & Paradell, L. *Law and Practice of Investment Treaties, op. cit.* en nota 208, p. 310.

[394] Freeman, A. V. *Responsibility of States for Unlawfull Acts of their Armed Forces*, Brunson MacChesney, Michigan Law Review Vol. 57, No. 8 (Jun., 1959), pp. 1268-1272.

[395] Brownlie, I. *"Principles of public international law", op. cit* en nota 313, p. 504.

[396] APPRIs entre Venezuela-Cuba, Venezuela-Costa Rica y Venezuela-Uruguay.

de los Estados parte[397]. La inclusión del estándar PPyS en el preámbulo sirve para potenciar el concepto en el espíritu del Tratado y dar sustento racional a las provisiones operativas del mismo[398]. Es de resaltar que el principio PPyS en el preámbulo ha sido utilizado en el contexto donde los Estados partes de APPRI están "...convencidos que para alcanzar este fin (la promoción y protección de las inversiones extranjeras) es importante asegurar a las inversiones seguridad jurídica". Lo anterior parecería indicar que se ha omitido la mención a la protección física ya que se entiende implícita en el Derecho Internacional.

A continuación se decanta el análisis por los APPRIs[399] que complementan el principio de PPyS con el estándar de TJE y la conformidad con el Derecho Internacional. Este grupo de Tratados son los más numerosos, once en total, y retrotraen el estándar a sus elementos base como son la seguridad física y la protección legal del inversor desde el punto de vista del Derecho Internacional. En adición, en todos estos APPRIs los estándares relativos de Trato Nacional y Nación más Favorecida están presentes por referencia otorgándoles a los inversores de los Estados parte una protección relativa máxima en adición de la obligación de garantizar el estándar mínimo internacional de trato. La amplitud que toma la cláusula de PPyS contrastada con la de Nación más Favorecida implica una extensión de la primera a todos los aspectos regulados por el APPRI en donde la seguridad física o jurídica esté en juego[400]. Dentro de este primer conjunto de APPRIs encontramos algunos matices importantes. La primera de las peculiaridades detectadas es la que incorpora el principio de PPyS al estándar de compensación por pérdidas ocasionadas por guerras, revueltas públicas, etc.[401], que típicamente está solo complementado por los estándares relativos de Trato Nacional y Nación más Favorecida.

---

[397] UNCTAD, *Fair and Equitable Treatment*, Series on issues in international investment agreements, *op. cit.* en nota 360, p. 24.

[398] *Ibídem*, p. 18.

[399] APPRIs entre Venezuela-Suiza, Venezuela-Barbados, Venezuela-Lituania, Venezuela-Reino Unido, Venezuela- República Checa, Venezuela-Brasil, Venezuela-Uruguay, Venezuela-Alemania, Venezuela-Costa Rica, Venezuela-Canadá y Venezuela-Cuba.

[400] *Impregilo S. P. A. v. Argentina*, Award, 21 June 2011, para. 103.

[401] APPRIs entre Venezuela-Barbados, Venezuela-Lituania y Venezuela-República Checa.

Lo anterior eleva el umbral de protección al estándar mínimo internacional en la eventualidad que las protecciones contingentes sean insuficientes[402].

La segunda interacción es la evidenciada en el APPRI entre la República de Venezuela y la República de Alemania, que incorpora el principio de PPyS a la provisión de expropiación. Esta combinación implica que en una eventual toma de propiedad por parte del Estado, este se vería obligado a garantizar los criterios de seguridad jurídica y condiciones para la legalidad de una expropiación desde la óptica del Derecho Internacional, como son que la misma no tenga un carácter discriminatorio, siga un fin de beneficio público y a la hora de compensarla se aplique la fórmula pronta, adecuada y efectiva. La tercera variación en el diseño del estándar de PPyS viene dada por la incorporación del *pacta sunt servanda* a la provisión en donde se encuentra el principio. Esta combinación encontrada en los APPRIs suscrito entre Venezuela con el Gobierno de Barbados y Venezuela con el Reino Unido, sugiere que la protección dimanante del principio PPyS cubre con su manto mediante una cláusula paraguas a los contratos suscritos entre inversionistas de un Estado parte del Tratado y el Estado huésped de la inversión. La siguiente redacción, que está incluida en los APPRIs antes mencionados, así lo sugiere: "Investments of nationals or companies of each Contracting Party shall at all times ...enjoy full protection and security in the territory of the other Contracting Party... Each Contracting Party shall observe any obligation it may have entered into with regard to the treatment of investments of nationals or companies of the other Contracting Party".

En el segundo grupo de APPRIs el estándar PPyS está acompañado con la mención de estar en conformidad con los principios del Derecho Internacional y los estándares relativos de protección. Esta formulación es la segunda más utilizada en la práctica venezolana, ya que está presente en cinco de los Tratados suscritos antes del nuevo milenio[403]. El resultado de esta combinación de estánda-

---

[402] *HICEE BV v. Slovak Republic, UNICITRAL, Partial Award, 23 May 2011, para 149*: "The clear purpose of (the MFN clause) is to broaden the scope of the substantive protection granted to the eligible investment of eligible investors".

[403] APPRIs entre Venezuela-Argentina, Venezuela-Ecuador, Venezuela-Chile, Venezuela-Portugal y Venezuela-España.

res es que el nivel de protección de los APPRIs se coloca entre el estándar mínimo y la mayor protección que un Estado parte provee a sus inversores nacionales o inversores de terceros países como resultado de los estándares de protección relativos. Un matiz a la formulación anterior es la encontrada en los APPRIs suscritos entre Venezuela y el Reino de los Países Bajos, y entre Venezuela y el Reino de Dinamarca, donde se omite la mención explícita de estar en conformidad con los principios del Derecho Internacional, sin embargo tal mención se asume implícita por referencia ya que está omnipresente tanto en el preámbulo de estos APPRIs como en otras disposiciones de protección y tratamiento de los mismos. El resultado es el mismo nivel de protección en términos del estándar PPyS.

El tercer grupo de APPRIs lo configuran los Tratados en donde el estándar de PPyS está circunscrito a la protección jurídica local, o sea remitido a la seguridad que provean las leyes y reglamentos de los Estado parte del Tratado. Esta modalidad evidenciada en los APPRIs suscritos entre Venezuela y Perú, y entre Venezuela y Paraguay, si es evaluada según el significado corriente del texto sugiere que el nivel de protección jurídico está supeditado al sistema jurídico del Estado huésped, sin embargo al ser Acuerdos Internacionales de Promoción y Protección de Inversiones siempre se podrá acceder a las protecciones contenidas en el estándar mínimo internacional previamente comentado.

El cuarto y último grupo de APPRIs pre-proceso revolucionario lo conforman los Tratados suscritos entre la República de Venezuela y la República Italiana, la República de Portugal, República de Chile y el Reino de Suecia. En estos Tratados no hay ninguna mención explícita del principio de PPyS, sin embargo si hay una mención expresa de estar en conformidad con los principios del Derecho Internacional, lo que parecería indicar que los Estados parte entienden PPyS dentro del estándar mínimo ya mencionado.

Las redacciones anteriores en los APPRIs suscritos por Venezuela durante el siglo XX han habilitado a inversores extranjeros a utilizar las protecciones que nacen del estándar absoluto de trato PPyS para elevar lo que entienden han sido incumplimientos por parte del Estado venezolano a instancias arbitrales internacionales. Entre los casos más recientes que dicho estándar ha sido utilizado tenemos:

❖ El caso *Gold Reserve v. Venezuela* donde el inversionista extranjero invocó incumplimiento del APPRI ya que presuntamente había sido infringido el principio PPyS del Tratado por parte del Estado venezolano. En este caso PPyS es entendido por la parte demandante en términos de protección jurídica y no limitada a la protección física de los activos de su inversión, como ha sido interpretada por numerosos casos de la jurisprudencia arbitral[404]. El Tribunal no coincide con el criterio del inversionista e interpreta en el Laudo el estándar PPyS de manera restrictiva:

"The Tribunal finds that Claimant's claim under Article II(2) of the BIT, to the extent that it provides for the duty to accord full protection and security to Claimant's investments, is to be dismissed. While some investment treaty tribunals have extended the concept of full protection and security to an obligation to provide regulatory and legal protections, the more traditional, and commonly accepted view, as confirmed in the numerous cases cited by Respondent is that this standard of treatment refers to protection against physical harm to persons and property. As noted in Saluka v Czech Republic, "[t]he practice of arbitral tribunals seems to indicate, however, that the "full security and protection" clause is not meant to cover just any kind of impairment of an investor's investment, but to protect more specifically the physical integrity of an investment against interference by use of force." 536 This position was confirmed more recently in AWG v Argentina where, following an analysis of previous decisions on the subject, the Tribunal concluded that the obligation of full protection and security required "due diligence to protect investors and investments primarily from physical injury."[405]

❖ En *OI European Group B.V. v. Venezuela* la demandante mantuvo que Venezuela no cumplió con su deber de garantizar la protección física de las inversiones de la demandante, ni honró su deber de velar por su protección legal[406]. El Tribunal arbitral interpreta el estándar PPyS de manera restrictiva y en el Laudo prescribe:

"Se ha discutido ampliamente si el ámbito de protección primario del estándar de PSP, que cubre únicamente la seguridad física, se puede extender también a la seguridad jurídica... el art. 3(2) del

---

[404] *Gold Reserve v. Venezuela, op. cit.* en nota 384, para. 616.

[405] *Ibídem*, para. 622.

[406] *OI European Group B.V. v. Venezuela, op. cit.* en nota 379, paras. 563-565.

APRI constituye una especie dentro del género del TJE, que resultará aplicable cuando la seguridad de la inversión se vea afectada por violencia física o contiendas civiles.

La responsabilidad del Estado surgirá si no ha adoptado las medidas de protección que exija la prudencia para proteger la propiedad extranjera amparada por el Tratado".[407]

Como se evidencia en la jurisprudencia arbitral presentada que ha afectado al Estado venezolano recientemente, el alcance del estándar de PPyS está debatido y puede ser interpretado de manera restrictiva, centrado en la seguridad y protección física, o de manera expansiva hacia la protección y seguridad jurídica del inversor.

En términos de los APPRIs suscritos por la República Bolivariana de Venezuela posteriores al año 2000, tenemos tres grupos de Tratados según la técnica utilizada para la redacción del principio PPyS. El primer bloque de Tratados está compuesto por los APPRIs que acompañan el estándar absoluto PPyS con el principio de Trato Justo y Equitativo, la conformidad con las reglas del Derecho Internacional y los estándares relativos de protección y trato. Este grupo lo componen los primeros APPRIs suscritos durante el proceso revolucionario, como son los Tratados entre la República Bolivariana de Venezuela con la República Plurinacional de Bolivia y a República Bolivariana de Venezuela con la República Francesa. Una peculiaridad del APPRI refrendado con Bolivia es que en el mismo se extiende el estándar PPyS a los contratos suscritos entre inversores y Estados huésped de la inversión, mediante una cláusula paraguas subsumida en la provisión. Evidentemente, los Tratados mencionados no presentan ninguna diferencia de fondo o forma versus los suscritos en el período pre-revolucionario.

El segundo grupo de APPRIs, suscritos entre Venezuela y la República Islámica de Irán, Venezuela y República de Belarús, y Venezuela y la República Socialista de Vietnam, tiene una estructura en sus disposición que alude el principio de PPyS idéntico al formato anterior, sin embargo no se hace mención explícita a la obligación de estar en conformidad con los principios del Derecho Internacional. Lo anterior no parece tener implicaciones prácticas ya que al suscribir un APPRI, los Estados parte han asumido el marco de referencia jurídico del Derecho Internacional, que incluye el estándar mínimo de trato y que entre sus componentes se des-

---

[407] *Ibídem*, paras. 575-577.

taca el principio de Plena Protección y Seguridad. En síntesis, este grupo de APPRIs tampoco demuestra diferencias significativas al contrastarlos con el período político social del siglo XX en Venezuela.

Finalmente, encontramos el APPRI celebrado entre la República Bolivariana de Venezuela y la Federación Rusa que es uno de los Tratados más recientemente suscritos por la Venezuela Bolivariana. La particularidad de este APPRI es que, aun cuando en su preámbulo se hace mención exhortatoria de la conveniencia de brindar a las inversiones de seguridad jurídica, en la disposición referente a la promoción, admisión y protección de inversiones se circunscribe de manera taxativa la protección legal total que brinda el Tratado al marco legal interno del Estado huésped de la inversión. Esta redacción de la provisión, aunada a una protección limitada por una excepción en los estándares de Trato Nacional y Nación más Favorecida, sugiere que una controversia entre inversores extranjeros y el Estado huésped referentes al principio de Plena Protección y Seguridad, deberá ser resuelto en las instancias judiciales del Estado huésped de la inversión.

En contexto de las redacciones del estándar de PPyS en todos los APPRIs celebrados por Venezuela, con la excepción del Tratado en vigor con Rusia, se podría argumentar que con la entrada en vigor de la Ley de inversiones del 2014 los inversores extranjeros amplían sus posibilidades de iniciar procesos arbitrales internacionales por incumplimiento del APPRI basados en interpretaciones expansivas del estándar antes citado. Así lo sugiere el Laudo *OI European Group B.V. v. Venezuela*: "Si se aceptara esta extensión (de la protección física a la protección jurídica), las modificaciones arbitrarias del marco legal y regulatorio también podrían resultar en contravenciones del estándar de PSP"[408].

B. *Los Estándares contingentes de trato: Las obligaciones relativas del Estado de no discriminar entre sus inversionistas*

Los estándares contingentes o relativos de trato, cumplen en general con la crucial función de minimizar las diferencias o dis-

---

[408] *Ibídem*, para. 575.

criminaciones con base en la nacionalidad del inversionista[409]. Dichos estándares relativos son el Trato Nacional y la Nación Más Favorecida. Ambos principios actúan de forma complementaria, uno se enfoca en las diferencias entre extranjeros y nacionales en el Estado huésped, mientras que el otro minimiza las diferencias entre extranjeros y nacionales de cualquier tercer Estado. Tanto el estándar de TN como de la NMF son estándares relativos o contingentes al trato dispensado al resto de los inversores en un Estado huésped a la inversión.

a. *El Trato Nacional: El principio de no discriminación entre todos los inversores dentro de un Estado*

El Trato Nacional[410], en adelante TN, es un estándar que define la obligación de un Estado huésped de tratar a los inversionistas extranjeros no menos favorablemente que a sus inversionistas nacionales. Las obligación de TN parece remontarse a los Tratados de Comercio de Liga Hanseática en los Siglos XII y XIII[411], sin embargo y a pesar de su larga aplicación por parte de los Estados el TN es una obligación esencialmente convencional[412], ya que la *Opinio Iuris* parece concordar que cierto nivel de discriminación en el trato a los extranjeros, al compararlo con los nacionales de un Estado, es permisible en el Derecho Internacional consuetudinario[413]. En adición, el alcance de la obligación del TN varía según el APPRI que el Es-

---

[409] United Nations Conference on Trade and Development, *National Treatment. UNCTAD Series on Issues in International Investment Agreements,* New York and Geneva, United Nations publications, 1999.

[410] Ruiz, N., "Trato Nacional y La Nación más favorecida en el acuerdo general sobre el comercio de servicios de la Organización Mundial del Comercio" *Revista del Derecho Económico Internacional,* Vol. 2. No. 1 (2012). p. 11.

[411] Verloren Van Themaat, P. *The Changing Structure of International Economic Law,* The Hague, Martinus Nijhoff, 1981, pp. 19-21.

[412] Denza E. & Brooks S., *Investment Protection Treaties: United Kingdom Experience,* Cambridge, International and Comparative Law Quarterly, 36, 1987, pp. 910-911.

[413] McLachlan, C., Shore L., & Weininger M.: "*International Investment Arbitration: Substantive Principles*", Oxford University Press, New York 2007, p. 212-213.

tado se ha adherido[414] y su contenido está determinado por el ordenamiento jurídico del Estado huésped a la inversión[415].

Ahora bien, en el contexto OMC el TN[416] tiene un alcance particular que no se corresponde exactamente con el previsto en los
APPRIs. En síntesis, la clave del TN radica en una comparación
entre el trato recibido por el inversor extranjero, y que el mismo
parezca desfavorecerlo *de jure* o *de facto* vs. inversor local en circunstancias "parecidas" o "similares"[417].

No obstante, conviene referirse a la interpretación doctrinal del
TN. Así, corrientes doctrinales compiten en la interpretación del
alcance del TN. La primera se aglutina en función a la doctrina
Calvo que estuvo arraigada en los países en vías de desarrollo de
Latinoamérica y cuya su primera formulación fue elaborada por el
eminente *iusinternacionalista* y diplomático venezolano Andrés Bello en 1832[418].

Dicha doctrina tiene como precepto fundamental que tanto nacionales como extranjeros tienen derecho al mismo trato que otorga
las leyes del Estado huésped. La segunda corriente está circunscrita
a la doctrina de la Responsabilidad Internacional del Estado por
daños causados a extranjeros y sus propiedades, que es la predominante entre los países desarrollados.

---

[414]   Bjorklund, A.: "National Treatment Obligation" en *Arbitration Under
    International Investment Agreements; A Guide to the key issues*, Oxford
    University Press, New York 2010, p. 416.

[415]   Garriga, G.: "Los Tratados Bilaterales de Inversión (BITS)", en *Derecho
    Internacional Económico y de las Inversiones Internacionales*, Palestra
    Editores S.A.C., Lima 2009, pp. 307-308.

[416]   OMC, *Glosario de términos* - Trato Nacional: "Principio según el cual cada
    Miembro concede a los nacionales de los demás el mismo trato que
    otorga a sus nacionales. El artículo III del GATT exige que se conceda a
    las mercancías importadas, una vez que hayan pasado la aduana, un
    trato no menos favorable que el otorgado a las mercancías idénticas o
    similares de producción nacional. En el artículo XVII del AGCS y el
    artículo 3 del Acuerdo sobre los ADPIC también se establece el trato
    nacional en materia de servicios y de protección de la propiedad
    intelectual, respectivamente".

[417]   *S.D. Myers INC. v. Canadá* (2002) para. 252.

[418]   Griffith Dawson, F.: *"The Influence of Andres Bello on Latin-American
    perceptions of the non- intervention and State Responsibility"* 57 BYIL, Oxford
    1986, p. 307.

Esa corriente doctrinal mantiene la posición de que el Derecho Internacional consuetudinario establece un estándar mínimo de protección al cual los extranjeros y sus propiedades acceden a su manto de protección en el evento que reciba un trato menos favorable que dicho estándar en un Estado huésped[419].

   b.   *La Nación Más Favorecida: El principio de no discriminación entre los inversores extranjeros por un Estado huésped*

La Nación más Favorecida[420], en adelante NMF, es el estándar que obliga al país receptor de la inversión a tratar a los inversionistas extranjeros no menos favorablemente que a los inversionistas de cualquier otro tercer Estado. En el mismo orden, el estándar NMF[421] emergió del contexto de los Tratados de libre comercio y es considerado como el pilar fundamental del sistema internacional de comercio y la OMC ya que asegura que las transacciones comerciales de los Estados, parte del Tratado no sean discriminadas como resultado de su nacionalidad[422]. Por otro lado, la naturaleza legal del trato NMF se puede resumir en que es una obligación relativa y convencional, gobernada por el principio *Ejusdem Generis*[423], fundamentada sobre una legitima comparación de hechos en donde se evidencie una discriminación generada sobre la base de la nacionalidad y que es demostrable al encontrar un trato menos favorable[424].

El estándar de NMF debe ser interpretado a la luz del principio de interpretación de Tratados en el artículo 21° de la Convención de Viena (1969) y de sus tres elementos principales de interpretación[425].

---

[419]   UNCTAD: *"National Treatment; Series on Issues in international agreements"*, United Nations, New York and Geneva (1999), p. 7.

[420]   *Ibídem*. p. 35.

[421]   *Ibídem*, 392: Trato de la nación más favorecida (artículo I del GATT, artículo II del AGCS y artículo 4 del Acuerdo sobre los ADPIC), principio de no discriminación entre los interlocutores comerciales.

[422]   UNCTAD: *Most-Favored-Nation Treatment*: Series on Issues in International Investment Agreements II, United Nations, New York & Geneva (2010), p. 1.

[423]   Latín para "de el mismo tipo" Traducción de: http://legal-dictionary. thefreedictionary.com/Ejusdem+generis.

[424]   *Ibídem* 395, pp. 21-33.

[425]   Aust, A. *Modern Treaty Law and Practice,* Cambridge University Press, Cambridge, 2000, p. 208.

En suma, para que el estándar de protección NMF se invoque como violación a un Tratado es necesario que se evidencie un "trato" a un inversor extranjero, en "circunstancias similares" que "debe ser menos favorable"[426] que el acordado a inversores de un tercer Estado.

C. La práctica de Venezuela sobre los estándares contingentes en sus APPRIs

La práctica del Estado venezolano referente al uso de los estándares relativos de TN y NMF en los albores del siglo XX se decanta, primero que todo, por la relación directa de los mismos con los estándares absolutos de protección TJE y PPyS. En ocho Tratados[427], se evidencia dicha relación y las implicaciones de esta interacción de estándares ya ha sido analizada en el apartado anterior. Es relevante resaltar que el texto de estos APPRIs varía en función de su fraseo. En tres de los Tratados, la obligación de los Estados parte se circunscribe a garantizar un trato "no menos favorable"[428] a los inversores extranjeros protegidos por los Tratados *versus* los inversores locales y de terceros Estados. El resto de los APPRIs[429] eleva el trato relativo a ser dispensado al que "sea más favorable" entre todos los inversores que actúan en el Estado huésped. Lo anterior abre la posibilidad de que un inversor extranjero tenga un estándar superior de trato que el inversor nacional, lo que es consistente con la doctrina del estándar mínimo internacional. La situación anterior sin embargo, es contraria a la doctrina Calvo por ser discriminatoria hacia los nacionales y como se ha afirmado dicha doctrina pareciera ser compartida por el espíritu del marco constitucional y legal venezolano.

En el resto de los APPRIs suscritos por el Estado venezolano previo al año 1999, el estándar de TN solo interactúa directamente y en la misma provisión con el estándar de NMF. Dicha interacción directa entre estándares relativos presenta ciertos matices siendo el más relevante la inclusión explicita en los APPRIs de que tanto el TN

---

[426] *Gold Reserve Inc. vs. Bolivarian Republic of Venezuela*, Award, *op. cit.* en nota 384, para. 630.

[427] APPRIs entre Venezuela-Argentina, Venezuela-Ecuador, Venezuela-Países Bajos, Venezuela-Portugal, Venezuela-Chile, Venezuela-Paraguay, Venezuela-España, y Venezuela-Dinamarca.

[428] APPRIs entre Venezuela- Ecuador.

[429] APPRIs entre Venezuela- Chile.

como la NMF aplican a todas las disposiciones del Tratado[430]. La formulación anterior de los estándares contingentes englobando todas las provisiones de los APPRIs ha abierto controversias doctrinales sobre si el estándar NMF puede ser utilizado para ampliar el espectro de los derechos substantivos y procesales del inversor mas allá de los suscritos en el Tratado. En el mismo orden, algunas decisiones arbitrales han producido resultados contradictorios tanto a favor[431] como en contra[432] de importar los requerimientos procesales vía la aplicación de estándar NMF, avivando la incertidumbre del alcance de las protecciones relativas. Ciertas decisiones arbitrales consideran, como regla de principio, que la extensión de la cláusula NMF tiene su límite en la medida que no invalide las consideraciones de política pública de los Estados parte del APPRI, que en sí representan las condiciones fundamentales para que hayan aceptado el Tratado. El caso *Maffezini v. España* así lo analiza[433]:

"No obstante que la aplicación de la cláusula de la nación mas favorecida a los arreglos de solución de controversias en el contexto de los Tratados sobre inversiones puede llevar al resultado de alcanzar la armonización y la ampliación del alcance de tales mecanismos, hay ciertos límites importantes que han de tenerse en cuenta. Como cuestión de principio, el beneficiario de la cláusula no debe tener la posibilidad de dejar sin efecto las consideraciones de política pública que puedan haber previsto las partes contratantes como condiciones fundamentales para su aceptación del convenio de que se trate, especialmente si el beneficiario es un inversionista privado, como sucede con frecuencia. El alcance de la cláusula puede por consiguiente ser más limitado que lo que parece a primera vista. En este sentido, es posible prever numerosas situaciones que no guardan relación con el caso actual. En primer lugar, si una parte contratante ha condicionado su consentimiento para el arbitraje al agotamiento de los recursos internos, condición permitida por el Convenio del CIADI, no podría prescindirse de esta exigencia invocando la cláusula de la nación más favorecida en relación a un acuerdo con terceros que no contenga este elemento, debido a que la condición estipulada refleja una re-

---

430   APPRIs entre Venezuela-Italia, Venezuela-Barbados, Venezuela-Reino Unido, y Venezuela-U. E. Belgo-Luxemburguesa.

431   *Maffezini v. España* (2000), *op. cit.* en nota 343 y *Siemens v. Argentina* (2004) *op. cit.* en nota 207.

432   *Salini v. Jordan* (2004) y *Plama v. Bulgaria* (2005).

433   *Maffezini v. España* (2000), *op. cit.* en nota 343.

gla fundamental de derecho internacional. Segundo, si las partes han acordado un mecanismo de solución de controversias que incluya la llamada "bifurcación del camino", esto es, la opción de someterse a los tribunales nacionales o bien al arbitraje internacional, pero en que una vez tomada la decisión ésta es definitiva e irrevocable, esta estipulación no puede ignorarse mediante la invocación de la cláusula. Esta conclusión es imperativa cuando se considera que de otro modo se alteraría el carácter definitivo de los arreglos pactados que muchos países estiman importantes como cuestión de política pública. En tercer lugar, si el acuerdo escoge un mecanismo determinado para el arbitraje, como por ejemplo el CIADI, esta opción no se puede cambiar invocando la cláusula, buscando someter la controversia a un sistema distinto de arbitraje. Finalmente, si las partes han acordado someterse a un sistema de arbitraje altamente institucionalizado que incorpore reglas de procedimiento precisas, como sucede, por ejemplo, con el Tratado de Libre Comercio de América del Norte y mecanismos similares, es claro que ninguno de ellos podría ser alterado mediante la aplicación de la cláusula pues estas disposiciones específicas denotan la voluntad precisa de las partes contratantes. Sin duda que las partes o los tribunales identificarán otros elementos de política pública que limiten el funcionamiento de la cláusula. En todo caso, debe quedar clara la distinción entre la legítima extensión de derechos y beneficios mediante la aplicación de la cláusula, por una parte, y la alternativa nociva de tratar de aplicar diversos Tratados para alterar los objetivos de política en que se fundamentan algunas disposiciones específicas, por la otra"[434].

Sin embargo en otras decisiones se considera como una cláusula que su aplicación tiene el propósito de armonizar los beneficios de los APPRIs suscritos por los Estados y proporcionar a la otra parte el trato más favorable. Así lo entiende el Tribunal del caso *Siemens vs. Argentina*[435]:

"La operación de la CNMF entendida de este modo contradiría el resultado que se pretendía con la cláusula que es el de armonizar los beneficios acordados con una parte con aquellos que son considerados mas favorables para otra parte. Obligaría a la parte que reclama un beneficio en virtud de un Tratado a considerar las ventajas y desventajas de ese Tratado en su totalidad y no sólo los be-

---

[434] *Ibídem*, paras. 62-63.

[435] *SIEMENS A.G. v. ARGENTINA*(Caso CIADI No. ARB/02/8) -DECISIÓN SOBRE JURISDICCIÓN, *op. cit.* en nota 207.

neficios. El Tribunal reconoce que hay cierta lógica en este supuesto, ya que se ha negociado un Tratado como un todo, y para que otras partes se beneficien, deberían también estar sujetas a las desventajas. Las desventajas podrían haber sido incluidas como compensación por las ventajas exigidas. Sin embargo, este no es el sentido de una CNMF. Como su propio nombre indica, sólo se vincula a un trato más favorable. Tampoco se establece ninguna correlación entre la generalidad de la aplicación de una cláusula particular y la generalidad de los beneficios y desventajas que el Tratado pueda incluir. Incluso si la CNMF es de naturaleza general, su aplicación se vinculará sólo a los beneficios que el Tratado de referencia garantice y hasta el punto en que los beneficios sean considerados como tales. Como se ha señalado anteriormente, pueden existir consideraciones de orden público que limiten los beneficios que pudieran ser reclamados por la aplicación de la CNMF, pero las aducidas por la Demandada no han sido consideradas pertinentes en este caso por el Tribunal".[436]

Como resultado de las divergencias planteadas, es posible que mediante una formulación amplia y extensiva de la cláusula NMF, como la redactada en los APPRIs suscritos por Venezuela antes mencionados, que su ámbito de aplicación pueda alcanzar tanto a las protecciones sustantivas como llegar a importar provisiones procesales de otros APPRIs[437] ya que la aplicación de la regla *Ejusdem Generis* seria integral a todas las provisiones del Tratado. En síntesis, la formulación anterior de aplicar el estándar NMF a todas las disposiciones del APPRI habilita el *treaty shopping* y facilita efectos no anticipados e indeseables para los Estados que han acordado tal provisión en sus APPRIs, como la multilateralización de las obligaciones de sus Tratados[438].

El segundo nivel de análisis de las peculiaridades de los APPRIs de Venezuela del período pre-revolucionario se decanta por las excepciones que se hacen patentes entre los mismos. Todos los Tratados, salvo el suscrito entre Venezuela y la Confederación Suiza, contienen excepciones de extender el trato más favorable al resto de los Estados parte de la red de APPRIs en función de su pertenencia a

---

[436] *Ibídem*, para. 120.

[437] Gaillard, E., "Establishing jurisdiction Through a Most-Favored-Nation Clause", *New York Law Journal*, Volume 233 — N° 105, June 2nd. 2005, p. 8.

[438] UNCTAD: *Most Favored Nation; Series on Issues in International Investment Agreements II, op. cit.* en para. 422 p. 99.

Organizaciones de Integración Económica Regional (OIER) y los Tratados de Doble Tributación (TDT) suscritos por dichos Estados. En términos de la excepción OIER su naturaleza deriva en que sin tal provisión, todos los beneficios y privilegios otorgados a un Estado en virtud de un acuerdo de libre comercio o unión aduanera deberían ser extendidos a los inversores de Estados no miembros del mismo como resultado de las obligaciones que se originan de la cláusula NMF. En segundo término, las excepciones TDT tienen sus fundamento en que los Estados parte de un Tratado de esta naturaleza renuncian parcialmente su derecho a gravar con medidas impositivas a sus nacionales en sus territorios como resultado de una relación de reciprocidad con otro Estado, en donde un tercer Estado ajeno al TDT no tiene cabida. Lo anterior sugiere que la Confederación Suiza disfrutaría de los beneficios de los OIER y los TDT suscritos por Venezuela convirtiéndolo en un *free-rider*[439].

Otras excepciones, además de las OIER y TDT se incluyen en la red de APPRIs refrendados por la República de Venezuela previo al año 1999. El Tratado entre la Venezuela y la República Federativa del Brasil, contempla que el Estado Brasileño se reserva, sin perjuicio de los estándares de tratamiento TN y NMF, el derecho de otorgar un tratamiento preferente a sus empresas nacionales de capital local en las compras del Estado según su normativa legal[440]. Dicha reserva de Brasil trae la interrogante razonable si la misma es conforme con el Derecho Internacional general, en la medida que cierto nivel de discriminación es aceptable en por parte de un Estado hacia extranjeros mientras no exceda el umbral de trato del estándar mínimo internacional. Por su parte el APPRI entre Venezuela y la República de Argentina, incluye entre las excepciones, los acuerdos bilaterales de financiación concesional suscrito entre Argentina e Italia (1987) y entre Argentina y el Reino de España (1988)[441].

---

[439] *Ibídem*, p. 20.

[440] APPRI entre Venezuela-Brasil, Protocolo: 1. Sin perjuicio de lo establecido en el párrafo 2 del Artículo 3, el Gobierno de la República Federativa del Brasil se reserva el derecho a otorgar tratamiento preferente a las empresas brasileñas de capital nacional en las adquisiciones de bienes y servicios por el Poder Público, en conformidad con lo estipulado en el párrafo 2 del Artículo 171 de la Constitución de la República Federativa del Brasil.

[441] APPRI entre Venezuela-Argentina, Artículo 4 - Tratamiento: c) los acuerdos bilaterales que proveen financiación concesional suscritos entre

En el caso de los APPRIs suscritos entre el Estado venezolano y la República Federal de Alemania[442] y la República del Perú[443], la reserva al otorgamiento de un trato más favorable gravita en función de posibles medidas que un Estado parte adopte por razones de seguridad, orden público, sanidad o moralidad. Finalmente, el APPRI vigente entre La República de Venezuela y el Gobierno de Canadá acota el trato más favorable hacia un inversor extranjero al que ambos Estados están obligados a extender, en virtud de sus respectivos compromisos adquiridos al adherirse a Tratados de integración regional, siendo en el caso de Venezuela el Acuerdo (denunciado) de Libre Comercio del Grupo de los Tres (el G-3) y en el caso de Canadá el trato relativo de NMF se limita al estándar garantizado en virtud de su incorporación al NAFTA[444].

Otra dimensión del alcance de los estándares relativos de protección se encuentra en su interacción con la provisión de indemnización por perdidas extraordinarias en los APPRIs suscritos por el Estado venezolano durante el período pre-revolucionario. Aun cuando los Estados huéspedes de las inversiones no son generalmente responsables por perdidas atribuibles a guerra, revolución, estado de emergencia nacional, revuelta, insurrección, disturbios u

---

la República Argentina con la República de Italia el 10 de diciembre de 1987 y con el Reino de España el 3 de junio de 1988.

[442] APPRIs entre Venezuela-Alemania, Protocolo: ... No se considerarán como trato "menos favorable" en el sentido del artículo 3 las medidas que se adopten por razones de seguridad interna o externa y orden público, sanidad pública o moralidad.

[443] APPRI entre Venezuela-Perú, Artículo 3 – Tratamiento: (5) Nada de lo acordado en el Presente Convenio impedirá a una Parte contratante adoptar las medias exigidas por razones de seguridad nacional interna y externa u orden público, siempre que no sean discriminatorias ni contrarias al Derecho Internacional.

[444] APPRI entre Venezuela-Canadá: ANEXO: II. NAFTA, Acuerdo del Grupo de los Tres y Excepciones. 1. Nada de este Acuerdo será interpretado en el sentido de obligar a una Parte contratante a extender a la otra Parte contratante, algún inversor de la otra Parte contratante, o a cualquier inversión, algún derecho, privilegio, preferencia o trato más favorable que aquél que está obligado a extender esa Parte contratante. en el caso de Canadá, en virtud del Acuerdo de Libre Comercio de Norteamérica ("NAFTA") a algún Estado, inversor o inversión a la cual sea aplicable el NAFTA; en el caso de Venezuela, en virtud del Acuerdo de Libre Comercio del Grupo de los Tres (el "G-3") a algún Estado, inversor o inversión a la cual sea aplicable el G-3.

otras circunstancias similares según el Derecho Internacional consuetudinario[445], la República de Venezuela acordó incluir en dieciséis de sus APPRIs[446] tal provisión de compensación a inversores extranjeros en función de los estándares TN y NMF. Una variación a la práctica anterior se encuentra en el Tratado suscrito entre Venezuela y Perú, que supedita la compensación por pérdidas exclusivamente estándar de TN.

Finalmente, en los APPRIs venezolanos del siglo XX encontramos que su mayoría, salvo seis excepciones[447], incluyen una provisión de condiciones mas favorables que implica la prevalencia de la condición más favorable que aplique al inversor extranjero tanto a nivel de la legislación del Estado Parte, pasada o futura, como a nivel de las normas del Derecho Internacional tanto vigentes como las que cristalicen en el futuro. Esta obligación implica una incertidumbre muy importante para el Estado venezolano que no ha mantenido una práctica uniforme en la elaboración de sus APPRIs. Venezuela, como muchos Estados en vías de desarrollo, puede verse en una posición muy compleja al tratar de descifrar la dimensión y alcance de las cláusulas contingentes en particular la del estándar de NMF debido a la inconsistencia de las decisiones arbitrales basadas en dicho estándar de protección, lo impreciso, amplio e inconsistente del fraseo en el texto de dicha provisión en la red de sus APPRIs, y la dificultad de resolver ambos temas previos a la hora de ejecutar nuevas negociaciones de Tratados.

En el contexto de los seis más recientes Laudos arbitrales en donde Venezuela ha fungido como demandada, previamente señalados, solo en caso *OI European Group B.V. v. Venezuela* el inversor extranjero ha invocado el uso de NMF con el fin de importar desde

---

[445] Freeman, A.V: *"Responsibility of states for unlawful acts of their armed forces"*, *op cit* en nota 394 p. 263

[446] APPRIs entre Venezuela-Italia, (1992), Venezuela-Barbados (1995), Venezuela-Reino Unido (1996), Venezuela-República Checa (1996), Venezuela-Alemania (1998) Venezuela-Costa Rica(1998), Venezuela-Canadá (1998), Venezuela-Suecia (1997), Venezuela-Suiza (1994), Venezuela-Uruguay (1998), Venezuela-Cuba (1996), Venezuela-Argentina (1994), Venezuela-Ecuador (1994), Venezuela-Paraguay (1997), Venezuela-España (1997) y Venezuela-Dinamarca (1994).

[447] APPRIs entre Venezuela-Italia (1992), Venezuela-República Checa (1996), Venezuela-Brasil (1997), Venezuela-Suecia (1997), Venezuela-Uruguay (1998), Venezuela-Chile (1994).

un tercer APPRI una provisión que considera más favorable. La contestación del Tribunal a esta petición no parecería ser contraria en términos del uso de la provisión NMF, sino que discrepa del alcance de la cláusula a ser importada, como se aprecia en el párrafo siguiente:

"La Demandante ha intentado acogerse a la excepción argumentando que el estándar de trato establecido en el Tratado entre el Reino Unido y Venezuela efectivamente es superior. El artículo 2(2) de ese Tratado indica que "[l]as inversiones de nacionales o compañías de cada Parte contratante deberán recibir en todo momento un trato justo y equitativo de conformidad con el Derecho internacional "531...El Tribunal no coincide con esta apreciación: no es cierto que el Tratado con el Reino Unido ofrezca un trato superior al estándar mínimo consuetudinario, pues en realidad solo ofrece a los inversores protegidos un TJE "de conformidad con el Derecho internacional". El Tratado no garantiza por lo tanto un TJE en abstracto, sino únicamente aquel reconocido por el Derecho internacional. Y el nivel de protección que ofrece y garantiza el Derecho internacional a los extranjeros es precisamente lo que se conoce como estándar mínimo consuetudinario... En resumen, el Tribunal concluye que *hic et nunc* se debe aplicar la regla general, y que el estándar de TJE del que disfruta la Demandante en relación con sus inversiones en Venezuela, es el estándar mínimo consuetudinario (o para utilizar la terminología del Protocolo al APRI "la norma mínima para el trato de nacionales extranjeros bajo el Derecho internacional")."[448]

Al analizar los APPRIs posteriores a la entronización de la nueva Constitución Bolivariana de 1999 existe una realidad bastante similar a la hasta ahora expuesta. En la mayoría de los APPRIs ambos estándares contingentes interactúen directamente en la misma provisión. En el APPRI entre Venezuela e Irán, la interacción se extiende a los estándares absolutos TJE y PPyS. Por otro lado, en el Tratado entre la Republica Bolivariana de Venezuela y la Republica Socialista de Vietnam, no se incluye el estándar de protección contingente de Trato Nacional. Esta práctica sugiere que los Estado Parte no desean extender el estándar de TN que disfrutan sus empresas locales a inversores extranjeros, sin embargo se podría argumentar que como el TN forma parte del estándar TJE en este contexto no podría excluirse de la aplicación del APPRI.

---

[448] *OI European Group B.V. v. Venezuela, op. cit.* en nota 379, para 481-483.

Lo antes descrito es particularmente cierto cuando gran parte de la industria ha sido absorbida por el Estado, como el caso de Venezuela, y es muy difícil garantizar el mismo nivel de subsidios en los precios a los inversores extranjeros[449].

Al abordar las excepciones de la aplicación de los estándares relativos en los APPRIs post-revolucionarios se observa que mantienen gran consistencia al valorarlas *versus* los APPRIs del período anterior. En todos los Tratados se evidencian las excepciones típicas OIER y TDT al alcance de los estándares contingentes.

Solo en el Tratado entre la Republica Bolivariana de Venezuela y la Confederación Rusa se incluye una excepción adicional de índole legal en que los Estados se reservan el derecho a aplicar, de acuerdo a su legislación, excepciones al Trato Nacional[450]. En el mismo APPRI también se circunscribe el alcance general del estándar NMF al nivel de trato conferido a los inversores extranjeros en los parámetros establecidos tanto por la Organización Mundial del Comercio, como las obligaciones que dimanan de la adhesión del Acuerdo General sobre el Comercio de Servicios (GATTS)[451] cuando se acotan los estándares de protección de expropiación, compensación por perdidas, y solución de controversias entre un Estado parte y un inversor extranjero. Lo anterior parece implicar que el estándar relativo de NMF del APPRI está circunscrito al alcance de las medidas en materia de Inversiones relacionadas con el Comercio (MIC) antes descritas.

---

[449]   UNCTAD: *National Treatment; Series on Issues in International Investment Agreements, op. cit.* en nota 419, p. 16.

[450]   APPRI entre Venezuela-Rusia. "Tratamiento de las inversiones: 3. Cada Parte contratante se reservará el derecho a aplicar y a introducir de acuerdo con la legislación de su Estado excepciones del tratamiento nacional respecto de inversionistas extranjeros y de sus inversiones, incluyendo reinversiones."

[451]   *Ibídem*: "Tratamiento de las inversiones: 5. Sin perjuicio de las disposiciones de los artículos 5, 6 y 9 de este Acuerdo, las Partes Contratantes no quedan comprometidas por este Acuerdo a acordar un tratamiento más favorable que el tratamiento acordado por cada Parte contratante según el acuerdo que establece la Organización Mundial de Comercio (OME) del 15 de abril de 1994, incluyendo las obligaciones del Acuerdo General sobre el Comercio de Servicios (GATS), y también de acuerdo con cualquier arreglo multilateral respecto del tratamiento de inversiones del que los Estados de ambas Partes Contratantes sean parte."

En función de la cláusula que se refiere a la indemnización por perdidas extraordinarias todos los APPRIs[452] suscritos por el Estado venezolano en el siglo XXI incluyen las protecciones de los estándares relativos en conjunción con dicha provisión. Finalmente, la provisión de condiciones más favorables se evidencia en más de la mitad de los APPRIs[453] revolucionarios, con las implicaciones ya especificadas en los Tratados del período socio-político que lo antecede.

Aproximando las implicaciones de la Ley de inversiones de Venezuela del 2014 sobre el entramado de APPRIS pre y post-Revolución Bolivariana que el Estado venezolano mantiene vigor, se encuentran algunos temas que sugieren ser complejos al confrontar ambos marcos jurídicos, en el contexto de las obligaciones adquiridas en función de los estándares relativos de protección NMF y TN. En primer lugar, la Ley parecería plantear algunas diferencias relevantes entre el inversionista y la inversión nacional, y el inversionista y la inversión extranjera, lo que puede ser entendido como una violación al estándar TN por poder representar una discriminación *de jure* sobrevenida con la nueva Ley. En segundo término, los MICs incluidos en la Ley parecerían también representar cierto grado de discriminación hacia el inversor extranjero vs. el nacional, posibilitando habilitar foros internacionales por violación del estándar TN del APPRI en cuestión.

En términos del estándar NMF la aplicación de la nueva Ley parecería ser aun más problemática, ya que la mayoría de los APPRIs contienen una provisión de condiciones mas favorables que se aplica tanto al marco jurídico nacional como al internacional y que afecte a los inversionistas extranjeros.

La provisión típica de los APPRIs en cuestión sigue en general la redacción siguiente:

"Si las disposiciones de la legislación de cualquier Parte contratante o las obligaciones de derecho internacional existentes o que se establezcan en el futuro entre las Partes Contratantes en adición al presente Convenio o si un Acuerdo entre un inversor de una Parte contratante y la otra Parte contratante contienen normas, ya sean generales o especificas que otorguen a las inversiones realizadas

---

452 APPRIs Venezuela-Bolivia, Venezuela-Francia, Venezuela-,Irán, Venezuela-Belarús, Venezuela-Vietnam y Venezuela-Rusia(2009)

453 APPRIs entre Venezuela-Bolivia, Venezuela-Belarús, y Venezuela-Vietnam

por inversores de la otra Parte contratante un trato más favorable que el que se establece en el presente Convenio, aquellas normas prevalecerán sobre el presente Convenio en la medida que sea mas favorable."[454]

El problema parecería plantearse ya que la Ley de inversiones de Venezuela del 2014 puede ser considerada menos favorable *versus* el marco legal venezolano precedente para las inversiones extranjeras. Lo anterior podría interpretarse como una disminución de las protecciones y derechos que el inversor ostenta. En este supuesto parecería que cabe la posibilidad de interpretación que el inversor podría invocar incumplimiento del Tratado por haber sido sometido a un tratamiento jurídico menos favorable en el Estado huésped, mediante la aplicación de la Ley de inversiones.

En suma, parecería que la aplicación de la nueva Ley de inversiones puede presentar problemas de contradicción al contrastarla con las protecciones que brindan al inversor extranjeros los estándares relativos TN y NMF en la mayoría de los APPRIs tanto pre como post proceso revolucionario.

D. *La Expropiación: El derecho a la expropiación del Estado dentro de la legalidad iusinternacional*

Ahora se procederá a evaluar el régimen convencional internacional en lo concerniente a la facultad de un Estado de expropiar la inversión de un inversor extranjero. Siguiendo la jurisprudencia arbitral, una expropiación se define como la privación forzosa de la propiedad y el beneficio potencial que un inversor recibiría de esta mediante un acto administrativamente idóneo llevado a cabo por el Estado como expresado en el caso *TECMED v. México*:

"Although formally an expropriation means a forcible taking by the Government of tangible or intangible property owned by private persons by means of administrative or legislative action to that effect, the term also covers a number of situations defined as de facto expropriation, where such actions or laws transfer assets to third parties different from the expropriating State or where such laws or actions deprive persons of their ownership over such assets, without allocating such assets to third parties or to the Government"[455].

---

[454] APPRI Venezuela-Ecuador, art. 7.

[455] *TECMED v. México*, Award, *op. cit.* en nota 335 para. 113.

Es clave indicar que está plenamente aceptado en el Derecho Internacional la facultad de los Estados Soberanos a expropiar a inversores extranjeros independientemente de su nacionalidad[456], si bien, en unas condiciones determinadas[457].

Lo antes expuesto claramente refleja la tradición jurídica referente al derecho soberano y permanente de los Estados a expropiar, contenido en varias resoluciones de la Asamblea General de las Naciones Unidas entre ellas la Resolución 1803, que reza:

"El derecho de los pueblos y de las naciones a la soberanía permanente sobre sus riquezas y recursos naturales debe ejercerse en interés del desarrollo nacional y del bienestar del pueblo del respectivo Estado... La nacionalización, la expropiación o la requisición deberán fundarse en razones o motivos de utilidad pública, de seguridad o de interés nacional, los cuales se reconocen como superiores al mero interés particular o privado, tanto nacional como extranjero. En estos casos se pagará al dueño la indemnización correspondiente, con arreglo a las normas en vigor en el Estado que adopte estas medidas en ejercicio de su soberanía y en conformidad con el derecho internacional. En cualquier caso en que la cuestión de la indemnización dé origen a un litigio, debe agotarse la jurisdicción nacional del Estado que adopte esas me-

---

[456] Sacerdoti, G. "Expropriation and compensation". en *Bilateral treaties and multilateral instruments on investment protection*. Collected Courses of the Hague Academy of International Law 269. Martinus Nijhoff Publishers, 1997, pp. 380-381.

[457] APPRI entre la República de Venezuela y el Reino de los Países Bajos: Artículo 6) Ninguna de las Partes Contratantes tomará medida alguna para expropiar o nacionalizar las inversiones de nacionales de la otra Parte contratante, ni tornará medidas que tuvieren un efecto equivalente a la nacionalización o expropiación en relación a tales inversiones, salvo que se cumplan las siguientes condiciones: a) dichas medidas se tomarán en el interés público y de acuerdo con el debido procedimiento jurídico; b) las medidas no serán discriminatorias o contrarias a ningún compromiso asumido por la Parte contratante que las tome; c) las medidas se tomarán previa justa compensación. Tal compensación representará el valor del mercado de las inversiones afectadas inmediatamente antes de tomarse las medidas o antes de que las medidas inminentes se hagan del conocimiento público, cualquiera que ocurra antes; incluirá intereses a una tasa comercial normal hasta la fecha de pago, y a fin de hacerse efectivo para los reclamantes, será pagada y hecha transferible sin demora indebida, al país designado por los reclamantes interesados y en la moneda del país del que los reclamantes interesados son nacionales o en cualquier moneda de libre convertibilidad aceptada por los reclamantes.

didas. No obstante, por acuerdo entre Estados soberanos y otras partes interesadas, el litigio podrá dirimirse por arbitraje o arreglo judicial internacional".[458]

También la Resolución 3171 aborda la "Soberanía permanente sobre los recursos naturales", y como su texto lo indica:

"Reafirma enérgicamente el derecho inalienable de los Estados a la soberanía permanente sobre todos sus recursos naturales ... Afirma que la aplicación del principio de la nacionalización por lo Estados, como expresión de su soberanía para salvaguardar sus recursos naturales, implica que cada Estado tiene derecho a determinar el monto de la posible indemnización y las modalidades de pago, y que toda controversia que pueda surgir deberá resolverse de conformidad con las legislación nacional de cada uno de los Estados que apliquen tales medidas".[459]

Las cláusulas sobre expropiación contenidas en los APPRIs, en general reflejan la codificación de las condiciones de una expropiación legal como son reconocidas como parte del Derecho Internacional consuetudinario[460]. Dicha provisión sigue la conclusión del primer *rapporteur* especial de la CDI que explicita que una expropiación de extranjeros puede generar responsabilidad internacional del Estado que expropia a menos que se lleve a cabo con ciertas condiciones como son fines de utilidad pública o interés público, no discriminación, sin arbitrariedad y sujetas a un pago como compensación[461]. Una expropiación que no llene las condiciones de legalidad previamente mencionadas que, en general, están codificadas en los APPRIs en la provisión de expropiación, genera responsabilidad internacional[462] por lo que debe ser reparada por el Estado que viola el Tratado[463].

---

[458] Resolución 1803 (XVII) de la Asamblea General, de 14 de diciembre de 1962, art. 1 y 4.

[459] Resolución 3171 (XXVIII), aprobada por la Asamblea General el 25 de noviembre de 1966, art. 1,3.

[460] Reinisch A., *Standards of Investment Protection*, Oxford University Press, Oxford 2008, p. 172.

[461] Garcia Amador, "*Fourth Report on State Responsibility*", Yearbook of the International Law Commission, 1959, vol. 2, para. 42, UNCAD, International Investment Agreements: Key Issues (2004) p. 235.

[462] Asamblea General Quincuagésimo sexto período de sesiones, 28 de enero de 2002, Resolución aprobada por la Asamblea General [sobre la base del

Un corolario fundamental referido a las obligaciones internacionales asumidas por un Estado en un APPRI y las consecuencias jurídicas de una violación de dichas obligaciones en la esfera *iusinternacional*, es que las transformaciones del marco jurídico interno son irrelevantes y no pueden ser invocadas como justificante del incumplimiento de un Tratado internacional como es el APPRI.[464]

Es de señalar que en general los APPRIs incluyen tanto las expropiaciones directas como las indirectas o medidas de efecto equivalente. Los términos de expropiaciones indirectas o de efecto equivalente pueden ser considerados indistintos[465]. Aun cuando las condiciones de la licitud de una expropiación directa según el Derecho Internacional son evidentes, las mismas no son tan claras para las indirectas y las medidas de efecto equivalente, ya que dichas expropiaciones son manifestaciones de acciones administrativas o de policía del Estado. La jurisprudencia arbitral, en el asunto *Tecmed v. México* considera como una expropiación indirecta aquella en la que medidas de un Estado de facto privan al inversor de su propiedad,[466]

informe de la Sexta Comisión (A/56/589 y Corr. 1)] 56/83. Responsabilidad del Estado por hechos internacionalmente ilícito. Art. 12: "Hay vio

en conformidad con lo que del exige esa obligación, sea cual fuere el origen o la naturaleza de esa obligación".

[463] *Ibídem*, Art. Artículo 34: Formas de reparación -

la forma de restitución, de indemnización y de satisfacción, ya sea de manera única o combinada, de conformidad con las disposiciones del presente capítulo.

[464] *Ibídem*, Artículo 32: Irrelevancia del derecho interno - El Estado responsable no puede invocar las disposiciones de su derecho interno como justificación del incumplimiento de las obligaciones que le incumben en virtud de la presente parte.

[465] UNCAD, "Issues Related to International Arreagements. Investor State Dispute and Policy implications", *Nota del Secretariado*, TD/B/COM.2/62, 14 de Enero de 2005, *Taking of property*, UNCAD Series on issues in international investment agreements, Naciones Unidas, 2000: http:// www.uncad.org/

[466] *Tecmed v. México, op. cit.* en nota 335, para. 113: "...El termino también cubre situaciones que constituyen una expropiación *de facto*, en las que tales actos o legislación transfieren los bienes que constituyen su objeto a terceros o terceros distintos del Estado expropiador, o cuando dicha legislación o actos privan de tales bienes a los sujetos que los sufren, sin atribuirlos a terceros o al propio Estado".

aun cuando no se evidencie formalmente una confiscación o transferencia de la propiedad de la misma[467]. Lo crítico es el efecto que sufre el inversor que, en sí, equivale a la perdida de su propiedad[468]. Las expropiaciones indirectas o medidas de efecto equivalente, por su carácter indefinido, representan las mayores dificultades para su determinación.[469]

El tema central de las expropiaciones indirectas y las medidas de efecto equivalente radican en el tipo de regulaciones estatales que son invocadas como las causantes de las mismas, y por lo tanto sujetas a compensación. En el mismo orden, el tipo de regulación estatal conducente a una expropiación indirecta se puede categorizar en expropiación regulatoria, cuando es una medida única que al ser tomada por el Estado con propósitos regulatorios incide en un impacto económico al valor de la inversión extranjera suficientemente importante para ser considerado como expropiatorio y, en segundo término, la expropiación incremental en donde la toma de la propiedad es el resultado de una serie de medidas por parte del Estado que individualmente no acarrearía una expropiación, pero la consolidación de las mismas produce tal efecto expropiatorio[470].

Al analizar la práctica Venezuela en la redacción de sus AP-PRIs de la última década del siglo XX se pueden catalogar varios grupos con similitudes importantes. Primero que todo, se agrupan los APPRIs que ofrecen en la provisión de expropiación la máxima protección a los inversores y a las inversiones del los Estados parte. El contenido de este tipo de cláusula se puede resumir en que pri-

---

[467] *Waste Management v México, op. cit.* en nota 346, para. 143: "…Cuando se alega una medida equivalente a una expropiación puede no haberse producido de manera efectiva una transferencia, una confiscación o una perdida de propiedad en contra de una persona o entidad, sino un efecto sobre la propiedad que hace irrelevante toda distinción formal de propiedad".

[468] *CMS v. Argentina,* Award, *op. cit.* en nota 206, paras. 262, 263: "The essential question is therefore to establish whether the enjoyment of the property has been effectively neutralized. The standard that a number of tribunals have applied in recent cases where indirect expropriation has been contended is that of substantial deprivation."

[469] A. Cosbey, *NAFTA's Chapter 11 and the Environment*, 2003. http://iisd.org *op. cit.* p. 3.

[470] UNCTAD: "TAKING OF PROPERTY", *Series on issues in international investment agreements*, UNITED NATIONS, New York and Geneva (2000), pp. 34.

mero se establecen claramente las condiciones de una expropiación legal en el sistema jurídico del Derecho Internacional previamente señalados[471]. En segundo término, la expropiación está definida en términos amplios que implica la protección a todos los tipos de activos tanto tangibles como intangibles. Tercero, la protección que dimana del APPRI cubre tanto expropiaciones directas como indirectas o de efecto equivalente. Subsiguientemente, la modalidad de pago a los inversores sigue la fórmula Hull, o sea, debe ser pronta, adecuada y efectiva, y dicha compensación debe llenar también las condiciones de ser honrada sin retrasos, equivalente al valor real del mercado de los activos inmediatamente antes de ser expropiados y en moneda libremente convertible. Finalmente, el inversor ostenta una opción unilateral de *ius standi* arbitral en un foro internacional para dirimir sus diferencias.[472]

Trece APPRIs[473] de los veintitrés firmados por la República de Venezuela en el siglo XX garantizan al inversor extranjero la máxima protección internacional en el evento de una expropiación, sin embargo algunos matices en este grupo de Tratados se hacen evidentes. Primero, en la obligación del pago de intereses, aun cuando está presente en todos los APPRIs incluidos en este grupo, su definición y fraseo puede redundar en resultados diferentes a la hora de un Laudo Arbitral. La fórmula más utilizada es la de tasa comercial lo que sugiere la tasa activa bancaria de los países desarrollados dejando un espacio de apreciación acotado al establecerlo. Alternativamente, se utiliza la tasa LIBOR[474] en el APPRI Venezuela-Italia, maximizando la precisión de la provisión. Por otro lado, encontramos los Tratados que dicha definición es amplia e imprecisa, como la encontrada en el APPRI Venezuela-Suiza, que solo

---

[471] García Amador, *op. cit.* nota 251.

[472] UNCTAD: "TAKING OF PROPERTY", *op. cit.* nota 257. p. 49

[473] APPRIs entre Venezuela-Italia, Venezuela-Países Bajos, Venezuela-Suiza, Venezuela-Argentina, Venezuela-Ecuador, Venezuela-Dinamarca, Venezuela-Barbados, Venezuela-Portugal, Venezuela-Lituania, Venezuela-Reino Unido, Venezuela-República Checa, Venezuela-Unión Belgo-Luxemburguesa, Venezuela-Costa Rica, y Venezuela-Canada.

[474] LIBOR es el acrónimo de London InterBank Offered Rate. El LIBOR es un tipo de interés indicativo y promedio al que una selección de bancos (el panel de bancos) se presta dinero sin cobertura en el mercado monetario de Londres. en http://es.global-rates.com/tipos-de-interes/libor/libor-informacion-de-fondo.aspx.

hace mención a sus intereses y el APPRI Venezuela-República Checa, que menciona que la compensación incluye intereses. En el mismo orden de las diferencias sutiles entre las redacciones de la provisión de expropiación que confiere máxima protección a los inversionistas encontramos que en diez de los Tratados se refuerza el concepto del debido proceso a la hora de una expropiación mediante la inclusión del derecho del inversor a una pronta revisión de la legalidad de la medida y conforme al debido proceso legal[475].

Durante el mismo período político venezolano, y en un segundo nivel protección, encontramos los APPRIs que en su provisión de expropiación adolece de algunos de los elementos previamente definidos en el máximo nivel de protección. Un primer grupo lo conforman los APPRIs que la definición de expropiación legal es incompleta[476]. En estos Tratados se omite la condición de legalidad que la expropiación debe ser no discriminatoria. La jurisprudencia arbitral sugiere que esta falencia estaría subsanada con el principio de no discriminación implícito en la provisión de Trato Justo y Equitativo de los APPRIs mencionados.

Entre el segundo grupo de APPRIs con una protección menor en su provisión de expropiación encontramos los Tratados con la disposición de compensación incompleta. Muestra de ello son dos APPRIs[477] que solo citan que se realizará el pago de una compensación, sin embargo al no circunscribirla a un valor determinado deja a juicio del Tribunal arbitral su alcance, que puede ir desde un valor en libros, muy conveniente para el Estado expropiador, hasta un valor de mercado que representa el criterio predominante en los Tribunales arbitrales de inversión. En el mismo sentido, tenemos los APPRIs que no contienen la obligación de reconocimiento de intereses en el momento de retrasos en los pagos por parte de un Estado en el supuesto de una expropiación[478]. Esta falencia pudiera ser franqueada importando este elemento mediante la invocación de la provisión de

---

[475] APPRIs entre Venezuela-Italia, Venezuela-Ecuador, Venezuela-Dinamarca, Venezuela-Barbados, Venezuela-Portugal, Venezuela-Lituania, Venezuela-República Checa, Venezuela-Reino Unido, Venezuela-Costa Rica y Venezuela-Canadá.

[476] APPRIs entre Venezuela-Cuba, Venezuela-Perú y Venezuela-Alemania.

[477] APPRIs entre Venezuela-Chile y Venezuela-Suecia.

[478] APPRIs suscritos entre Venezuela-Brasil, Venezuela-Suecia, Venezuela-Paraguay y Venezuela-España.

NMF de los APPRIs, sin embargo, se entra en la dialéctica de los tribunales arbitrales a la hora de una decisión, favorable o no, de la concesión de intereses de mora no previstos en el Tratado. Finalmente, en el entorno de la compensación por expropiación nos encontramos con los APPRIs[479] que no mencionan de manera explícita la fórmula Hull de pago lo que pudiera incidir en que el Estado al compensar una expropiación no lo hiciera de manera pronta, adecuada y efectiva. De nuevo, invocando la provisión de nación más favorecida pudiere subsanar esta carencia a la hora de entablar un Tribunal internacional de arbitraje de inversión.

En el contexto de los seis procesos arbitrales internacionales recientes en donde el Estado venezolano ha comparecido por incumplimiento de alguna provisión de los APPRIs, con resultados desfavorables para Venezuela, todos esos procesos han gravitado en torno a expropiaciones y la legalidad de las mismas con resultados que parecerían está en contraposición. Muestra de lo anterior se evidencia en:

❖   En el caso *Tidewater v. Venezuela,* la demandante argumento que la expropiación que había sufrido por parte del Estado venezolano era ilegal debido a que el pago no había sido oportuno además de haber una Ley nacional[480] que lo limitaba a valor de libros, lo que consideraba que era contrario al espíritu de la provisión de expropiación incluida en el APPRI que obligaba a que el pago fuese al valor de marcado siguiendo la *fórmula Hull* en lo que el pago se refiere. El Tribunal no concurre con la posición de la demandante ya que observa una diferencia fundamental entre una expropiación ilegal y una expropiación provisionalmente legal:

"The Tribunal concludes that a distinction has to be made between a lawful expropriation and an unlawful expropriation. An expropriation only wanting fair compensation has to be considered as a provisionally lawful expropriation, precisely because the Tribunal dealing with the case will determine and award such compensation....The essential difference between the two is that compensation for a lawful expropriation is fair compensation rep-

---

[479]   APPRIs entre Venezuela-Chile y Venezuela-Suecia.

[480]   Ley Orgánica que Reserva al Estado Bienes y Servicios Conexos a las Actividades Primarias de Hidrocarburos [Organic Law that Reserves to the State the Assets and Services Related to Primary Activities of Hydrocarbons] (7 May 2009) (Ex RL-1).

resented by the value of the undertaking at the moment of dispossession and reparation in case of unlawful expropriation is restitution in kind or its monetary equivalent...For present purposes, it suffices to conclude that the present expropriation was lawful, since it wants only compensation, a matter vouchsafed by the Parties to this Tribunal to determine according to the standards prescribed in the BIT".[481]

En lo que a las limitaciones que la Ley venezolana prescribe en el *quantum* de pago que debe ser acotado a valor de libros, el Tribunal parecería obviar esta restricción y decide en función a los parámetros APPRI en cuestión:

"As contracting Parties to the BIT, entrusted to this Tribunal by virtue of the consent to arbitration in Article 8 of the Treaty. Article 8(3) confirms that the arbitral award may determine, in case of a dispute relating to an expropriation, 'the amount of the compensation.' Thus, to use the language of the World Bank Guidelines, the present Tribunal is a 'Tribunal ... designated by the Parties' to determine the acceptable level of compensation...By virtue of the terms of the BIT and the consent to the determination of valuation by this Tribunal accorded by Venezuela thereunder, this Tribunal is not limited by the limits on valuation imposed by the Reserve Law. But this Tribunal is not disposed to find that the valuation limits in Article 6 of the Reserve Law are of such a character as to render the expropriation as a whole illegal[482]".

En el caso *ConocoPhillips v. República Bolivariana de Venezuela* el demandante argumenta que la expropiación es ilegal debido a que se ha violado el APPRI en su provisión de expropiación, ya que el Estado venezolano no ha cumplido con sus obligaciones de pago mediante una compensación "justa" y calculada al valor del mercado. El Tribunal acepta la posición de la demandante y concluye que Venezuela incumplido con la provisión de expropiación por lo que la misma se llevo a cabo de manera ilegal:

"The Tribunal accordingly concludes that the Respondent breached its obligation to negotiate in good faith for compensation for its taking of the ConocoPhillips assets in the three projects on the ba-

---

[481] TideWater v. Venezuela, *op. cit.* en nota 385, paras 141-145.
[482] *Ibídem*, paras 144 -145.

sis of market value as required by Article 6(c) of the BIT, and that the date of the valuation is the date of the Award"[483].

En el Laudo del caso en cuestión dos elementos se hacen evidentes. Primero, que aun cuando parecería que en esencia las reclamaciones de los demandantes coinciden en el fondo al catalogar las expropiaciones como ilegales por razones similares, tanto en este caso como en el anterior, los tribunales concluyen de manera opuesta. Segundo, que siendo en este caso una expropiación ilegal el Tribunal decidió en función al parámetro de compensación incluido en el APPRI y no recurrió a la doctrina *Chorzów Factory* de restitución del Derecho Internacional consuetudinario, codificado en el proyecto de artículos sobre Responsabilidad del Estado por hechos internacionalmente ilícitos.

"The essential principle contained in the actual notion of an illegal act a principle which seems to be established by international practice and in particular by the decisions of arbitral tribunals is that reparation must, as far as possible, wipe out all the consequences of the illegal act and reestablish the situation which would, in all probability, have existed if that act had not been committed. Restitution in kind, or, if this is not possible, payment of a sum corresponding to the value which a restitution in kind would bear; the award, if need be, of damages for loss sustained which would not be covered by restitution in kind or payment in place of it such are the principles which should serve to determine the amount of compensation due for an act contrary to international law. "[484]

A la hora de analizar los APPRIs del siglo XXI, encontramos que todos, a excepción de dos Tratados[485] ostentan la máxima protección a los inversores extranjeros en lo que expropiaciones se refiere. Dentro del grupo de APPRIs firmados después del año 2000 y con máxima protección en su disposición de expropiaciones se encuentran, sin embargo, algunas peculiaridades dignas de mención particularmente en lo que a la compensación y sus intereses se refiere en el evento de una expropiación legal por parte de uno de los Estados firmantes. En un extremo del espectro se encuentran

---

483 ConocoPhillips v. Venezuela, *op. cit.* en nota 384, para. 401.
484 *Chorzw Factory* (Merits) PCIJ Pubs A17, (A No. 17, p. 47; see also p. 29).
485 APPRIs entre Venezuela-Irán y Venezuela-Vietnam.

los APPRIs que acotan los intereses post-expropiación de manera concisa refiriéndole a la tasa LIBOR[486]. En el resto[487], la definición de intereses en menos precisa ya que solo hace mención a intereses comerciales o de mercado, dejando abierta la posibilidad de interpretación a un posible Tribunal Arbitral para dirimir el punto en cuestión.

En el segundo grupo de Tratados de inversión celebrados por el Gobierno Bolivariano de Venezuela en la primera década del siglo XXI, encontramos aquellos en los que los que la provisión de expropiación es incompleta. Ejemplo de lo anterior es el APPRIs que prescinde completamente de la mención de pago de intereses[488] y el APPRI que aun cuando hace mención a la obligación de compensar y pagar intereses, no define o acota ninguno de ambos[489].

En suma, tanto los Tratados firmados en el siglo XX como los suscritos por Venezuela durante el siglo XXI, presentan en la provisión destinada a la expropiación niveles de protección muy importantes y poca diferenciación en su redacción y contenido. Como consecuencia de lo anterior, al contrastar las variaciones de redacción del estándar de expropiación inmerso en los APPRIs pre y post Revolución Bolivariana *versus* la Ley de inversiones del 2014, parecería que tanto las restricciones que esta impone a la inversión extranjera como algunos de sus preceptos contrarios a los estándares insertos en los APPRIs serán obviados por los tribunales arbitrales internacionales como en el caso *ConocoPhillips v. Venezuela* al entender una demanda. En el mismo sentido, otras leyes de reciente data con un acentuado carácter punitivo como es la Ley Orgánica de Precios Justos[490] parecerían dar pie a nuevas reclamaciones arbitrales internacionales por su acentuada vocación expropiadora como se demuestra a continuación:

"Declaratoria de Utilidad Pública - Artículo 7. Se declaran y por lo tanto son de utilidad pública e interés social, todos los bienes y servicios requeridos para desarrollar las actividades de producción, fabricación, importación, acopio, transporte, distribución y comercialización de bienes y prestación de servicios. El Ejecutivo Nacio-

---

486 APPRIs entre Venezuela-Rusia y Venezuela-Belarús.

487 APPRIs entre Venezuela-Bolivia, Venezuela-Francia y Venezuela-Irán.

488 APPRI entre Venezuela-Irán.

489 APPRI entre Venezuela-Vietnam.

490 Ley Orgánica de Precios Justos, *op. cit.* en nota 11.

nal puede iniciar el procedimiento expropiatorio cuando se hayan cometido ilícitos económicos y administrativos de acuerdo a lo establecido en el artículo 114 de la Constitución de la República Bolivariana de Venezuela y, cualquiera de los ilícitos administrativos previstos en la presente Ley. En todo caso, el Estado podrá adoptar medida de ocupación temporal e incautación

mediante la posesión inmediata, puesta en operatividad, administración y el aprovechamiento del establecimiento, local, bienes, instalaciones, transporte, distribución y servicios por parte del órgano o ente competente del Ejecutivo Nacional, a objeto de garantizar la disposición de dichos bienes y servicios por parte de la colectividad. El órgano o ente ocupante   procurar la continuidad de la prestación del servicio o de las fases de la cadena de producción, distribución y consumo, de los bienes que corresponda. En los casos de expropiación, de acuerdo a lo previsto en este artículo, se   compensar y disminuir del monto de la indemnización lo correspondiente a multas, sanciones y daños causados, sin perjuicio de lo que establezcan otras leyes".

E. *La Compensación por Pérdidas Extraordinarias: Una concesión graciosa del Estado para incentivar la inversión*

Las pérdidas de inversores extranjeros por causas excepcionales como son guerra, insurrección, emergencia nacional, revolución o conflictos civiles, a diferencia de una expropiación legal, no crean obligaciones al Estado receptor de la inversión para su compensación[491], por lo que protecciones de esta índole se instrumentan de manera convencional como un incentivo al inversor extranjero con el fin de captar sus inversiones.

Los APPRIs suscritos por la República de Venezuela en el siglo XX aproximan en general la protección graciosa de compensación por perdidas extraordinarias de los Estados parte en dos ángulos. El primero de estos, que lo conforman la proporción preponderante de los APPRIs, se evidencia una protección base destinada a preservar la inversión extranjera en eventos acaecidos de manera fortuita como los ya mencionados, articulada mediante las provisiones relativas de TN y NMF. En segundo término, la provisión viene acompañada por el estándar de trato absoluto PPyS.

---

[491] UNCTAD (1998). *Bilateral investment treaties in the mid-1990s, op. cit.* en nota 388. p. 37.

Dentro del primer grupo de APPRIs se encuentran algunas variaciones al modelo previamente descrito. Diecisiete de los Tratados firmado por Venezuela en este período adoptan como referencia ambos estándares relativos al momento de estructurar la provisión de protección por perdidas extraordinarias y los Estados parte se comprometen a resarcir a los inversores extranjeros mediante restitución, indemnización o compensación en fusión de sus acciones de esta índole hacia sus nacionales y nacionales de cualquier tercer Estado. El trato garantizado es no menos favorable que el otorgado a terceros y a propios siguiendo el objetivo de no discriminar a la hora de desagraviar las inversiones extranjeras. En el mismo orden, en cuatro de los APPRIs[492] se añade en la redacción la condición según sea más favorable que representa una posición de ventaja *versus* nacionales y extranjeros lo que implica discriminación en positivo en el trato a estos inversores foráneos.

Incluido en la misma línea hermenéutica se evidencian los APPRIs que contienen alguna falencia en su estructura, como es el caso del APPRI entre Venezuela y Lituania donde su protección relativa se centra en la NMF no incluyendo una referencia al TN lo que implica que, de hecho, los Estados parte podrían discriminar las inversiones extranjeras *versus* el trato garantizado a sus propios inversores en la esfera de compensación por pérdidas extraordinarias. En el otro extremo de este *continuum* se encuentra el APPRI entre Venezuela y Perú que solo se refiere a la protección contingente del TN obviando mención a la de NMF con el efecto inverso sobre el trato a la inversión ya señalado anteriormente. En adición, se agrupan los APPRIs[493] que solo prevén una compensación en las situaciones fortuitas extraordinarias excluyendo restituciones o indemnizaciones. La exclusión anterior limita la oferta de la protección efectiva del Estado huésped ante los inversores extranjeros, ya que en el evento de un litigio de inversión el Tribunal arbitral probablemente entendería dicha falencia como un acuerdo entre las partes. En el entramado de APPRIs representa una excepción y no la regla general de garantizar restitución, indemnización o compensación no discriminatoria a los inversores del Estado contraparte.

---

[492] APPRIs entre Venezuela-Países Bajos, Venezuela-Chile, Venezuela-Dinamarca y Venezuela-Costa Rica.

[493] APPRIs entre Venezuela-Italia, Venezuela-Lituania, Venezuela-Cuba y Venezuela-Uruguay.

Un segundo grupo de APPRIs celebrados entre el Estado venezolano y Estados parte del Commonwealth Anglo-Sajón[494], cuenta con la conjunción de las protecciones relativas de TN y NMF con el de PPyS. Los anteriores incluyen en la redacción de la cláusula de compensación por pérdidas extraordinarias todos los elementos previamente señalados en el primer grupo, con la adición no relevar al Estado de sus obligaciones en virtud del Derecho Internacional de compensar o restituir el inversor extranjero, si los daños sufridos son el resultado de acciones excesivas de las fuerzas del Estado o que no hayan sido causadas por acciones de combate o no requerida por la situación.

Finalmente, entre los APPRIs en vigor desde la última década del siglo XX se encuentra el suscrito con Portugal que carece por completo de la provisión compensación por pérdidas extraordinarias. En este caso es aplicable el Derecho Internacional general que a través de las protecciones que confiere el estándar mínimo al inversor extranjero este tendría acceso a la obligación de vigilancia y protección en el Estado huésped,   como la facultad de ser reparada la violación en consecuencia de la responsabilidad internacional. "Esta solución también serviría para conceder una indemnización a los inversores que sufran pérdidas atribuidas a órganos del Estado huésped, cuando el APPRI aplicable no lo disponga explícitamente".[495]

Al analizar las peculiaridades de los APPRIs firmados en el siglo XXI que, en esencia, deberían tener en perspectiva de la nueva Constitución de la República Bolivariana de Venezuela se encuentra primero que todo el Tratado suscrito con la República de Belarús (2008). El mismo ostenta el máximo nivel de protección ya que contiene tanto las protecciones relativas de TN y NMF aunada a la garantía de restitución, indemnización o compensación siguiendo la modalidad de la fórmula Hull en el contexto de que la misma sea la más favorable. En adición, el APPRI hace una reminiscencia a los Tratados en vigor con los países de la órbita Anglo-Sajona al incluir la protección absoluta de trato Plena Protección y Seguridad en el contexto de Compensación por pérdidas extraor-

---

[494]   APPRIs entre Venezuela-Barbados y Venezuela-Reino Unido.

[495]   Pastor Palomar, A., "La protección de las inversiones extranjeras en conflictos armados y situaciones de emergencia" en Agenda Internacional Año XIII, No. 24, 2007, p. 304.

dinarias. En el mismo orden, encontramos el APPRI en vigor entre La República Bolivariana de Venezuela y La República Socialista de Vietnam (2009) diseñado de manera exacta al anterior, solo que omite el principio discriminatorio en positivo hacia el inversor extranjero como consecuencia de no asegurarle un trato más favorable manteniendo en perspectiva a los inversores locales y los inversores de terceros Estados.

A continuación, se encuentran el resto de los APPRIs celebrados en el siglo XXI por la República Bolivariana de Venezuela con variaciones menores al modelo base consistente en el triángulo de protecciones contingentes, trato no menos favorable y compensación. Primero que todo, aparece el Tratado de inversión firmado con Rusia que contiene todos los elementos base del esquema haciendo explícito que las garantías incluyen una restitución, indemnización o compensación. Siguiendo el modelo anterior, pero solo citando en su provisión que los inversionistas extranjeros se beneficiarán de la protección según sea más favorable, están los APPRIs firmados entre Venezuela y la República de Francia y la República Islámica de Irán. Finalmente, se evidencia el APPRI entre la República Bolivariana de Venezuela y la República Plurinacional de Bolivia que se refiere en sus protecciones a indemnización exclusivamente.

Los hallazgos anteriores llevan a la conclusión de que la práctica Venezuela a la hora de diseñar la provisión compensación por pérdidas extraordinarias no ha evolucionado significativamente en los períodos pre y post Constitución de la República Bolivariana de Venezuela. Por consiguiente, ni las circunstancias prácticas ni la legislación interna han implicado modificaciones en la práctica internacional.

F. *La Libre Transferencia de Capitales: Un compromiso del Estado y una garantía para el inversor*

Las disposiciones de los APPRIs que tratan sobre la libre transferencia de ganancias, capitales, y otros pagos que garantizan la adecuada operación de sus inversiones son de gran relevancia para los inversores extranjeros[496]. Aun cuando en el Derecho Internacional consuetudinario el Estado ostenta una casi absoluta soberanía mone-

---

[496] UNCTAD. *Transfer of funds*. Series on Issues in International Investment Agreements (New York and Geneva: United Nations Publications, Sales No. E.00.II.D. 38.

taria[497], sin embargo, las restricciones que el Estado impone a un inversor extranjero en este respecto puedan dar lugar a reclamaciones fundamentadas en discriminación y expropiación[498]. La jurisprudencia arbitral pareciera ser escasa en este respecto[499] sin embargo, en el caso *Metalpar S.A v. Argentina*[500] se conjugan las reclamaciones anteriores por parte del inversor extranjero. En términos de la expropiación el demandante alega que la violación al Tratado se sustenta en una expropiación indirecta de sus derechos y créditos:

> "Metalpar does not base its claim on the fact that its investment has been expropriated by Argentina. SPECIFICALLY, WHAT HAS BEEN EXPROPRIATED ARE THE RIGHTS AND CREDITS METALPAR HAD AGAINST ITS CLIENTS, WHICH IT HAS NOT BEEN ABLE TO EXERCISE FULLY BECAUSE THE ARGENTINE AUTHORITY HAS PREVENTED IT FROM DOING SO BY MEANS OF THE FINANCIAL MEASURES ISSUED TO THAT EFFECT" ...Similarly, they stated at the hearing that: "In our opinion, the issue here is not the valuation of the investments, but an expropriation of credits, a contractual breach... what had been expropriated were the loan agreements signed between Metalpar Argentina S.A. and its customers"[501]

Los hallazgos anteriores llevan a la conclusión de que la práctica Venezuela a la hora de diseñar la provisión compensación por pérdidas extraordinarias no ha evolucionado significativamente en los períodos pre y post Constitución de la Republica Bolivariana de Venezuela. Por consiguiente, ni las circunstancias prácticas ni la legislación interna han implicado modificaciones en la práctica internacional.

En términos de la violación del APPRI por discriminación el demandante arguye que su inversión había sido discriminada al limitarle la posibilidad de transferir los fondos a sus accionistas, por lo anterior: "*According to Claimants, Argentina breached the guar-*

---

[497] Shuster. M. R.: *The Public International Law of Money*, Oxford University Press, Oxford 1973, pp. 1-91.

[498] R. Dolzer & M. Stevens, "*Bilateral Investment Treaties*", op. cit. en nota 208, pp. 1-99.

[499] A. Newcombe & L. Paradell, "*Law and Practice of Investment Treaties*", op. cit. en nota 208, pp. 405-412.

[500] *Metalpar S.A v. Argentina.*

[501] *Ibídem*, paras. 166-167.

antee of transfer of funds included in the BIT and thus discriminated against them as compared to other foreign investors"[502]. El Tribunal no concurre con la reclamación ya que concluye:

> "The Tribunal concludes that Claimants, who knew the regulations on this matter well, as indicated in the file, did not comply with the established procedure, which consisted of requesting authorization from the Central Bank, not BankBoston, and that Argentina did not breach article 5(b) of the BIT, which guarantees the transfer of funds abroad.
>
> Should it be concluded that the events were the result of incorrect advice provided by BankBoston to Claimants, the consequences of that error could not be charged to Argentina either[503]".

Las protecciones que garantizan al inversor extranjero los AP-PRIs típicamente están circunscritas a tres componentes fundamentales: el tipo de moneda a ser usada en el intercambio, la tasa de cambio a ser utilizado y el acotamiento del tiempo para la realización de las transferencias. Estas garantías pueden experimentar limitaciones mediante las excepciones que los Estados imponen a las transferencias de dinero al acordar un APPRI[504]. En adición a los tres factores típicos que componen las protecciones al inversor extranjero en la provisión de libre transferencia de capitales la misma se complementa con otros aspectos recurrentes como son la amplitud de los fondos a ser transferidos y el grado de independencia de la disposición *versus* la legislación del Estado huésped de la inversión.

Al analizar los APPRIs suscritos por Venezuela en el siglo XX observamos que en general garantizan la libre e irrestricta transferencia de fondos en un contexto de independencia a la legislación del Estado huésped de la inversión. Solo en cuatro APPRIs[505] se limita a que las transferencias se realicen de acuerdo a las leyes del Estado receptor, lo que reduce la protección del inversor extranjero ya que las leyes y regulaciones del Estado donde se desarrolla la

---

[502]   *Ibídem*, para. 176.

[503]   *Ibídem*, paras, 178-179.

[504]   A. Newcombe & L. Paradell, *op. cit.* en nota 208, p. 417.

[505]   APPRIs entre Venezuela-Italia, Venezuela-Portugal, Venezuela-Perú y Venezuela-Paraguay.

inversión extranjera son susceptibles a cambios que pueden ir en detrimento del inversor[506].

En función a la amplitud de los tipos de fondos que pueden ser transferidos libremente relacionados con la inversión, la mayoría de los APPRIs suscritos por el Estado venezolano están estructurados mediante una lista abierta e ilustrativa de opciones, lo que permite incluir nuevos tipos de fondos a ser transferidos no previstos originalmente por los Estados contratantes del Tratado. La práctica anterior parecería estar concebida con el fin de maximizar las opciones y alcance de los tipos de transferencias. En el otro extremo encontramos en los APPRIs que restringen las opciones de fondos a ser transferidos una lista cerrada de alternativas[507]. Finalmente, los APPRIs suscritos entre Venezuela y los países de la órbita del Commonwealth en el Siglo XX[508] omiten la lista de conceptos a ser transferidos y los reduce a las inversiones y rentas, lo que podría dar cabida a interpretaciones en un Tribunal arbitral de lo que efectivamente se incluye en la redacción de esta provisión.

Las protecciones que garantiza la provisión libre transferencia de capitales a los inversores extranjeros en los APPRIs suscritos por Venezuela en la década de 1990 se pueden agrupar, primero que todo, en función del tipo de cambio a ser usado a la hora de una transferencia de fondos relacionados con la inversión. Siete APPRIs[509] omiten el concepto dejando una laguna interpretativa muy relevante en el escenario de controles de cambio en alguno de los Estados parte, como es la realidad experimentada en Venezuela desde el año 2002 con tipos de cambios oficiales múltiples.

En el otro extremo del *continuum* encontramos el APPRI celebrado entre la República de Venezuela y la República de Alemania, que además de acotar la tasa de cambio a la vigente en la fecha de la transacción circunscribe la misma a la tasa *cross rate*[510] del Fondo

---

506 UNCTAD, *BILATERAL INVESTMENT TREATIES 1995–2006: TRENDS IN INVESTMENT RULEMAKING, op. cit.* en nota 204, p. 59.

507 APPRI entre Venezuela-Italia y Venezuela-Dinamarca.

508 APPRI entre Venezuela-Reino Unido y Venezuela-Barbados.

509 APPRIs entre Venezuela-Países Bajos, Venezuela-Suiza, Venezuela-Chile, Venezuela-Portugal y Venezuela- Lituania.

510 Información de la tasa diaria del cross rate entre los países participantes está disponible en la página del Fondo Monetario Internacional:

Monetario Internacional, en el evento de alguna incertidumbre en este respecto durante un control de cambio en algún Estado parte. El *cross rate* representa una tasa de cambio indicativa de las monedas participantes, entre las que se encuentra el BF. de Venezuela. Estas tasas de cambio son normalmente valoradas *versus* el US$ y son reportadas diariamente al FMI por el Banco Central del Estado miembro de donde la moneda es emitida. De manera similar, se evidencian los APPRIs [511] que precisan que el tipo de cambio a ser utilizado sea el aplicable a la fecha de la transacción y en conformidad con las reglamentaciones cambiarias que estén en vigor. El resto de los Tratados del período pre-revolucionario usan fórmulas generales, con diferentes redacciones en la definición de la tasa de cambio en su cláusula libre transferencia de capitales. Ello sugiere interpretaciones diversas, y posiblemente contradictorias, en el evento de una potencial reclamación arbitral.

En función a la moneda a ser utilizada para la ejecución de las transferencias de fondos necesarias para el desarrollo de la inversión, la práctica en los APPRIs venezolanos del Siglo XX es bastante consistente, salvo dos excepciones[512] que omiten este elemento en la provisión dedicada a la transferencia de capital. Cinco APPRIs[513] utilizan la moneda en que fue realizada la inversión u otra acordada por las partes, lo que confiere gran flexibilidad tanto a inversor extranjero como al Estado huésped para la elección en común de la moneda en que se realizará la transferencia de fondos. El resto de los APPRIs simplemente instruyen que la moneda a ser utilizada para las transferencias sea de libre convertibilidad, que implícitamente refiere a monedas duras utilizadas ampliamente en el comercio global.

El tercer ángulo de protección que ofrecen los APPRIs suscritos por Venezuela en el siglo pasado referido a la provisión libre transferencia de capitales, lo constituye el tiempo efectivo para ejecutar la transferencia de fondos relacionados con una inversión. La mayoría

---

https://www.imf.org/external/np/fin/data/rms_mth.aspx?SelectDate=2014-12-31&reportType=REP

[511] APPRIs entre Venezuela-Reino Unido, Venezuela-Barbados y Venezuela-Paraguay.

[512] APPRIs entre Venezuela-Alemania y Venezuela-Portugal.

[513] APPRIs entre Venezuela-Italia, Venezuela-Dinamarca, Venezuela-Barbados, Venezuela-Reino Unido y Venezuela-Canadá.

de los APPRIs garantizan que las transferencias se llevaran a cabo sin demora. La redacción anterior es acotada de manera más específica en Tratados en donde se determina que el máximo tiempo razonable para significar sin demora es entre uno[514,] dos[515], tres[516] y seis meses[517.] La generalidad anterior se encuentra limitada por sendas excepciones[518], que omiten la mención completamente minimizando la protección al inversor extranjero.

Como complemento a las protecciones y garantía señaladas, algunas adiciones y excepciones se hacen presentes en los APPRIs venezolanos, en cuanto a la provisión de transferencia de fondos se refiere. Entre las adiciones se encuentra el uso de los estándares relativos al trato. En el APPRI celebrado entre Venezuela y Lituania, se incluye en la provisión destinada a la libre transferencia de capitales los estándares contingentes de TN y NMF, garantizándole al inversor extranjero la máxima protección que un Tratado ofrece en términos relativos *versus* inversores locales y foráneos. En el mismo orden, el APPRI suscrito entre la República de Venezuela y el Reino de España, adopta el estándar de NMF maximizando la protección del Tratado vs. cualquier otro APPRI suscrito con un Tercer Estado. En cuanto a las excepciones, dos APPRIs[519] limitan la libre transferencia de fondos en dos sentidos: primero, cuando el inversor incurra en bancarrota, insolvencia, o delitos; y segundo, cuando el Estado huésped de la inversión experimente dificultades financieras excepcionales o graves de balanza de pagos que lo obliguen de manera equitativa y no discriminatoria limitar temporalmente las transferencias de fondos.

La excepción anterior en ambos Tratados viene complementada por el estándar absoluto de TJE reafirmando los principios de buena fe, no discriminación y equidad.

En la jurisprudencia arbitral internacional reciente, emanada de los casos que han encontrado a Venezuela como responsable de

---

[514] APPPRI entre Venezuela-Portugal.

[515] APPRIs entre Venezuela-Chile, Venezuela-República Checa y Venezuela-Alemania.

[516] APPRIs entre Venezuela-España y Venezuela-Costa Rica.

[517] APPRI entre Venezuela-Italia.

[518] APPRIs entre Venezuela-Dinamarca y Venezuela-Paraguay.

[519] APPRI entre Venezuela-Canadá y Venezuela-Costa Rica.

violaciones de algún estándar de protección inserto en un APPRI, solo el caso *OI European Group B.V. c. República Bolivariana de Venezuela* parecería aproximar las presuntas violaciones a las protecciones de libre transferencia de fondos por parte del Estado venezolano. En dicho caso la parte demandante afirma:

"... que la República Bolivariana también incumplió el art. 5 del APRI, que garantiza que "los pagos relacionados con una inversión podrán ser transferidos ... en una moneda de libre convertibilidad, sin restricción o demora indebida" ... OIEG acusa a la República Bolivariana de haber incumplido esta garantía por partida doble: - En primer lugar, porque las solicitudes de transferencia de fondos ... sufrieron retrasos injustificados; las solicitudes se presentaron ... y fueron desestimada ... - casi tres años y medio después - por el CADIVI, el órgano de la República encargado del control de cambios; además, la decisión fue adoptada justo una semana después de la presentación de este arbitraje, ...- En segundo lugar, porque el CADIVI denegó la transferencia de los dividendos declarados ... la decisión del CADIVI se baso en una inferencia inexacta: que los dividendos ya habrían sido pagados ...; en realidad, los dividendos aparecían en el balance de las Empresas venezolanas como "cuentas a pagar", porque habían sido adelantados al grupo en forma de préstamo[520]".

En este contexto el Tribunal arbitral no coincide con los argumentos de la demandante ya que, a su juicio, el APPRI no ofrece a los inversores una garantía absoluta de que podrán repatriar sus utilidades en todo momento y aplicando el tipo de cambio del mercado oficial. Lo que si ofrece el APPRI es:

"... únicamente garantiza la conversión y transferencia de los fondos "sin restricción o demora indebida". A *sensu contrario* el precepto permite que el Estado cree restricciones o demoras por causa justificada. La implantación de sistemas de control de cambio forma parte de la soberanía económica y financiera de los Estados – y no constituye una "restricción indebida" a efectos del APRI. Creado un sistema de control de cambios, el Estado puede legítimamente optar por una estructura monista, o preferir – como ha hecho Venezuela - un sistema dual, con un mercado oficial y otro paralelo. La opción por una u otra alternativa es una decisión de carácter político, fuera del ámbito de revisión de los tribunales arbitrales"... Al margen de este sistema de control de cambios

---

[520] *Ibídem*, para 596-597.

creado por el gobierno, existió siempre la posibilidad de obtener USD de Venezuela a través del mercado paralelo de divisas. Este mercado consistía en la compra con VEB de bonos soberanos de Venezuela o de bonos corporativos y su posterior venta en USD. El tipo de cambio de este mercado paralelo surgía del juego de la libre oferta y demanda y siempre fue menos favorable que el tipo de cambio oficial. 620.

En el año 2003 Venezuela decidió instaurar un régimen de control dual, que cuando ocurrieron los hechos objeto de análisis 692, permitía a todo inversor extranjero en Venezuela que precisara de divisas acudir indistintamente a un mercado oficial o a un mercado paralelo para obtenerlas."[521]

Al trasladar el análisis de la disposición libre transferencia de capitales en los APPRIs de Venezuela del nuevo milenio, se encuentra que la práctica esta equitativamente dividida entre los APPRIs que garantizan una libre e irrestricta transferencia de fondos en conformidad con la legislación de los Estado Parte[522] y aquellos independientes de la legislación Estatal[523]. En segundo término, al contrastar los Tratados en el mismo período en fusión del tipo de los fondos relacionados con la inversión que son de libre transferencia, se encuentra que todos los Tratados contienen una lista abierta indicativa que maximiza los conceptos incluidos tanto actuales como potenciales, a excepción del APPRI suscrito entre la República Bolivariana de Venezuela y la República Francesa, con un corte de lista restrictiva.

Al evaluar las garantías y protecciones que la provisión libre transferencia de capitales otorga a los inversores extranjeros en los APPRIs del siglo XXI, se evidencia al referirse al tipo de cambio a aplicar a la hora de transferir fondos, que el mismo está sujeto a su conformidad con el régimen de divisas en vigor en el Estado receptor de la inversión en todos los APPRIs, salvo dos excepciones[524], que simplemente garantizan al inversor que la transferencia se realizará según la tasa de cambio normal vigente en el mercado. En términos de la moneda en la cual se ejecutarán las transferencias de fondos en todos los APPRIs, se utiliza la misma estructura disposi-

---

[521] *Ibídem.* paras. 619-627

[522] APPRIs entre Venezuela-Irán, Venezuela-Belarús y Venezuela-Vietnam.

[523] APPRIs entre Venezuela-Bolivia, Venezuela-Francia y Venezuela-Rusia.

[524] APPRIs R. B. Venezuela con R. P. Bolivia (2000) y R. Francesa (2002).

tiva en divisa convertible, a excepción del Tratado entre la República Bolivariana de Venezuela y la República de Francia, que omite el tema completamente. Finalmente, en todos los APPRIs post-revolucionarios hay consistencia en función del tiempo aceptable para la realización una transferencia de fondos quedando estable-cido en sin demora, salvo la excepción del APPRI suscrito entre la República Bolivariana de Venezuela y la República Socialista de Vietnam, que omite mención en este aspecto.

Por lo que respecta a las excepciones a la libre transferencia de capitales, se encuentran las manifiestas en los APPRIs que limitan las transferencias al cumplimiento de las obligaciones fiscales del inversor[525]. Por su parte, en el Tratado entre Venezuela y Bolivia, se hace patente la excepción de limitar la libre transferencia de fondos en circunstancias excepcionales dentro de un marco de no discri-minación y un trato justo y equitativo.

En suma, se puede afirmar que la práctica del Estado vene-zolano en el siglo XXI, al encarar la protección que dimana de los APPRIs referida a libre transferencia de capitales, es sustancial-mente más conservadora que en los Tratados del período pre-revolucionario, dejando un margen muy importante a los Estados parte para controlar el flujo de fondos hacia el exterior. El cambio de postura de Venezuela en los APPRIs del nuevo milenio en fun-ción de la provisión de libre transferencia de fondos, parecería converger de manera significativa a la realidad que vive el Estado a nivel de controles y restricciones económicas, tales como el control de cambios vigente en Venezuela desde comienzos de la década pasada. Sin embargo, los APPRIs que conservan una estructura más liberal de dicha provisión que, en sí, son los más numerosos como analizado previamente, representan para Venezuela un ries-go patente de reclamaciones por incumplimiento del Tratado que podrían redundar en nuevos litigios de inversión cimentados sobre violaciones de las garantías de libre transferencia de fondos y capi-tales inciertas en los APPRIs.

G. *La Cláusula Paraguas: El manto de protección que cubre los con-tratos*

El objetivo de la provisión cláusula paraguas en el Tratado es garantizar la observancia de la obligaciones asumidas por el Estado receptor de la inversión de cara al inversor extranjero. Dicha dispo-

---

[525] APPRIs entre Venezuela-Belarús y Venezuela-Rusia.

sición puede ser vista como un puente entre los arreglos contractuales privados, la Ley nacional del Estado huésped y el Derecho Internacional público, proporcionando al inversor extranjero más seguridad[526]. En general, se puede afirmar que al incluir en los AP-PRIs una cláusula paraguas, implica que al evidenciarse una violación de un contrato relativo a la inversión extranjera, incidirá en una violación del APPRI,[527] sin embargo, la afirmación anterior no es absoluta y parecería ser dependiente de la redacción de la misma. Tribunales arbitrales han tomado decisiones diametralmente opuestas en casos similares siendo *SGS vs. Pakistán*[528] y *SGS v. Filipinas*[529] los más emblemáticos.

La práctica de Venezuela en la última década del siglo XX es homogénea en este respecto y en los trece APPRIs[530] celebrados, que incluyen una Cláusula Paraguas, se utiliza una redacción aná-

---

[526] Dolzer R. & Schreuer C., *"Principles of International Investment Law"*, *op. cit* en nota 149, p. 155.

[527] Schreuer, C., "Travelling the BIT route: Of waiting periods, umbrella clauses, and fork in the road", *Journal of World Investment and Trade* (2004), vol. 5, No. 2, pp. 255.

[528] SGS Société Générale de Surveillance S.A. versus Islamic Republic of Pakistan, CASE No. ARB/01/13: 173. The Tribunal is not saying that States may not agree with each other in a BIT that henceforth, all breaches of each State's contracts with investors of the other State are forthwith converted into and to be treated as breaches of the BIT. What the Tribunal is stressing is that in this case, there is no clear and persuasive evidence that such was in fact the intention of both Switzerland and Pakistan in adopting Article 11 of the BIT. Pakistan for its part in effect denies that, in concluding the BIT, it had any such intention. SGS, of course, does not speak for Switzerland. But it has not submitted evidence of the necessary level of specificity and explicitness of text. We believe and so hold that, in the circumstances of this case, SGS's claim about Article 11 of the BIT must be rejected.

[529] SGS Société Générale de Surveillance S.A versus Republic of the Philippines, Case No. ARB/02/6: para. 128: "To summarize the Tribunal's conclusions on this point, Article X(2) makes it a breach of the BIT for the host State to fail to observe binding commitments, including contractual commitments, which it has assumed with regard to specific investments".

[530] APPRIs entre Venezuela-Alemania, Venezuela-Argentina, Venezuela-Países Bajos, Venezuela-Barbados, Venezuela-Reino Unido, Venezuela-Uruguay, Venezuela-U. E. Belgo-Luxemburguesa, Venezuela-Suecia, Venezuela-Cuba, Venezuela-España, Venezuela-Paraguay y Venezuela-Perú.

loga en donde los Estados parte se comprometen a observar "cualquier obligación que hayan asumido referente al trato de las inversiones de la otra Parte". La consecuencia de una cláusula paraguas amplia e ilimitada, como la incluida en los APPRIs venezolanos, es que cualquier violación de un acuerdo, licencia, permiso o contrato, independientemente de su naturaleza o magnitud es una violación del Tratado, por lo que puede ser elevado a la jurisdicción de un Tribunal arbitral internacional[531].

En el contexto de los APPRIs del período pre-revolucionario, es digno de mención que el primer caso en que aparece la cláusula paraguas en la jurisprudencia arbitral CIADI fue en el Caso *Fedax N.V. v. República de Venezuela* basado en el APPRI entre el Reino de los Países Bajos y República de Venezuela. El Tribunal Arbitral recurrió al significado corriente del *verbatim* la provisión "...cualquier obligación que hayan asumido", tal y como lo han hecho otros Tribunales como es el caso *Eureko B.V. v. Poland*[532]", reafirmando que las obligaciones deben ser observadas en los términos y condiciones acordadas en un APPRI[533].

---

[531] Mann F. A. "British Treaties for the Promotion and Protection of Investments", 52 *British Yearbook of International Law 241* (1981), p 246: "This is a provision of particular importance in that it protects the investor against any interference with his contractual rights, whether it results from a mere breach of contractor a legislative or administrative act, and independently of the question whether or not such interference amounts to expropriation. The variation of the terms of a contract or license by legislative measures, the termination of the contract or the failure to perform any of its terms, for instance, by nonpayment, the dissolution of the local company with which the investor may have contracted and the transfer of its assets (with or without the liabilities) – these and similar acts the treaties render wrongful."

[532] *Eureko B.V. v. Poland,* Partial Award, *op. cit.* en nota 206, para. 246: "the plain meaning the 'ordinary' meaning – of a provision prescribing that a State 'shall observe any obligations it may have entered into' with regard to certain foreign investments is not obscure. The phrase 'shall observe' is imperative and categorical. 'Any' obligations is capacious; it means not only obligations of a certain type, but 'any' – that is to say, all obligations entered into with regards to investments of investors of the other Contracting Party."

[533] *Fedax NV v. Republic of Venezuela*, Award, 9 March 1998, 37 ILM 1391 (1998), paras. 25 - 29 (2002) 5 ICSID report, 186 pp.: "honour precisely the terms and conditions governing such investment, laid down mainly in Article 3 of the Agreement, as well as to honour the specific payments established in the promissory notes issued".

Al analizar las más recientes decisiones arbitrales en donde
Venezuela ha sido demandada por incumplimiento de algún AP-
PRI se destaca el asunto *Flughafen Zürich A.G. y Gestión de Ingeniería
IDC S.A. v. República Bolivariana de Venezuela*. En el caso previamente mencionado, se aborda el tema de la cláusula paraguas. En
este caso, Venezuela argumenta que debido a que la reclamación
del demandante es de naturaleza contractual el Tribunal carece de
jurisdicción ya que los APPRIs que protegen a los demandantes no
tienen insertas cláusulas paraguas. En este contexto el Tribunal no
concurre con la posición del Estado demandado ya que:

"El Tribunal rechaza la objeción: la Demandada yerra al caracteri-
zar las reclamaciones de las Demandantes como contractuales. Las
Demandantes vienen argumentando reiteradamente que sus reclamos no son de naturaleza contractual y no derivan del Contrato. Por tanto, la discusión de si existe o no una cláusula paraguas
en los APRI es estéril".[534]

En función a los APPRIs firmados por la República Bolivariana
de Venezuela en el siglo XXI, la mitad de los mismos[535] contienen
una cláusula paraguas con características formales idénticas a las
encontradas en los Tratados del período político anterior, lo que
sugiere que, en general, los APPRIs celebrados por Venezuela a
través de su historia proveerán el mismo nivel de protección a los
inversores extranjeros, con la nacionalidad de los Estados parte de
los diferentes Tratados, en lo que a la cláusula paraguas se refiere.

Una conclusión sobre las consecuencias jurídicas de la inclusión de una cláusula paraguas como la formulada en los APPRIs
venezolanos, parecería indicar que la obligación que tiene el Estado
de su observancia limitaría su capacidad de tomar medidas soberanas por el riesgo de estar sujeto a litigios internacionales de inversión, aun en el caso de que las mismas puedan ser razonables y
legítimas para la protección de su medio ambiente, población, o
seguridad. En el mismo orden, se debe reiterar que en el supuesto
de que las medidas tomadas por el Estado tengan un carácter que
pueda catalogarse como discriminatorio, injusto y no equitativo en
un contexto contractual, tales acciones podrían ser entendidas co-

---

[534]   *Flughafen Zürich A.G. y Gestión de Ingeniería IDC S.A. v. República
Bolivariana de Venezuela, op. cit.* en nota 164, para. 331.

[535]   APPRIs entre Venezuela-Bolivia, Venezuela-Irán, y Venezuela- Belarús.

mo violaciones del APPRI, por ir en contra de estándares de trato inciertos en los Tratados en la esfera *iusinternacional*. En este sentido, parte de la doctrina[536] sigue la teoría de "sanctity of contracts" que afirma que la violación de un contrato por un Estado supone, en ocasiones, responsabilidad internacional. Esta teoría reconoce que la responsabilidad internacional surge cuando hay denegación de justicia hacia un inversor extranjero, cuando se ha producido una cancelación o alteración de un contrato en perjuicio del particular, cuando este ha sufrido actos confirmatorios sin compensación, cuando ha sido discriminado, y cuando el Estado ha violado las cláusulas de estabilización insertas en un contrato.

H. *El Principio de Subrogación: La internacionalización de una controversia entre Estado e Inversor*

En todos los APPRIs refrendados por Venezuela en su historia se evidencia la provisión que le permite al inversor extranjero subrogar todos sus derechos y obligaciones ante el Estado huésped de la inversión, cuando dicho inversor haya sido protegido y compensado por una póliza o garantía que cubre riesgos no comerciales emitida por el Estado donde el inversor, jurídico o natural, es nacional, o por una agencia autorizada por dicho Estado.

Los APPRIs suscritos por el Estado venezolano en el Siglo XX presentan cuatro modelos básicos. El primero y más frecuente de los modelos entre los APPRIs de Venezuela en el período señalado[537], prescribe de manera sucinta que el Estado huésped de la inversión reconocerá todos los derechos subrogados por un inversor hacia el Estado de su nacionalidad o una agencia que este Estado determine, una vez que el inversor haya sido debidamente compensado. En este modelo es evidente la asimetría que la protección del Tratado garantiza al inversor extranjero vs. el Estado huésped, ya que solo los derechos son subrogadas y no las obligaciones del inversor extranjero hacia el Estado receptor de la inversión. Dentro de este esquema de disposición se encuentran variaciones menores, sin embargo, rele-

---

[536]   Schachter, O., *International Law in Theory and Practice (Developments in International Law)*, M. Nijhoff Publishers, Dordrecht/Boston/London 1991, p. 310.

[537]   APPRI Venezuela – Países Bajos, Cuba, Uruguay, Costa Rica, Paraguay, Confederación Suiza, Brasil, Portugal, Chile, Italia, Argentina, Suecia, Barbados, Reino Unido, Canadá, Unión Económica Belgo-Luxemburguesa (1998) y Lituania.

vantes como la incluida en el APPRI entre Venezuela e Italia, que circunscribe la subrogación solo a las disposiciones del Tratado referentes a compensación por pérdidas excepcionales y expropiación en el contexto de libre transferencia de capitales. En el mismo orden, el APPRI en vigor entre la República de Venezuela y la República de Argentina limita las posibles acciones del inversor en términos de reclamaciones sin autorización expresa del Estado o agencia en la cual se ha subrogado, exactamente lo opuesto de lo evidenciado en APPRI entre Venezuela y el Reino de Suecia que la subrogación se llevará a cabo sin perjuicio de los derechos conferidos en la disposiciones de controversias entre un inversor y un Estado Parte del Tratado.

En general, en este primer grupo de APPRIs y en especial en los dos últimos señalados, se sugiere que el *ius standi* ante una posible reclamación ante un Tribunal internacional lo tendría el inversor extranjero, en línea con el principio de que no existen otros requisitos para gozar del mismo que estar cubierto por manto de protección del Tratado y haber sufrido alguna infracción al APPRI en su perjuicio.

Un segundo grupo de APPRIs lo conforman los Tratados que en su cláusula de subrogación, aun cuando en su redacción es muy parecida a la de los APPRIs anteriores, muestra una cambio fundamental al aproximar el tema del *ius standi,* ya que parecería que solo los Estados haciendo uso del sistema de solución de controversias entre las partes del Tratado podrán dirimir las reclamaciones de indemnización, una vez los derechos del inversor les hayan sido subrogados[538] al contextualizar dicha disposición en esta cláusula específica en ambos Tratados.

En el tercer tipo de provisión de subrogación en los APPRIs[539] suscritos por el Estado venezolano en el período pre-revolucionario, se discrimina entre los derechos económicos y los derechos reales del inversor. En función a los derechos reales de los inversores, el Estado huésped de la inversión se obliga a otorgar las autorización de cambio de propiedad del caso, en función a su legislación interna antes de que la subrogación se materialice.

---

[538] APPRIs entre Venezuela-Perú y Venezuela-Alemania.

[539] APPRIs entre Venezuela-España y Venezuela-Ecuador.

El cuarto y último modelo de las cláusulas subrogación de los APPRIs venezolanos del Siglo XX, lo conforman los Tratados que contienen una redacción de reciprocidad en el evento de una posible subrogación. En estos Tratados,[540] la subrogación no solo se limita a los derechos económicos o reales de los inversionistas extranjeros, sino también el Estado se subroga las obligaciones del inversor extranjero que ha contraído hacia el Estado receptor de la inversión. Esta disposición sin duda refleja el principio de justicia y equidad, que representa la piedra angular del Derecho Internacional.

Al trasladar el análisis a los APPRIs suscritos por Venezuela durante el siglo XXI, se encuentra que los mismos se centran en tres modelos subsumidos en los cánones establecidos en el período anterior. En primer lugar, encontramos que en dos APPRIs[541] con redacción sucinta en donde los Estados, parte se comprometen a reconocer la subrogación exclusivamente de los derechos y reclamaciones de los inversores de la nacionalidad de la otra Parte. Este modelo es silente en términos de quien es beneficiario del *ius standi,* lo que parecería implicar que el mismo recae sobre el inversor y, en adición, el subrogado no asume las obligaciones del inversor, lo que representa una asimetría claramente balanceada a favor del inversor extranjero.

En segundo modelo de cláusula de subrogación[542], que está contenido en los APPRIs post-Revolución Bolivariana, evoluciona del primero con la añadidura de que explícitamente determina que el método de solución de controversias está circunscrito a la disposición de solución de controversias entre Estado receptor e inversor incorporada en los APPRIs.

Finalmente, en el último grupo de los APPRIs celebrados en el siglo XXI[543], se evidencia que en la provisión destinada al apartado de la subrogación la parte que indemniza y sustituye al inversor extranjero, asume no solo sus derechos sino también sus obligaciones garantizando la simetría ausente en los APPRIs previamente señalados del mismo período histórico.

---

[540] APPRI entre el Estado venezolano con el Reino de Dinamarca (1994), y el Estado venezolano con la República Checa (1996).

[541] APPRI Venezuela -Rusia (2009) y APPRI Venezuela – Belarús (2009).

[542] Tratado firmado entre la República Bolivariana de Venezuela y la República Francesa (2002), y el suscrito entre la República Bolivariana de Venezuela y la República Islámica de Irán.

[543] APPRI Venezuela -Bolivia (2000) y APPRI Venezuela – Vietnam (2009).

En suma, la cláusula que trata el tema de subrogación en los APPRIs venezolanos presenta cánones de redacción similares tanto en su contenido como en su alcance, en los dos períodos políticos del Estado delimitados por la entrada en vigor de la Constitución de la República Bolivariana de Venezuela (1999).

La conclusión anterior parecería no tener una implicación directa con la entrada en vigor de la ley de inversiones de 2014, sin embargo existe la posibilidad de convertir una violación de un AP-PRI, por las razones expuestas durante todo el apartado, en una controversia propiamente internacional, ya que las partes mutarían de Estado-inversor extranjero a Estado-Estado/Agencia subrogada. Los cambios de actores señalados parecerían contradecir el espíritu del convenio CIADI, dejando un vacío desde el punto de vista procesal a la hora de atender alguna disputa con estas características. Según Schreuer:

> "[C]an a State, a State agency administering [an] investment programme, or an international investment insurance organization become party to ICSID proceedings after having compensated the investor? The answer is clearly no. There are three main reasons for the denial of party status: 1. The Convention provides for the settlement of disputes between States and nationals of other States. The clear wording of Art. 25(1) cannot be re-interpreted to cover disputes involving States, State agencies or international organizations on the investor's side. 2. One of the Convention's objectives is to depoliticize disputes. This objective is expressed most clearly in Art. 27 prohibiting diplomatic protection in favour of the investor. This purpose would be defeated if the investor's State of nationality were to be given standing before the Centre. 3.
> paratoires show unambiguously that a conscious decision was made to exclude States, State agencies or international organizations from access to ICSID proceedings on the investor's side".[544]

I. *El mecanismo de solución de controversias Inter Estatales: Diferencias sobre la interpretación y aplicación del APPRI*

El mecanismo de solución de controversias inter-estatales inserto en todos los APPRIs del Estado venezolano en la última década del Siglo XX enfoca su objeto a la interpretación, aplicación o cumplimiento del Tratado.

---

[544]   Schreuer C., *The ICSID Convention, op. cit.* en nota 163, pp. 186–187.

El mecanismo se inicia por un intento de solución a través de negociaciones diplomáticos que varían de acuerdo al APPRI desde un período indeterminado[545], un lapso razonable[546], dos[547], tres[548], seis[549] hasta doce meses[550]. Una vez el período de negociaciones diplomáticos transcurre sin una solución a la controversia entablada entre los Estados parte del Tratado, los APPRIs prescriben el inicio del proceso arbitral propiamente dicho.

Para la conformación del Tribunal arbitral se utiliza exactamente el mismo canon en todos los APPRIs, ya que el Tribunal esta constituido por tres árbitros en los que cada Estado selecciona uno y entre ambos árbitros se escoge un tercer árbitro, que fungirá de presidente del Tribunal. Los lapsos para la conformación del Tribunal también están delineados en todos los Tratados venezolanos con gran consistencia, y para la selección de los dos árbitros escogidos por los Estados se establece un período máximo de dos a tres meses y para la selección del presidente del Tribunal arbitral, acordado por los dos árbitros anteriores, se limita a un lapso perentorio de dos a cinco meses, dependiendo del APPRI. En adición, si alguno de los tiempos anteriores transcurre sin un resultado eficaz los APPRIs prescriben que se delega en el Presidente del Corte de Justicia Internacional la selección de alguno de los miembros que faltase para la conformación del Tribunal.

En función de la Ley Aplicable, tres grandes tendencias se reconocen en los APPRIs venezolanos del Siglo XX. La primera y más utilizada establece que la Ley aplicable será la convenida por el Tribunal arbitral y que a su vez definirá su propio procedimiento. En segundo término, se encuentran los APPRIs que determinan que la Ley aplicable esta circunscrita al APPRI, a otros acuerdos de Derecho Internacional entre las partes y el Derecho Internacional

---

[545]   APPRIs entre Venezuela-Cuba y Venezuela-Uruguay.

[546]   APPRIs entre Venezuela-Países Bajos.

[547]   APPRIs entre Venezuela-Suecia.

[548]   APPRIs entre Venezuela-Dinamarca y Venezuela-Brasil.

[549]   APPRIs entre Venezuela-Italia, Venezuela-Suiza, Venezuela-Argentina, Venezuela-Ecuador, Venezuela-Portugal, Venezuela-Lituania, Venezuela-República Checa, Venezuela-Perú, Venezuela-Paraguay, Venezuela-España, Venezuela-Unión Belgo-Luxemburguesa, Venezuela-Costa Rica, y Venezuela-Canadá.

[550]   APPRIs entre Venezuela-Chile (1994)

general, además de reiterar que el Tribunal establecerá su propio procedimiento. La última, y menos utilizada de las opciones, simplemente omite la mención tanto de la Ley aplicable como de cualquier aspecto procesal lo que implica absoluta discreción del Tribunal arbitral es estos aspectos. Una peculiaridad relevante a la norma anterior se encuentra en el APPRI firmado por la República de Venezuela con el Reino de los Países Bajos, que explícitamente incluye la posibilidad de que el Tribunal decida la controversia *ex aequo et bono* si las partes así lo convienen. Lo anterior implica que el Tribunal Arbitral podrá decidir sobre el principio de la equidad *extra legen,* o sea, más allá de la Ley aplicable si así lo convienen las partes, en consonancia con el reglamento de la Corte Internacional de Justicia[551].

En términos del Laudo, solo dos aspectos son regulados por los APPRIs del Estado venezolano. En primer lugar se observa que el Laudo en la mayoría de los Tratados se catálogo como definitivo y de obligatorio cumplimiento por los Estados parte del Tratado. Los cinco APPRIs que no siguen esta formulación dispositiva no hacen ninguna mención al respecto[552].

Al analizar los APPRIs suscritos por Venezuela en el nuevo milenio, se observa absoluta consonancia con el diseño de provisión de solución de controversias Inter-Estatales realizado en el período político social anterior, por lo que se omite un mayor análisis por considerarse redundante.

J.   *El mecanismo de solución de controversias Inversor-Estado: Diferencias sobre las presuntas violaciones del APPRI*

Sabido es que uno de los avances más importantes en la evolución de los APPRIs es la posibilidad de que un inversor extranjero pueda elevar directamente una controversia relativa a su inversión contra el Estado huésped, si este incumple alguna de las obligaciones que ha contraído en la celebración de un APPRI. Mediante la posibilidad de entablar directamente conflictos jurídicos entre Estado-inversor extranjero que dimanan de su inversión, se elimina en

---

[551]   Corte Internacional de Justicia: Procedimiento contencioso "...Además, si las partes están de acuerdo, la Corte podrá decidir un asunto ex aequo et bono, por ejemplo, sin limitarse a los reglamentos de derecho internacional existentes".

[552]   APPRIs entre República de Venezuela y Cuba (1996), Brasil (1997), Costa Rica (1998) y Uruguay (1998).

general la necesidad de recurrir a la instancia de protección diplomática para el manejo de este tipo de diferencias, solo circunscribiendo dicha protección a situaciones de los incumplimientos de los Laudos arbitrales vinculantes y obligatorios por parte del Estado que recibió la inversión.

El análisis de los APPRIs celebrados por Venezuela durante el siglo XX se iniciará mediante el tipo de disputas al cual el mecanismo de solución de controversias aplica. La mayoría de los APPRIs cubren un rango amplio de disputas mediante la utilización del canon, todas o cualquier controversia entre un inversor y el Estado parte, respecto al incumplimiento o aplicación de las obligaciones del Tratado con referencia a su inversión[553].

En el mismo orden, otros APPRIs utilizan un formula análoga a la anterior, pero solo se asocia la instrumentación del mecanismo de solución de controversias a aquellas diferencias referidas al cumplimiento de las obligaciones del Tratado[554], lo que al ser interpretado según su significado común podría cubrir disputas no estrictamente relacionas con la inversión ampliando su espectro. Una variación de este formato de provisión está presente en el APPRI Venezuela-Canadá, en donde el incumplimiento de la obligación subsumida en el Tratado implica un daño al inversor de la otra parte, lo que implica que el proceso arbitral deberá remediar ese daño que el Estado a infligido al inversor extranjero[555].

En general, la activación del proceso arbitral entre Estado-inversor, salvo contadas excepciones[556], en los APPRIs suscritos por el Estado venezolano en la última década del siglo XX, siguen el mismo esquema básico instrumentado mediante la búsqueda de

---

[553] APPRIs entre Venezuela-Italia, Venezuela-Países Bajos, Venezuela-Barbados, Venezuela-Lituania, Venezuela-República Checa, Venezuela-Cuba, Venezuela-Brasil, Venezuela-Suecia, Venezuela-Costa Rica y Venezuela-Uruguay.

[554] APPRIs entre Venezuela-Suiza, Venezuela-Argentina, Venezuela-Ecuador, Venezuela-Chile, Venezuela-Dinamarca, Venezuela-Portugal, Venezuela-Reino Unido, Venezuela-Brasil, Venezuela-Perú, Venezuela-Paraguay, Venezuela-España, Venezuela-Alemania y Venezuela-Bélgica-Luxemburgo.

[555] *Bilateral Investment Treaties 1995–2006: Trends in investment Rule-making*, op. cit. en nota 204, pp. 110-119.

[556] APPRIs entre Venezuela-Países Bajos, Venezuela-Barbados, Venezuela-Cuba y Venezuela-Suecia.

una solución amistosa o negociada por un período de tres a seis meses, que de no ser exitosa el inversor tiene la potestad de iniciar el proceso arbitral unilateralmente.

Las excepciones al canon anterior se instrumentan sin período de espera lo que según la doctrina *Maffezzini*, podría importarse al resto de los APPRIs mediante la invocación de la provisión de NMF dejando sin efecto el lapso de espera mencionado.

En términos de la posibilidad del inversor de iniciar una controversia unilateralmente, dos aspectos son importantes resaltar. Primero que todo, el lenguaje de los APPRIs es imperativo e inequívoco utilizando las voces serán sometidas[557], se someterán[558], podrá ser sometidas[559], podrán someterse[560], o tendrá derecho a someter[561] las controversias a elección del inversor. En segundo término, en la mayoría[562] de los APPRIs venezolanos se establece la opción *fork in the road* mediante la cual se da la posibilidad al inversor de dirimir sus diferencias con el Estado huésped en sus tribunales nacionales o en un tribual arbitral internacional, sin embargo una vez elegida una opción la misma es final. El resto de los APPRIs ofrecen al inversor extranjero solo la opción de tribual arbitral internacional lo que implica una internacionalización de la controversia *a priori*.

---

[557] APPRIs entre Venezuela-Países Bajos (1993), Venezuela-Cuba (1996), Venezuela-Lituania (1996), Venezuela-Suecia (1997), Venezuela-Perú (1997), Venezuela-España (1997), Venezuela-Alemania (1997), y Venezuela-Uruguay (1998).

[558] APPRIs entre Venezuela-Barbados (1995), Venezuela-Reino Unido (1996), y Venezuela-Belgo-Luxemburgo (1998).

[559] APPRIs entre Venezuela-Italia (1992), Venezuela-Argentina (1994), Venezuela-Ecuador (1994), Venezuela-Portugal (1995), y Venezuela-Canadá (1998).

[560] APPRIs entre Venezuela-Suiza (1994), Venezuela-Chile (1994), Venezuela-República Checa (1996), Venezuela-Brasil (1997), Venezuela-Paraguay (1997), y Venezuela-Costa Rica (1998).

[561] APPRIs entre Dinamarca (1994).

[562] APPRIs entre Venezuela-Italia (1992), Venezuela-Argentina (1994), Venezuela-Ecuador (1994), Venezuela-Chile (1994), Venezuela-Portugal(1995), Venezuela-Cuba (1996), Venezuela-Brasil (1997), Venezuela-Perú (1997), Venezuela-Paraguay (1997), Venezuela-España (1997), Venezuela-Belgo-Luxemburgo(1998), Venezuela-Costa Rica (1998), Venezuela-Canadá (1998), y Venezuela-Uruguay(1998).

Al analizar las opciones de Tribunal arbitral internacional, que están disponibles en todos los APPRIs pre-revolucionarios, se observa que la fórmula más utilizada en los Tratados[563] es una combinación de CIADI, el Mecanismo Complementario del CIADI y un Tribunal arbitral *ad hoc* según las reglas de la Comisión de las Naciones Unidas para el Derecho Mercantil Internacional[564]. Los AP-PRIs venezolanos del mismo período, que se diferencian de la práctica anterior[565], limitan el foro al CIADI y su Mecanismo Complementario, no contemplando la posibilidad de un Tribunal *ad hoc*. Es menester recordar que para estar habilitado a acudir al foro CIADI, se está condicionado a las limitaciones que dimanan del artículo 25.1 del Convenio de Washington tanto a nivel de *ratione materiae* como *ratione persone*.[566] En adición, ambos Estados parte del APPRI deben haber suscrito el Convenio, y el inversor puede acceder al Centro solo con presentar la demanda ante el Secretario General del CIADI[567], una vez las partes han otorgado su consenti-

---

[563] APPRIs entre Venezuela-Italia, Venezuela-Suiza, Venezuela-Argentina, Venezuela-Ecuador, Venezuela-Dinamarca, Venezuela-Lituania, Venezuela-Reino Unido, Venezuela-República Checa, Venezuela-Cuba, Venezuela-Suecia, Venezuela-Perú, Venezuela-Paraguay, Venezuela-España, Venezuela-Belgo-Luxemburgo, Venezuela-Costa Rica, Venezuela-Canadá y Venezuela-Uruguay.

[564] *CNUDMI: La Comisión de las Naciones Unidas para el Derecho Mercantil Internacional (CNUDMI) fue establecida por la Asamblea General en 1966 (resolución 2205 (XXI), de 17 de diciembre de 1966). La Asamblea General, al establecer la Comisión, reconoció que las disparidades entre las leyes nacionales que regían el comercio internacional creaban obstáculos para ese comercio, y consideró que, mediante la Comisión, las Naciones Unidas podría desempeñar un papel más activo en la reducción o eliminación de esos obstáculos.*

[565] APPRI entre Venezuela-Países Bajos, Venezuela-Chile, Venezuela-Barbados, Venezuela-Portugal, Venezuela-Brasil y Venezuela-Alemania

[566] CIADI CONVENIO CIADI, REGLAMENTO Y REGLAS, *op. cit.* en nota a las diferencias de naturaleza jurídica que surjan directamente de una inversión entre un Estado contratante (o cualquiera subdivisión política u organismo publico de un Estado contratante acreditados ante el Centro por dicho Estado) y el nacional de ot

ser unilateralmente retirado.

[567] Vives Chillida, J.: *El Centro Internacional de Arreglo de Diferencias Relativas a Inversiones (CIADI)*   -

miento irrevocable previamente. En el caso que alguno de los Estados parte del Tratado no sea parte del CIADI, los mismos solo podrán acudir el Mecanismo Complementario del CIADI para la solución de las controversias ya que siempre está disponible para tal fin.

En función de la Ley aplicable para los tribunales arbitrales, en el evento de una controversia entre Inversor-Estado, en los APPRIs del Estado venezolano entre los años 1990 y 1999 la misma esta explícitamente inserta en diez de los APPRIs firmados[568] englobando, en general, en dicho marco legal la legislación del Estado huésped, las disposiciones del APPRI en cuestión y los principios del Derecho Internacional, lo que sugiere una reafirmación a la Ley aplicable descrita en el Convenio de Washington en su artículo 42(1)[569].

Es de señalar que al incorporar la mención de Derecho Internacional general como fuente de la Ley aplicable en los APPRIs, se incluye dentro del mismo la obligación de proteger los derechos fundamentales de los Derechos Humanos cubriendo el espectro que va desde el derecho a la vida, el principio irrenunciable de no discriminación basado en sexo o raza, y los derechos de carácter consuetudinario pertenecientes al *ius cogens*[570]. Aun cuando raramente se invoca en la jurisprudencia arbitral los Derechos Humanos de los inversores y solo se reconocen los derechos y se proporciona protección a las personas jurídicas en el contexto de la Con-

---

, a tal efecto, una solicitud escrita al Secretario General quien enviara copia de la misma a la otra parte.

[568] APPRI Italia, Países Bajos, Argentina, Chile, Portugal, Paraguay, España, Alemania, Unión Belgo-Luxemburguesa, y Costa Rica

[569] CONVENIO CIADI, REGLAMENTO Y REGLAS, *op. cit.* en nota 173

la legislación del Estado que sea parte en la diferencia, incluyendo sus normas de derecho internacional privado, y aquellas normas de derecho internacional que pudieren ser aplicables.

[570] Dupuy, P. M.: "Unification Rather than Fragmentation of International Law? The Case of International Investment Law and Humans Rights Law", en *Human Rights in International Investment Law and Arbitration*, Oxford 2009, p. 57.

vención Europea para los Derechos Humanos[571], ciertas normas substantivas tales como la prohibición a la discriminación y la protección de la propiedad son comunes tanto para el Derecho Internacional de las inversiones como el de los Derechos Humanos[572] por lo que serían parte de la Ley aplicable en los APPRIs antes mencionados.

En términos de los Laudos resultantes de los posibles Tribunales arbitrales regidos por la disposición de solución de controversias entre Estado-inversor de los APPRIs celebrados por el Estado venezolano en la última década del Siglo XX, cuatro elementos se distinguen con particular importancia. Primero, en la mayoría de los APPRIs, salvo dos excepciones[573], se prescribe que los Laudos estarán circunscritos a calificar la infracción infringida por el Estado, determinar el daño sufrido por el inversor y cuantificar la indemnización del caso. Lo anterior sugiere que otros tipos de reparación contempladas en el Derecho Internacional[574] no son considerados en estos APPRIs. En los APPRIs que no limitan el alcance del Laudo, el Tribunal arbitral podría considerar otras formas de reparación como es el caso de *restitutio ad integrum,* que permitiría aún inversor extranjero recuperar su inversión una vez ha sido expropiada por el Estado huésped de la misma. Segundo, aun cuando se establece la compensación como forma de reparación fundamental, el método de cálculo de la misma no está previsto, lo que implica un nivel adicional de incertidumbre para el demandado que evidentemente será el Estado huésped de la inversión. El tercer aspecto relevante, es que al no estar previsto que el Estado inicie proce-

---

[571]   Reiner C. & Scheuer C.: "Human Rights and International Investment Arbitration", en *Human Rights in International Investment Law and Arbitration,* Oxford 2009, p. 88.

[572]   Ben Hamida W.: "Investment Arbitration and Human Rights" TDM 5 (2007) en *Transnational Dispute Management,* p. 10.

[573]   APPRIs entre Venezuela-Canadá y Venezuela-Costa Rica.

[574]   Resolución aprobada por la Asamblea General [sobre la base del informe de la Tercera Comisión (A/60/509/Add.1)] 60/147. IX. Reparación de los daños sufridos: Art. 18. Conforme al derecho interno y al derecho internacional, y teniendo en cuenta las circunstancias de cada caso, se debería dar a las víctimas de violaciones manifiestas de las normas internacionales ... de forma apropiada y proporcional a la gravedad de la violación y a las circunstancias de cada caso, una reparación plena y efectiva ... en las formas siguientes: restitución, indemnización, rehabilitación, satisfacción y garantías de no repetición.

sos en contra el inversor por incumplimientos que puedan generar ilícitos internacionales como es el caso de daños transfronterizos o crímenes internacionales en el ámbito de los Derechos Humanos, el principio de reciprocidad no se contempla en esta disposición por lo que los Laudos estarían orientados exclusivamente a condenar al Estado huésped de la inversión. Finalmente, en la mayoría de los APPRIs salvo seis excepciones[575], se reafirma el concepto que los resultados del Laudo arbitral son definitivos y de obligatorio cumplimiento para los Estados parte del Tratado. A esta práctica se añade, en una decena de APPRIs, el compromiso de las partes de ejecutar las sentencias "de acuerdo a su legislación nacional"[576]. La condición anterior introduce un elemento adicional de incertidumbre en la ejecución del Laudo, ya que APPRI no determina los aspectos específicos de cómo será efectivamente reconocido y honrado el fallo en la Parte contratante respectiva, por lo que será la potestad de la Parte demandada la que decida como satisfacer la reparación al daño causado al inversor extranjero[577]. En el caso de las seis excepciones[578] a la fórmula general descrita, los inversores de los Estados parte pueden recurrir como foro arbitral al CIADI, que forma parte de las opciones de dichos APPRIs, que en su artículo 54[0579], obliga a los Estados parte a honrar las obligaciones pecuniarias contenidas en el fallo arbitral, como si fuese la decisión definitiva de un Tribunal nacional.

---

[575] APPRIs entre Venezuela y Países Bajos, Argentina, Chile, Barbados, Reino Unido y Canadá.

[576] APPRIs entre Venezuela y Italia, Ecuador, Portugal, Lituania, Brasil, Perú, Paraguay, España, Unión Belgo-Luxemburguesa, Costa Rica.

[577] UNCTAD, *BILATERAL INVESTMENT TREATIES 1995–2006: TRENDS IN INVESTMENT RULEMAKING, op. cit.* en nota 204, p. 118.

[578] *Ibídem*, p. 122.

[579] CONVENIO CIADI, REGLAMENTO Y REGLAS, *op. cit*
al Laudo dictado conforme a este Conven   ejecutar dentro de sus territorios las obligaciones pecuniarias impuestas por el Laudo como si se tratare de una sentencia firme dictada por un Tribunal existente en dicho Estado. El Estado contratante que se rija por una co

disponer que dichos tribunales reconozcan al Laudo la misma eficacia que a las sentencias firmes dictadas por los tribunales de cualquiera de los estados que lo integran.

Al analizar los APPRIs post-revolucionarios, según el criterio establecido previamente, tenemos que la disposición de solución de controversias mixtas las describe, al igual que los APPRIs el período político anterior, en sentido amplio utilizando las formulaciones de cualquier controversia[580], de cualquier disputa[581] o de disputas que surjan[582] entre un inversionista y el Estado huésped de la inversión. Las implicaciones jurídicas de la formulación han sido ya explicadas previamente.

En función al proceso de iniciación de una controversia, de nuevo se usan las fórmulas estándar antes descritas, o sea se exige que el inversionista inicie un proceso amistoso de solución que su duración se establece desde un período temporal indefinido, en el APPRI entre la República Bolivariana de Venezuela y la República de Francia, hasta un *quantum* temporal discreto de tres[583], cinco[584] y seis meses[585] en el resto de los APPRIs. Evidentemente si un inversionista invocase la doctrina *Maffezzini* aplicada a través de la provisión de NMF los tiempos prescritos para la etapa de negociación amistosa pueden ser minimizados, según la jurisprudencia arbitral.

Una vez cubierta la etapa procesal anterior en los APPRIs de Venezuela del Siglo XXI, se inicia el proceso arbitral propiamente dicho con una acción unilateral del inversor extranjero. Dicho inversor está habilitado a iniciar un proceso arbitral tanto en los tribunales del Estado huésped de la inversión o en un Tribunal arbitral internacional mediante una clara opción *fork in the road* definitiva una vez elegida. La posibilidad del inversor del Estado contraparte se materializa mediante el Tratado que le garantiza dicha potestad mediante un lenguaje inequívoco en la mayoría de los APPRIs del período mencionado. Las formulas de redacción, en donde la controversia será sometida[586], se someterá[587], o podrá ser

---

[580] APPRIs entre Venezuela-Bolivia y Venezuela-Francia.

[581] APPRIs entre Venezuela-Belarús y Venezuela-Vietnam.

[582] APPRIs entre Venezuela-Irán y Venezuela-Rusia.

[583] APPRI entre Venezuela-Belarús.

[584] APPRI entre Venezuela-Rusia.

[585] APPRIs entre Venezuela-Bolivia, Venezuela-Irán y Venezuela-Vietnam.

[586] APPRI entre Venezuela-Bolivia.

[587] APPRI entre Venezuela-Francia.

sometida[588], se complementan con la que prescribe que (el inversionista) podrá referir[589] (la controversia), confirmando la aseveración previamente mencionada. Variaciones al canon anterior se hacen presentes, sin resultados jurídicos diferenciales, como es el caso del APPRI entre el Estado venezolano y la República Socialista de Vietnam, que aun cuando omite una mención imperativa por parte del inversor aclara en la disposición de solución de controversias mixtas que "Cada parte contratante da su consentimiento al sometimiento de la disputa entre estas y el inversionista de la otra Parte contratante al arbitraje internacional…". En el mismo orden se encuentran el APPRI entre la República Bolivariana de Venezuela y República de Belarús, en donde aun cuando se utiliza una formulación inicial que dista de ser inequívoca e imperativa como es el caso de la redacción "puede someterse"[590], sin embargo esta falencia aparente se subsana mediante la aclaración posterior en la misma provisión de que "Cada parte contratante da su consentimiento a someter una disputa entre ella y un inversionista de la otra Parte … a arbitraje internacional. En consecuencia no se necesita ningún acuerdo adicional…" sobre esta materia.

Al evaluar las opciones de Foro en los distintos APPRIs celebrados por el Estado venezolano posteriores al año 2000, tenemos que los primeros tres APPRIs suscritos[591] incluyen la opción comúnmente utilizada en los APPRIs del período anterior, o sea CIADI, Mecanismo Complementario CIADI y Tribunales Ad Hoc según las reglas del CNUDMI. Los tres últimos Tratados refrendados por la República Bolivariana de Venezuela[592] omiten la opción CIADI y garantizan el foro de los tribunales *ad hoc* según las reglas del CNUDMI o cualquier otro Tribunal arbitral acordado entre las partes. Una sola adición se contempla a esta regla en el APPRI entre Venezuela y la Federación Rusa, que incluye como foro internacional valido para la constitución de un Tribunal arbitral la Cámara de Comercio de Estocolmo, para dirimir las controversias entre un inversor extranjero en el Estado huésped su inversión. Una novedad en la técnica de elaboración de los APPRIs del Siglo XXI radica

---

588   APPRI entre Venezuela-Vietnam.

589   APPRI entre Venezuela-Irán.

590   APPRIs entre Venezuela-Belarús y Venezuela-Rusia.

591   APPRI entre Venezuela-Bolivia, Venezuela-Francia y Venezuela-Irán.

592   APPRI entre Venezuela-Belarús, Venezuela-Vietnam y Venezuela-Rusia.

en que en dos de ellos[593] se condiciona el sitio del arbitraje a países parte del Convenio de Nueva York (1958) circunscribiendo el objeto de las controversias a cuestiones de índole comercial. Lo anterior incide en sendos temas fundamentales como son la obligación de los países parte del Convenio de reconocer y hacer respetar los fallos de un Laudo y que solo los Laudos de controversias de carácter comercial legal son reconocidos y de obligatorio cumplimento por el Convenio de Nueva York.

En términos del marco jurídico aplicable en los Tribunales arbitrales a la hora de una controversia Estado-Inversor la mayoría de los APPRIs del Siglo XXI no se hace mención al respecto, salvo la excepción del APPRI entre Republica Bolivariana de Venezuela con la Republica Islámica de Irán, que circunscribe el derecho aplicable a las disposiciones del Tratado y los principios del Derecho Internacional. Como resultado de la indeterminación del derecho aplicable en los APPRIs post-revolucionarios se aplicaran las leyes que el Tribunal arbitral considere apropiadas siguiendo las reglas de arbitraje del CNUDMI, que como ha sido mencionado, es el foro de preferencia para estos APPRIs.[594]

Al analizar las características y alcance de los Laudos arbitrales, que provienen de la provisión de arreglo de controversias mixtas en los APPRIs posteriores al año 2000, tenemos que solo dos[595] contemplan la formula de calificar la infracción infringida por el Estado y determinar el daño sufrido por el Inversor. En el mismo orden, solo el APPRI suscrito con Bolivia incluye la restricción de cuantificar la indemnización del caso. Esto implica que en términos de reparación del daño causado al inversor, todas las opciones subsumidas en el Derecho Internacional son válidas, en adición a la compensación típica de los APPRIs del Siglo XX. Siguiendo con el alcance del Laudo, el mismo representa una obligación definitiva y

---

[593] APPRI entre Venezuela-Belarús y Venezuela-Vietnam, los APPRIs suscritos por Venezuela con Canadá (1998) y Costa Rica (1998).

[594] UNCITRAL Arbitration Rules (as revised in 2010) Applicable law: Article 35 1. The arbitral Tribunal shall apply the rules of law designated by the parties as applicable to the substance of the dispute. Failing such designation by the parties, the arbitral Tribunal shall apply the law which it determines to be appropriate.

[595] APPRIs entre Venezuela-Bolivia y Venezuela-Francia.

vinculante en la mayoría de los APPRIs[596], salvo el refrendado con Bolivia, que es silente en este respecto. En adición, en los tres AP-PRIs más recientemente suscritos por Venezuela[597] para la ejecución de un posible Laudo Arbitral en los Estados parte, se requiere que sea dicha ejecución dentro del marco de la legislación nacional, con la incertidumbre jurídica que ello implica.

Al evaluar los elementos objetivos y sustantivos de los APPRIs refrendados por el Estado venezolano a través de su historia, se puede concluir que no se perciben elementos fundamentales de diferencia entre ellos, lo que implica que los mismos parecerían no estar alineados con el marco jurídico nacional en vigor desde los albores del Siglo XXI.

5. *Convenios Multilaterales que incluyen la Inversión*

En el siguiente apartado se cubrirán, sin pretensiones de rigurosidad, los aspectos más resaltantes de los Convenios Multilaterales que Venezuela se ha adherido durante el régimen Bolivariano. Dichos Convenios Multilaterales, aun cuando, por definición, no son de carácter bilateral, tienen elementos de naturaleza económica que podrían afectar la inversión extranjera.

A. *MERCOSUR*

Dentro de los Convenios Multilaterales que se analizarán resalta MERCOSUR, Organización Internacional que la Republica Bolivariana de Venezuela se adhirió en Diciembre 2005[598].

El Mercado Común del Sur -MERCOSUR- nace el 21 de marzo de 1991 mediante la firma del Tratado de Asunción[599], como una iniciativa de Argentina, Brasil, Paraguay y Uruguay, con el objeto de establecer un mercado común enfocado a acelerar sus procesos

---

[596] APPRIs entre Venezuela-Francia, Venezuela-Irán, Venezuela-Vietnam, Venezuela-Belarús y Venezuela-Rusia.

[597] APPRI entre Venezuela-Belarús, Venezuela-Vietnam y Venezuela-Rusia.

[598] El protocolo de adhesión de la República Bolivariana de Venezuela al MERCOSUR, fue suscrito el 8 de diciembre de 2005.

[599] El Tratado de Constitución de un Mercado Común entre Argentina, Brasil, Paraguay y Uruguay -MERCOSUR- esta disponible en: http://www.mercosur.int/innovaportal/file/719/1/CMC_1991_TRATADO_E S_Asuncion.pdf

de desarrollo económico con justicia social[600]. En su génesis MER-
COSUR demuestra un *pedigree* liberal[601], sustentado sobre las bases
del comercio multilateral entre las partes del Tratado, haciendo
reminiscencia al propósito de la OMC, en donde la inversión extranjera no fue un punto contemplado en sus orígenes.

El tópico de la inversión extranjera intrazona solo aparece dos
años después de la creación de MERCOSUR en el Protocolo de Colonia[602], que en el preámbulo del Tratado se expone su fin, o sea se
intensificará la cooperación económica y acelerará el proceso de
integración entre los cuatro países. Al año siguiente se aborda el
tema de la inversión extranjera extrazona, cuando los Estados que
conformaban Mercosur firman en Protocolo de Buenos Aires[603].

Aun cuando ninguno de los dos Tratados entró en vigor, por la
no ratificación de Brasil, los mismos, a juicio del autor, no se corresponden con el espíritu que impulso la creación de MERCOSUR
sintetizado en desarrollo económico con justicia social.

En una breve descripción de los Protocolos mencionados, por
no ostentar valor jurídico, tenemos que tanto en el Protocolo de
Colonia como en el Protocolo de Buenos Aires, se mimetiza el formato típico de los APPRIs de la última década del siglo XX a nivel
de texto, contexto, y propósito. El fin último es la irrestricta protección del inversor extranjero ya que se prescribe en su preámbulo

---

[600] *Ibídem*. En el prefacio de Tratado de Constitución de MERCOSUR se
encuentra tal objetivo común de los Estados parte.

[601] *Ibídem*. art. 1: libre circulación de bienes, servicios y factores productivos,
un arancel externo común, una política comercial común, la coordinación
de las políticas macroeconómicas y sectoriales, y el compromiso de
armonizar sus legislaciones.

[602] El Protocolo de Colonia de Promoción y Protección Recíproca de
Inversiones en el MERCOSUR fue aprobado por la Decisión no. 11/93 del
Consejo del Mercado Común en y texto completo del Protocolo se
encuentra en: http://www.mercosur.int/innovaportal/v/5273/2/inno
va.front/tratados_protocolos_y_acuerdos_depositados_en_para guay.

[603] El Protocolo de Buenos Aires sobre Promoción y Protección de Inversiones
provenientes de Estados no parte del MERCOSUR fue aprobado por la
Decisión No. 11/94 del Consejo del Mercado Común y texto completo
del Protocolo se encuentra en:
http://www.mercosur.int/msweb /Normas /normas_web/Decisiones
/ES/CMC_DEC_1994011_ES_Protocolo%20Protección%20Inversiones.P
DF.

que la creación de condiciones favorables para las inversiones ... en el territorio de los Estados Partes del MERCOSUR, intensificará la cooperación económica.

Ambos Tratados comparten en sus disposiciones convencionales similares protecciones y garantías en sus definiciones de inversión, inversor, territorio, trato nacional y nación mas favorecida solo matizadas por el origen de un inversor extranjero o nacional a MERCOSUR. En el mismo orden, se establecen los límites de Derecho Internacional consuetudinario a una expropiación[604] y el foro de solución de controversias, a elección del inversor, denota la prescription fork in the road con la opción de arbitraje internacional *ad hoc* o institucional[605].

El próximo paso para la protección y la promoción de inversiones en MERCOSUR representa un claro retroceso ya que se derogan los Protocolos de Colonia y de Buenos Aires en la resolución de Foz de Igazú del 16 de Diciembre 2010[606], para retrotraer el proceso a sus orígenes mediante la elaboración de unas Directrices para la Celebración de un Acuerdo de Inversiones en el MERCOSUR.

Entre los lineamientos generales de las Directrices se percibe a juicio del autor un espíritu desliberalizador y limitativo en las disposiciones referentes a su aplicación circunscrita exclusivamente a la inversión extranjera directa en bienes que le otorga un efecto tangibilizador y la modalidad de liberalización y sus restricciones, la del alcance de la protección en materia de expropiación, y las condiciones para la libre transferencia de capitales. Otro aspecto relevante implica que las controversias serán resueltas utilizando

---

[604]   *Ibídem.* art. 4: Expropiaciones y Compensaciones: "Ninguna... tomará medidas a menos que corresponda a...razones de utilidad pública o de interés social, sobre una base no discriminatoria y bajo el debido proceso legal".

[605]   *Ibídem.* art. 9: Solución de Controversias.

[606]   La Resolución de Foz de Iguazú fue aprobada por la Decisión MERCOSUR/CMC/DEC. N° 30/10 No. del Consejo del Mercado Común y texto completo de la misma se encuentra en: (http://www.google.co.ve/url?sa=t&rct=j&q=&esrc=s&source=web&cd =1&ved=0CCkQFjAA&url=http%3A%2F%2Fwww.mercosur.int%2Finno vaportal%2Ffile%2F2808%2F1%2FDEC_030-2010_ES_AcuerdoInversiones. pdf&ei=XY2RUcSTNLbG4AOouoDIDA&usg=AFQjCNFkptDE5a3KFuV Xf5XZn ZBrNWcm3w&bvm=bv.46471029,d.dmg)

como base el Protocolo de Olivos (2002)[607] de marcada tendencia comercial e inspirado en el sistema de arreglo de controversias del la Organización Mundial del Comercio. Un punto aparte de particular importancia es que se eleva el arreglo de controversias a una instancia entre Estados, eliminado la subjetividad directa del inversor extranjero. Los individuos solo pueden acceder mediante la Sección Nacional del Estado[608] y los particulares deberán aportar elementos que permitan determinar la verosimilitud de la violación... para que sea evaluado por el Grupo Mercado Común y por el grupo de expertos, si se lo convoca.

Haciendo un análisis no exhaustivo del sistema de arreglo controversias del Protocolo de Olivos tenemos que el proceso contempla diferentes etapas e instancias que se inician en negociaciones directas entre Estados parte[609] que evolucionan a la constitución de un Tribunal Arbitral[610] hasta la elaboración de un Laudo Arbitral que puede ser revisado[611]aun cuando es de obligatorio cumplimiento[612] que trae como consecuencia contramedidas compensatorias proporcionales[613] por parte del Estado que incumpla alguna de las disposiciones del Laudo. Una consideración final en esta breve evaluación del Protocolo de los Olivos es que permite que el foro competente de solución de controversias sea distinto al foro Mercosur[614], aun cuando prevé una provisión fork in the road. Lo anterior implica un posible problema jurídico de gran calado cuando una

---

[607] El Protocolo de Olivos para la Solución de Controversias en el MERCOSUR fue celebrado en el mes de Febrero 2002 y está disponible en http://www.mercosur.int/msweb/portal%20intermediario/es/arquivos/destacado5_es.doc

[608] *Ibídem*, art. 40.2.

[609] *Ibídem*, Capítulo IV.

[610] *Ibídem*, Capítulo VI.

[611] *Ibídem*, Capítulo VI.

[612] *Ibídem*, Capítulo VII.

[613] *Ibídem*, Capítulo XI.

[614] *Ibídem. Art. 1.2. Las controversias comprendidas en el ámbito de aplicación del presente Protocolo que puedan también ser sometidas al sistema de solución de controversias de la Organización Mundial del Comercio o de otros esquemas preferenciales de comercio de que sean parte individualmente los Estados Partes del Mercosur, podrán someterse a uno u otro foro a elección de la parte demandante. Sin perjuicio de ello, las partes en la controversia podrán, de común acuerdo, convenir el foro.*

controversia de inversión pueda estar legitimada por múltiples
foros si la cláusula de nación mas favorecida típica del Derecho
Internacional Comercial potencia la multiplicidad de foros arbitrales internacionales. Además es posible vincular cualquier Tratado
internacional vigente para los Estados parte de la controversia teniendo en cuenta que la Ley aplicable incluye los principios y disposiciones de Derecho Internacional aplicables a la materia[615]. Es de
mencionar que, aun cuando, MERCOSUR nace con un fin esencialmente de integración económica, en la actualidad ha adquirido
un marcado carácter social. La dimensión social mercosureña, que
va más allá de perseguir los logros de significado económico y ha
incorporado aspectos educativos y culturales que permite afirmar
que tal integración es multidimensional.[616]

B. *UNASUR*

La Unión de Naciones Suramericanas –UNASUR- es una organización internacional de integración regional que tiene su génesis
en la Isla de Margarita, Venezuela, el 17 de Abril de 2007 cuando la
organización que la antecede Comunidad de Naciones Suraméri-
canas es renombrada.

Como antecedentes al nacimiento de UNASUR tenemos, primero que todo, la Declaración de Cusco (2004) donde se conforma
la Comunidad de Naciones Suramericanas[617] conformada por los
doce países de Suramérica: Argentina, Bolivia, Brasil, Chile, Co-
lombia, Ecuador, Guyana, Paraguay, Perú, Surinam, Uruguay y
Venezuela.

Sus planteamientos filosóficos se fundamentan en tres ejes: una
Comunidad Suramericana, de historia compartida y solidaria desde las gestas de independencia..., un espacio suramericano inte-
grado, de concertación y coordinación política y diplomática..., y
una acción común que establecerá e implementará progresivamen-

---

615   *Ibídem.* Art. 34.1

616   Díaz Barrado, C. y Romero Morett M., *Elementos de análisis para la
     Integración de un Espacio Iberoamericano. Economía, Política y Derecho,* Plaza
     y Valdez Editores, 208, Madrid, pp. 253-254.

617   Los textos de la Declaración del Cusco sobre la Comunidad Sudameri--
     cana de Naciones III Cumbre Presidencial Sudamericana Cusco, 8 de
     diciembre de 2004 están disponible en:
     (http://www.comunidadandina.org/documentos /dec_int/cusco_suda
     merica.htm)

te sus niveles y ámbitos de acción conjunta, promoviendo la convergencia. Tal como lo expresan Díaz Barrado y Cano Linares, UNASUR más allá de lo económico representa "la integración de la integración", y es un proceso que:

> "...no se limita a promover la convergencia de los Acuerdos de Complementación Económica entre los países de América del Sur. Los impulsores del mismo se han preocupado por asentarlo en valores y principios claramente definidos, buscando una proyección social que, sin descuidar los aspectos de la integración económica, tenga en cuenta tanto los resultados obtenidos hasta el momento como las necesidades y demandas sociales. En este sentido, puede hablarse de una vocación integradora de los pueblos y no solo de las economías. Esta vocación, declarada expresamente, podría contribuir decisivamente, si no a eliminar, sí, al menos, a paliar algunas de las graves deficiencias existentes en Suramérica"[618].

Luego de la Declaración de Cusco, se da otro paso determinante en la creación de UNASUR con la Declaración de Brasilia (2005)[619] de marcado acento económico cuyo fin es el de Promover la convergencia de los Acuerdos de Complementación Económica entre los países de América del Sur y su objetivo se centra en conformar gradualmente una zona de libre comercio sudamericana así como la complementación de las economías de los países de América del Sur y la promoción de su crecimiento y desarrollo.

Finalmente, se da el paso decisivo que coloca la piedra fundamental para la Unión Suramericana con la Declaración de Cochabamba (2006)[620]. El la Declaración se presenta el nuevo modelo de integración para el Siglo XXI, se delinean los Principios rectores de la integración sudamericana, se elaboran las Premisas para la construcción de la integración sudamericana, se resumen los objetivos de la integración, y se conjugan los principios rectores del "Plan

---

[618] Díaz Barrado, C. y Cano L., A., *La Unión de Naciones Suramericanas (UNASUR)*, José Ignacio Gil Impresores, S.L, Madrid, 2014, p. 9.

[619] Los textos de la Declaración sobre la Convergencia de los Procesos de Integración en América del Sur - Primera Reunión de Jefes de Estado de la Comunidad Sudamericana de Naciones - suscritos en Brasilia, 30 de setiembre de 2005 se encuentran en: (http://www.comunidadandina.org/documentos/dec_int/casa_2005_1.htm)

[620] Con la Declaración de Cochabamba se coloca la Piedra Fundamental para una Unión Sudamericana, disponible en: (http://www.comunidadan dina.org/documentos/dec_int/declaracion_cochabamba.htm)

Estratégico para la Profundización de la Integración Sudamericana". El Plan Estratégico muestra una clara prioridad a los elementos políticos y de integración social, y cultural. Lo elementos, desde el punto de vista económico, que sugieren una integración en mercado común liberalizado son inexistentes.

El Tratado constitutivo de UNASUR es finalmente suscrito en Brasilia el 23 de Mayo 2008[621]. En su artículo segundo establece el objetivo de la organización de integración regional que se resume en construir, de manera participativa y consensuada, un espacio de integración y unión en lo cultural, social, económico y político entre sus pueblos.

En adición claramente enumera sus prioridades como son el dialogo político, las políticas sociales, la educación, la energía, la infraestructura, el financiamiento y el medio ambiente, y sus metas resumidas en eliminar la desigualdad socioeconómica, lograr la inclusión social y la participación ciudadana, fortalecer la democracia y reducir las asimetrías en el marco del fortalecimiento de la soberanía e independencia de los Estados.

El Tratado aborda la integración económica con una perspectiva eminentemente Estatal[622] y con énfasis en la promoción de las Pymes, cooperativas y otras formas de organización[623] que sugieren el nuevo modelo productivo comunal impulsado en Venezuela por la Revolución Bolivariana.

Es resaltar que en el Tratado de Brasilia, no se contempla el Derecho Internacional como una de sus fuentes jurídicas, en el derecho aplicable para la solución de controversias[624] y el sistema de

---

[621] El Tratado Constitutivo de la Unión de Naciones Suramericanas se encuentra disponible en: (http://www.comunidadandina.org/unasur/tratado_constitutivo.htm)

[622] *Ibídem: Art. 3.1: "la cooperación económica y comercial para lograr el avance y la consolidación de un proceso innovador, dinámico, transparente, equitativo y equilibrado, que contemple un acceso efectivo, promoviendo el crecimiento y el desarrollo económico que supere las asimetrías mediante la complementación de las economías de los países de América del Sur, así como la promoción del bienestar de todos los sectores de la población y la reducción de la pobreza".*

[623] *Ibídem. art. 3.2: la integración industrial y productiva, con especial atención en las pequeñas y medianas empresas, las cooperativas, las redes y otras formas de organización productiva.*

[624] *Ibídem. art. 11, Fuentes Jurídicas.*

solución de diferencias de nuevo es exclusivamente Estatal y solo contempla la negociación directa entre Estados parte y la mediación del Consejo de Delegadas y Delegados[625].

De no alcanzarse acuerdo en la mediación se cae en un escenario indeterminado ya que la diferencia se elevará al Consejo de Ministras y Ministros de Relaciones Exteriores, para su consideración en su próxima reunión. Se debe hacer hincapié que el arbitraje no existe entre las modalidades de solución de controversias en el Tratado Fundacional de UNASUR.

Analizando la estructura organizacional de UNASUR se observa en otras instancias el Grupo de Trabajo de Solución de Controversias en Inversiones[626]. Su función es el de facilitar la solución de controversias en materia de inversiones que pudieran originarse entre los Estados Miembros de UNASUR que sean parte del Centro, así como también entre Estados e Inversionistas.

Entre los aportes de este Grupo de Trabajo se observa el Protocolo Constitutivo del Centro de Mediación y Arbitraje de la Unión de Naciones Suramericanas "UNASUR" en materia de inversiones[627]; Tratado de Inversión fechado el 22 de Abril 2013.

El Protocolo expone en su segunda cláusula el fin del Centro, o sea el facilitar la solución de controversias en materia de inversiones entre los Estados Miembros de UNASUR que sean parte del Centro, así como también entre Estados e Inversionistas. También tendrá competencia en controversias de inversionistas nacionales de los Estados Miembros del Centro con otros Estados miembros del mismo, previo consentimiento de las partes.

La naturaleza del Centro es complementaria y opcional a los mecanismos de solución de controversias que hayan suscrito los Estados parte en otros Tratados de Inversión y siempre la instancia

---

[625] *Ibídem*, art. 21, Solución de Diferencias.

[626] Sobre el Grupo de Trabajo de Solución de Controversias en Inversiones ver: (http://www.unasursg.org/inicio/organización/otras-instancias)

[627] El Protocolo constitutivo del Centro de Mediación y Arbitraje en materia de inversión se encuentra disponible en: (http://www.unasursg.org/inicio/documentos/otras-instancias/grupo-de-trabajo-de-solución-de-controversias-e-inversiones)

del Centro es iniciada mediante el consentimiento de las partes de una controversia[628].

Realmente, es paradójico que en el Protocolo solo se menciona que se creará un Centro de Mediación y Arbitraje sin identificar al menos sus directrices rectoras como es el caso de la iniciativa similar que desarrolla MERCOSUR. En adición, es un muy mal augurio para las garantías y protecciones que este Centro proveerá a los inversores, ya que simultáneamente con su creación Estados miembros impulsan una iniciativa de denuncia en bloque de todos los APPRI suscritos y vigentes ya que violentan la soberanía nacional ... y les quitan a los países el poder de regular la inversión extranjera[629].

C. *ALBA*

La Alianza Bolivariana para los pueblos de nuestra América (ALBA) es una Organización Internacional que nace como el *alter ego* al Área Libre de Comercio para la Américas (ALCA), grupo regional liderado por los Estados Unidos de América que impulsaba el libre comercio en la región.

El ALBA es concebida en la III Cumbre de Jefes de Estado y de Gobierno de la Asociación de Estados del Caribe, celebrada en la Isla de Margarita en Diciembre del 2001 donde se desecha el modelo neoliberal... ya que ...no puede ser la base ni el marco para nuestros modelos de integración.

La Alianza Bolivariana para los pueblos de nuestra América es impulsada en la I Cumbre Presidencial entre los jefes de Estado de Venezuela en Cuba (2004)[630].

Su fundamento clave es erradicar el ALCA de Latinoamérica, que es si representa para los jefes de Estado venezolano y cubano la expresión mas acabada de los apetitos de dominación sobre la

---

[628] *Ibídem*. Cláusula V.

[629] Sobre la denuncia masiva de los APPRIs ver nota de prensa "La Unasur analiza eliminar los Tratados Bilaterales de Inversión" disponible en: (http://www.relatosdetierra.com/2011/10/la-unasur-analiza-eliminar-los-tratados.html)

[630] Sobre la I Cumbre Presidencial y la Declaración conjunta entre el Presidente de la República Bolivariana de Venezuela y el Presidente del Consejo de Estado de la República de Cuba para la creación del ALBA, de fecha 14/12/2004, ver: http://www.alianzabolivariana.org/modules.php?name=Content&pa=showpage&pid=2060)

región y que, de entrar en vigor construiría la profundización del neoliberalismo y crearía niveles de dependencia y subordinación sin precedentes.

El objetivo original del ALBA es transformar las sociedades Latinoamericanas, haciéndolas más justas, cultas, participativas y solidarias... por lo que ... está concebida como un proceso integral que asegure la eliminación de las desigualdades sociales.

La primera mención de inversión extranjera que se hace en la I Cumbre de Jefes de Estado ALBA (2005). La misma se concibe esencialmente Inter Estatal Latinoamericana y claramente cerrada al capital foráneo como se recoge en su objetivo de reducir la dependencia de los países de la región de los inversionistas foráneos[631].

El próximo paso inmediato para la consolidación del ALBA se imprime con el Acuerdo Bilateral para la Aplicación del ALBA (2004), suscrito por los jefes de Estado de Venezuela y Cuba[632], e inspirado en los principios delineados en la I Cumbre. El Acuerdo es un Tratado Bilateral que cubre una amplia gama de aspectos de integración entre las dos naciones que van desde lo social, cultural, económico, energético y político. De nuevo el acuerdo es fundamentalmente Inter Estatal.

A continuación La Alianza Bolivariana para los pueblos de nuestra América se convierte en una verdadera Organización Multilateral de Integración con la inclusión de Bolivia en el Acuerdo para la Aplicación del ALBA y el Tratado de Comercio de los Pueblos (2006) [633].

El Acuerdo ALBA – TCP da los primeros trazos del plan estratégico para garantizar la más beneficiosa complementación productiva sobre bases de racionalidad, aprovechamiento de ventajas existentes

---

[631]   I Cumbre de Jefes de Estado ALBA (2005), Art. 9.

[632]   El Acuerdo entre el Presidente de la República Bolivariana de Venezuela y el Presidente del Consejo de Estado de la República de Cuba, para la aplicación de la Alternativa Bolivariana de las Américas suscrito el 14/12/2004 y disponible en (http://www.alianzabolivariana.org/modules.php?name=News&file=article&sid=81).

[633]   La III Cumbre Presidencial y Acuerdo para la aplicación de la Alternativa Bolivariana de los Pueblos de Nuestra América y Tratado de Comercio de los pueblos de fecha 29/04/2006 disponible en: (http://www.alianzabolivariana.org/modules.php?name=Content&pa=showpage&pid=516)

en los países.[634] En el Acuerdo se aproxima el tema de la inversión conformada exclusivamente en forma de empresas públicas, binacionales, mixtas, cooperativas interestatales.

En adición se da la prioridad a inversiones orientadas a fortalecer la inclusión social, la industrialización de los recursos, la seguridad alimentaria, en el marco del respeto y la preservación del medio ambiente.[635]

En la VI Cumbre del ALBA-TCP (2008)[636] se acuña el término Grannacional. El mismo es un término político que tiene fundamentos históricos, en la Gran nación Bolivariana, socioeconómicos, que implica que la estrategia para el desarrollo económico de los Estados parte sea la satisfacción de las necesidades sociales de las grandes mayorías, e ideológico construido sobre la afinidad de los Estados integrantes del ALBA con una postura anti globalización neoliberal y a favor del desarrollo sustentable con justicia social.

Grannacional aplicado al ámbito empresarial surge en oposición al de las empresas transnacionales, por tanto, su dinámica económica se orientará a privilegiar la producción de bienes y servicios para la satisfacción de las necesidades humanas, rompiendo con la lógica de la ganancia y acumulación de capital. Las Grannacionales se desarrollan en diversidad los ámbitos que van sin ser exhaustiva desde lo económico-productivo, salud, banca, y construcción. Desde entonces hasta la actualidad la agenda del ALBA-TCP ha priorizado el dialogo político y se han adherido al Tratado cinco Estados, todos con marcada orientación ideológica de izquierda.

En el contexto anterior el ámbito de acción de la inversión extranjera privada está fundamentalmente vedado, por lo que no se han contemplado protecciones, garantías o sistema de solución de controversias para en inversor extranjero.

---

[634] *Ibídem*, art. 2.

[635] *Ibídem*, art. 5.

[636] La Definición de Proyecto y Empresa Grannacional de ALBA-TCP, está disponible en los Documentos de la VI Cumbre de fecha 26 /01/2008 en: (http://www.alianzabolivariana.org/modules.php?name=Content&pa= showpage&pid=2074)

CONCLUSIONES:

Luego de examinar los hallazgos en las secciones anteriores el autor expone su Obra principal mediante las siguientes conclusiones:

Primero, en lo relativo a la inversión privada, en general, y extranjera, en particular, durante la evolución de modelo político-económico de la Revolución Bolivariana, la misma ha perdido relevancia y dicha inversión encara cada vez más, un ambiente hostil para su desarrollo, ya que el modelo venezolano está basado en el centralismo económico, la propiedad comunal, el monopolio del Estado de las áreas estratégicas de la economía, y un concepto de socialismo, contrario al liberalismo económico que está presente en los derechos de propiedad y el emprendimiento privado. Esta realidad ha sido vista en el primer capítulo del presente trabajo.

Segundo, en cuanto a los Estados socios de Venezuela para las operaciones e inversión, la visión del Estado Bolivariano ha variado significativamente, a través de su historia, en términos del objetivo que persigue a la hora de seleccionar un Estado socio para la celebración de un APPRI. Dicha mutación significa que se ha pasado de la persecución de objetivos económicos en el siglo XX, a través de la iniciativa privada proveniente de un Estado fundamentalmente de economía liberal, a centrar la acción en los aspectos de cercanía ideológica con los nuevos socios en el siglo XXI que son, en general, Estados con economías controladas y de libertades restringidas que operan con Venezuela mediante sus empresas estatales. Así se ha podido comprobar en el capítulo segundo de este trabajo.

Tercero, la evolución del marco jurídico venezolano sigue y se ajusta a la concepción política-social del Estado revolucionario, enmarcada en sus planes socialistas. Las nuevas leyes con un carácter restrictivo, punitivo y potencialmente expropiatorio limitan la iniciativa privada y habilitan al Estado a proseguir con su tendencia de centralizar y controlar los medios de producción e impulsar otras formas de propiedad diferentes a la privada. En el trabajo se han analizado en este sentido las leyes de inversión extranjera, la de precios justos, la de seguridad alimentaria y la de la actividad aseguradora que corroboran la afirmación hecha.

Cuarto, el entramado de APPRIs celebrados por Venezuela a través de su historia no muestran, en general, diferencias significativas en su forma por lo que los APPRIs celebrados en el siglo XXI con Estados ideológicamente afines al régimen revolucionario, no acompañan los cambios del Derecho interno y la concepción de país plasmada en los planes socialistas diseñados por el Gobierno revolucionario. La conclusión anterior se alcanzó al contrastar todos los APPRIs de los períodos pre y post Revolución Bolivariana y comprobar que sus estructuras son fundamentalmente las mismas, como se aprecia en el capítulo cuarto del presente trabajo.

Quinto, de los casos arbitrales que enfrenta Venezuela ante el CIADI se puede concluir que en los Laudos que han favorecido a los inversores extranjeros, en general, se evidencian violaciones del Estado venezolano, a la hora de expropiar, de las obligaciones asumidas en los APPRIs enfocadas a ciertas dimensiones del trato justo y equitativo tales como son la actuación con arbitrariedad, la denegación de justicia, la realización de actos y medidas contrarias al principio de buena fe, y la frustración de las expectativas legítimas del inversor. Esta conclusión se alcanza mediante el análisis de los Laudos inserto en los estándares de trato de los APPRIs en el capítulo cuarto.

Sexto, el marco jurídico nacional venezolano, que afecta a la propiedad privada y a la inversión extranjera, parecería ser incompatible con las obligaciones internacionales asumidas en los APPRIs a través de su historia, lo que potencialmente ocasionará nuevas reclamaciones arbitrales internacionales provenientes de los inversores extranjeros de los Estados parte. Por lo anterior, la hipótesis de trabajo de la presente Obra parecería haber sido comprobada en términos de las incompatibilidades entre las esferas jurídicas nacionales e *iusinternacional*, y las consecuencias que se derivan de tal incompatibilidad de marcos jurídicos.

Séptimo, ante la situación evidenciada a través del presente trabajo, y en el entendido que el proceso revolucionario mantendrá la dirección establecida en los planes socialistas, el autor sugiere que para logra una convergencia entre regímenes jurídicos, se deben tomar las siguientes líneas de acción:

1.- La renegociación de los APPRIs con un modelo convergente a la normativa legal nacional. El posible problema que se presenta con esta línea de acción es que la contraparte de Venezuela tendrá serias dificultades para alcanzar un APPRI en estos términos.

2.- La denuncia de los APPRIs y celebración de nuevos APPRIs con los Estados que estén dispuestos en obligarse y en los términos que el Estado venezolano esté proclive. Nuevamente, se presentará el posible problema de la dificultad en alcanzar un nuevo acuerdo.

Evidentemente, las soluciones anteriores se hacen factibles en la medida del interés económico relativo que las personas naturales o jurídicas de la otra parte, que tengan en invertir en la República Bolivariana de venezolana, en el entendido que el Estado contraparte sea efectivamente persuadido a renegociar por sus inversores nacionales. La experiencia reciente, es que sociedades extranjeras han decidido renegociar contratos, en particular en el área energética, ya que los beneficios potenciales futuros compensan una disminución de la rentabilidad de corto plazo. El mayor incentivo de la renegociación es preservar el acceso al futuro[637] a un mercado atractivo o fundamental para el desarrollo de la sociedad extranjera.

Finalmente, estas soluciones al ser de carácter recíproco, si no son aceptables para la mayoría de los Estados contraparte de Venezuela, debido a que su concepción de libertades económicas sea incompatible con los preceptos ideológicos y políticos venezolanos, no impedirán un aluvión de reclamaciones internacionales de inversores extranjeros incorporados en dichos Estados, por posibles violaciones de las obligaciones asumidas en los APPRIs, durante el período de permanencia de los mismo, luego de su denuncia.

---

[637] Witten, E., "Arbitration of Venezuelan Oil Contracts: A Losing Strategy?" en *Texas Journal of Oil, Gas, and Energy Law*, 12 de Septiembre 2008.

BIBLIOGRAFÍA Y DOCUMENTACIÓN

1. DOCTRINA:

❖ AGUIRRE ORAÁ, J. M., "Praxis" en Auroux, S., *Ency   die philophique universelle, Les notions philosphiques*, v. II, París, 1990, p. 2022.

❖ ALCOCEBA, A., MANERO, A., y QUISPE, F., *La Protección de la Inversión Española en los Estados Miembros del Alba*, Civitas, Navarra, 2010, pp. 103.

❖ ÁLVAREZ, J., *El Populismo en España y América*, Catriel, Madrid, 1994 p. 171.

❖ AUST, A., *Modern Treaty Law and Practice*, Cambridge University Press, Cambridge, 2000, p. 208.

❖ BEKKER, P., *Making Transnational Law Work in the Global Economy*, Cambridge University Press, Cambridge, 2010, p. 353.

❖ BEN HAMIDA W., "Investment Arbitration and Human Rights" TDM 5 en *Transnational Dispute Management,* 2007, p. 10.

❖ _____, "La notion d'investissement et d'investisseur dans la jurisprudence arbitrale récente", en *Nations Unies Commission Economique et Sociale pour l'Asie occidentale*, ESCWA, Paris, 2013, p. 3.

❖ BETANCOURT, R., *América Latina: democracia e integración*, Six Barral, Barcelona, 1978, p. 416.

❖ BJORKLUND, A., "National Treatment Obligation" en *Arbitration Under International Investment Agreements; A Guide to the key issues*, Oxford University Press, New York, 2010, p. 416.

❖ BREWER-CARÍAS, A. R., "Régimen Constitucional de la Delegación Legislativa e Inconstitucionalidad de los Decretos Leyes Habilitados Dictados en 2001", Informe Especial. *Revista Primicia*. Caracas, diciembre 2001.

❖ BROWNLIE, I., *Principles of public international law*, Oxford University Press, Oxford, 1998 p. 522.

❖ CALDERÓN, A., *La inversión extranjera directa en América Latina y el Caribe*, CEPAL Publicación de las Naciones Unidas, Santiago de Chile, 2012, p. 54.

❖ CALVO, C., *Derecho Internacional Teórico y Práctico de Europa y América*, 1868.

❖ CARLSTON, K., "Interpretation of Peace Treaties with Bulgaria, Hungary and Romania, Second Phase, Advisory Opinion" en *The American Journal of International Law, v.* 44, N. 4, American Society of International Law, Washington, 1950, p. 728.

❖ CARRO J. L., *Derecho Público y Política*, Civitas, Madrid, 1974, pp. 50-52.

❖ CIANDI, *Possible improvements of the framework for ICSID arbitration*, ICSID secretariat Discussion Paper, 2004.

❖ CIADI, *Suggested Changes to the ICSID Rules and Regulations*, Working Paper of the ICSID Secretariat, 12 de Mayo 2005.

❖ Comisión de Derecho Internacional, *Títulos y textos de los proyectos de artículos sobre la protección diplomática*, 58° período de sesiones, Ginebra, CDI, 2006.

❖ CONDORELLI, L., *L'évolution de champ d'application de la protection diplomatique. Mutations et practiques nationales*, Bruylant, Bruselas, 2003, pp. 12-13.

❖ COSBEY, A., *NAFTA's Chapter 11 and the Environment*, 2003, p. 3.

❖ CRAWFORD, J., "Second report on State responsibility" en *Yearbook of the International Law Commission 1999, v.* 2, New York & Geneva, UN Publications, 1999, p. 26.

❖ D'ELIA, Y. y MAINGON T., "El FONVIS: su trayectoria institucional en el contexto sociopolítico venezolano de 1980 a 2004" en *Working Papers*, Centro de Estudios del Desarrollo – CENDES, Universidad Central de Venezuela, Caracas, 2006, p. 381.

❖ DEL ARENAL, C., "La Nueva Sociedad Mundial y las Nuevas Realidades Internacionales: Un Reto para la Teoría y para la Política" en *Cursos de Derecho Internacional y Relaciones Internacionales de Vitoria-Gasteiz*, Universidad del País Vasco - Servicio de Publicaciones, Bilbao, 2002, p. 22.

❖ DENZA E. y BROOKS S., "Investment Protection Treaties: United Kingdom Experience", *International and Comparative Law Quarterly* 36, Cambridge, 1987, pp. 910-911.

❖ DÍAZ BARRADO, C. y ROMERO MORETT M., *Elementos de análisis para la Integración de un Espacio Iberoamericano. Economía, Política y Derecho*, Plaza y Valdez Editores, Madrid 2008, pp. 253-254.

❖ DÍAZ BARRADO, C. y CANO L. A., *La Unión de Naciones Suramericanas (UNASUR)*, José Ignacio Gil Impresores, S.L, Madrid, 2014, p. 9.

❖ DÍEZ-HOCHLEITNER, J., "Protección diplomática v. arbitraje de inversiones", en *El derecho internacional: normas, hechos y valores: liber amicorum José Antonio Pastor Ridruejo*, Universidad Complutense, 2005, pp. 470.

❖ _____, *Las Inversiones a través de sociedades locales en los APPRIs celebrados por España con países de Latinoamérica*, en www.reei.org, p. 9.

❖ DIETERICH, H., *El Socialismo del Siglo XXI*, en: www.carpe diem.org.ve/imagenes/Dieterich.pdf, p. 86.

❖ DINNIE, K., *Nation Branding: Concepts, Issues, Practice*, Butterworth-Heinemann, Oxford, 2008, p. 143.

❖ DOLZER R. y SCHREUER C., *Principles of International Investment Law*, Oxford University Press, Oxford, 2008, p. 130.

❖ DOLZER R. y STEVENS, M., *Bilateral Investment Treaties*, The Hague, Martinus Nijhoff Publishers, Boston and London, 1995, pp. 20-21.

❖ DOLZER, R. *Indirect Expropriation of Alien Property*, ICSID Review, 1986, p. 55.

❖ DUPUY, P. M., "Unification Rather than Fragmentation of International Law? The Case of International Investment Law and Humans Rights Law", en *Human Rights in International Investment Law and Arbitration*, Oxford University Press, Oxford, 2009, p. 57.

❖ EBERHARDT P. y OLIVERO, C., *Profiting from injustice: How law firms, arbitrators and financiers are fuelling an investment arbitration boom*, Corporate Europe Observatory and the Transnational Institute, Brussels/Amsterdam, 2012, p. 26.

❖ ESPÓSITO, C. *La Organización Mundial del Comercio y los particulares*, Dikinson, Madrid, 1999, p. 86.

❖ FADLALLAH, I., *La notion d'investissement : vers une restriction à la compétence du CIRDI?*, International Chamber of Commerce, Paris, 2005, pp. 259-268.

❖ FAYA, A., "The most-favored-nation clause in international investment: agreements a tool for treaty shopping?", en *Journal of International Arbitration*, v. 25, N. 1, 2008, p. 125.

❖ FERNÁNDEZ, M. A., *Análisis comparativo de la política exterior venezolana desde 1959 hasta 1974: De la doctrina Betancourt al Pluralismo Ideológico*, Tesis de Grado, Universidad Rafael Urdaneta, Maracaibo, 1999, p. 183.

❖ FREEMAN, A. V., "Responsibility of States for Unlawful Acts of their Armed Forces", *Michigan Law Review*, v. 57, N. 8, Brunson MacChesney, 1959, pp. 1268-1272.

❖ GAILLARD, E., "Establishing jurisdiction Through a Most-Favored-Nation Clause", *New York Law Journal*, Volume 233 — N. 105, 2005, p. 8.

❖ GARCÍA AMADOR, F. V., "Fourth Report on State Responsibility", en *Yearbook of International Law Commission*, v. II, UN Publications, New York, 1960, p. 28.

❖ GARCÍA, G., "La sostenibilidad de la política fiscal en Venezuela" en *Revista del Banco Central de Venezuela*, v. XI, N. 2, Caracas, 1997, p. 54.

❖ GARRIDO, V., *Venezuela y la Revolución Bolivariana*, Madrid, Instituto Universitario General "Gutiérrez Mellado" de Investigación sobre la Paz, la Seguridad y la Defensa, 2009, p. 108-109.

❖ GARRIGA, G., "Los Tratados Bilaterales de Inversión (BITS)", en *Derecho Internacional Económico y de las Inversiones Internacionales*, Palestra Editores S.A.C., Lima, 2009, pp. 307-308.

❖ GECK, K., *Diplomatic Protection, Encyclopedia of Public International Law*, v. X, E.P.I.L. 1987.

❖ GIARDINA, A., "Legal Aspects of Recourse to Arbitration by an Investor Against the Authorities of the Host State under Inter-State Treaties" en *Yearbook of Institute of International Law – Tokyo Session – Draft Works,* éditions A. Pedone, 2013, p 31.

❖ GOULD, W. L., *International Law and the Social Sciences,* Princeton, Princeton University Press, 1970, pp. 21-22.

❖ GROS, A., "La Cour internationale de Justice 1946-1986: les réflexions d'un juge", *en* Yoram D, *International Law at a Time of Perplexity-Essays in Honour of Shabtai Rosenne,* Martinus Nijhoff Publishers, Dordrecht/Boston /London, 1989, pp. 289-306.

❖ GRIFFITH DAWSON, F. *The Influence of Andres Bello on Latin-American perceptions of the non- intervention and State Responsibility,* 57 BYIL, Oxford University Press, Oxford, 1986, p. 307.

❖ GUERRA, J., *Venezuela Endeudada: De Carlos Andrés Pérez a Hugo Chávez,* De La A a La Z Ediciones, Caracas, 2006, p. 40.

❖ HACKWORTH, H., *H3 Digest of International Law,* Government Printing Office, Washington, 1942, pp. 658-659.

❖ HEIDEGGER'S, M. *"The Origin of the Work of Art,"* in *Poetry, Language, Thought,* (trans. Albert Hofstadter), Harper and Row Perennial Library, London and Toronto, 1935/1975, p. 17.

❖ IRURETAGOIENA AGIRREZABALAGA, I., *El Arbitraje en los Litigios de Expropiación de Inversiones Extranjeras",* Editorial Bosh S. A., Barcelona, 2010 p. 46.

❖ JIMÉNEZ PIERNAS, C., *El Método del Derecho Internacional Público: Una aproximación sistémica y transdiciplinar,* B.O.E. Madrid, 1995, p. 43.

❖ LARA SÁENZ, L., *Procesos de la Investigación Jurídica,* UNAM Instituto de Investigaciones Jurídicas, México, 1991, p. 49.

❖ LACHS, M., *The teacher in International Law (Teachings and Teaching),* The Hague, Brill Academic, 1982, p. 150.

❖ LEGUM, B., *The meaning of 'investment, in the ICSID Convention",* Cambridge University Press, Cambridge, 2010, p. 326.

❖ LENARD, A. J., *Investigación científica y Derecho Internacional,* CSIC Madrid, 1981, p. 252.

❖ LILLICH R. y WESTON, B., *International Claims: Their Settlement by Lump Sum Agreements,* University of Virginia Press, Charlottesville, 1975, pp. 30-31.

❖ MAES M., *Los Acuerdos de Inversiones de la UE en la era del Trata do de Lisboa, Por una política europea de inversiones al servicio del interés público,* Transnational Institute, Ámsterdam, 2010, pp. 9-10.

❖ MANN F., *British Treaties for the Promotion and Protection of Investments,* B.Y.I.L., *v.* 52, 1981, pp. 241-242.

❖ MANN H., *IISD Model International Agreement on Investment for Sustainable Development,* Winnipeg, International Institute for Sustainable Development, 2006, p. 4.

❖ _____, *NAFTA´s Chapter 11 and the Environment,* Winnipeg, IISD, 1999.

❖ MATA, L., *Los límites de la revolución: petróleo y gobernabilidad.* Caracas, Ediciones FaCES/UCV, 2006, pp. 61-62.

❖ MARTÍN A. y MUÑOZ, F., *Socialismo del Siglo XXI ¿Huida del Laberinto?,* Alfa, Caracas, 2007, p. 23.

❖ MARTÍNEZ, J. H., "Causas e Interpretaciones del Caracazo" en *Historia Actual Online,* N. 16, Universidad Nacional Autónoma de México, 2008, p. 88.

❖ MCLACHLAN, C., SHORE L., y WEININGER M., *International Investment Arbitration: Substantive Principles,* University Press, New York, Oxford 2007, p. 212-213.

❖ NEWCOMBE, A., y L. Paradell, L., *Law and Practice of Investment Treaties,* Kluwer Law International BV, The Netherlands, 2009, p. 65.

❖ OLSON, R., "Using the Index of Economic Freedom: A Practical Guide By Academic Research", *Heritage Foundation,* Washington D. C., 2015.

❖ ORTEGA CARCELÉN, M., "Análisis del valor creador de la jurisprudencia en el Derecho Internacional", en *REDI, v.* XL 1988, pp. 55-87.

❖ ORREGO V   A, F., "Changing approaches to the Nationality of Claims in the context of Diplomatic Protection and International Dispute Settlement", en *ICSID Review 2000,* p. 22.

❖ OUAKARAT, P., "*La Practique du CIRDI*", DPCI, v. 13, N. 2, 1987, pp. 285-296.

❖ PASTOR PALOMAR, A., "Protección de inversiones con conceptos indeterminados: el trato justo y equitativo en los APPRIS celebrados por España" en *Revista española de derecho internacional*, v. 58, N. 1, BOE, Madrid, 2007, p. 272.

❖ _____, "La protección de las inversiones extranjeras en conflictos armados y situaciones de emergencia" *Agenda Internacional Año XIII*, N. 24, Madrid, 2007, p. 304.

❖ _____, "Inversiones España-China Bajo El Nuevo APPRI 2005, *REEI, v.* 12, 2006.

❖ PASTOR RIDRUEJO, J., "La practique espagnole de la protection diplomatique", La protection diplomatique. Mutation contemporaines el practiques nationales (J. F. Flauss) Bruselas, Bruylant, 2003.

❖ PAULSSON, D., *Denial of Justice in International Law*, Cambridge University Press, Cambridge, 2005, pp. 100-111.

❖ REINISCH, A., "*Standards of Investment Protection*", Oxford University Press, Oxford, 2008, p. 172.

❖ REMIRO BROTÓNS, A., *Derecho Internacional Público II: Derecho de los Tratados*, Tecnos, Madrid, 1986, pp. 306-314.

❖ _____, *Pelagatos y aristogatos de la Comunidad Europea ante el reino de la OMC, Gaceta Jurídica de la CE y de la Competencia*, 1996, p. 26.

❖ REMIRO BROTÓNS, A. y otros, *Derecho Internacional Curso General*, Tirant lo Blanch, Valencia 2010.

❖ REMIRO BROTÓNS A. y ESPÓSITO, C., *La Organización Mundial del Comercio y el Regionalismo Europeo*, Dikinson, Madrid 2001, p. 263.

❖ REINER, C. y SCHEUER, C. "Human Rights and International Investment Arbitration", en *Human Rights in International Investment Law and Arbitration*, Oxford University Press, Oxford, 2009, p. 88.

❖ REY, J. C., *El futuro de la democracia en Venezuela*, IDER, Caracas, 1989, p. 117.

❖ ROMERO, C. *Dos Etapas en la política exterior de Venezuela*, Politeia, *v.* 26, N. 30, Caracas, 2003, pp. 169-182.

❖ ROMERO, M. T., *La Política exterior venezolana: el proyecto democrático 1958-1998*, Fundación para la Cultura Urbana, Caracas 2005, p. 267.

❖ _____, "Promoción de la democracia exterior venezolana de los 90" *en Analítica revista electrónica*, Universidad Central de Venezuela, Caracas, p. 76.

❖ RODRÍGUEZ, V. y Betancourt M., *Introducción al estudio del Derecho de los Tratados*, Serie Estudios 90, Caracas, 2010, p. 89.

❖ RUÍZ, N., "Trato Nacional y La Nación más favorecida en el acuerdo general sobre el comercio de servicios de la Organización Mundial del Comercio" en *Revista del Derecho Económico Internacional, v.* 2, N. 1, 2012, p. 11.

❖ SACERDOTI, G., "Market access by foreign investors" en *Bilateral treaties and multilateral instruments on investment protection,* Collected Courses of the Hague Academy of International Law 269. Martinus Nijhoff Publishers, 1997, pp. 331.

❖ _____, "Expropriation and compensation" en *Bilateral treaties and multilateral instruments on investment protection, en* Collected Courses of the Hague Academy of International Law 269. Martinus Nijhoff Publishers, 1997, pp 380-381.

❖ _____, "Bilateral Treaties and Multilateral Investments on Investment Protection", 269, Recueil des Courts 251, 1997, p. 346.

❖ SCHACHTER, O., *International Law in Theory and Practice (Developments in International Law)*, Dordrecht/Boston/London, M. Nijhoff Publishers, 1991, p. 310.

❖ SCHREUER, C., *The ICSID Convention: A Commentary*, Cambridge, Cambridge University Press, 2001, p. 388.

❖ _____, "Travelling the BIT route: Of waiting periods, umbrella clauses, and fork in the road", en *Journal of World Investment and Trade, v.* 5, N. 2, 2004, pp. 255.

❖ _____, "Fair and Equitable Treatment in Arbitral Practice", *en The Journal of World Investment & Trade,* 2005, pp. 1-24.

❖ _____, "Full Protection and Security", en *Journal of International Dispute Settlement*, 2010, p. 2-10.

❖ SCHWARZENBERGER, G., "The inductive approach to International Law", en *Harvard Law Review, v.* 60, N. 4, The Harvard Law Review Association, Boston, 1947, pp. 37-38.

❖ _____, "The Inter-Diciplinary Treatment of International Law" en *Fundamental Problems of International Law*, Bonn, Festschrift für Jean Spiropoulos, 1957, p. 401-403.

❖ SHUSTER, M. R., *The Public International Law of Money*, Oxford University Press, Oxford, 1973, pp. 1-91.

❖ SINCLAIR, A., *The Substance of Nationality Requirements in Investment Treaty Arbitration*, 20 ICSID Review-FILJ Washington D. C., 2005, p. 357.

❖ SIERRA, M. F., *Venezuela Contemporánea 1974-1989*, Fundación Eugenio Mendoza, Caracas 1989, p. 59.

❖ SORNARAJAH, M., *The International Law on Foreign Investment*, Cambridge University Press, Cambridge, 2010, p. 359.

❖ United Nations Conference on Trade and Development, *Bilateral investment treaties in the mid-1990s*, United Nations publication, New York & Geneva, 1998.

❖ United Nations Conference on Trade and Development, *Scope and Definition. UNCTAD Series on issues in International Investment Agreements"*, United Nations publications, New York and Geneva, 1999.

❖ United Nations Conference on Trade and Development, *Admission and Establishment. UNCTAD Series on issues in International Investment Agreements"*, United Nations publications, New York and Geneva, 1999.

❖ United Nations Conference on Trade and Development, *Most-Favored-Nation Treatment. UNCTAD Series on Issues in International Investment Agreements*, United Nations publications, New York & Geneva, 1999.

❖ United Nations Conference on Trade and Development, *National Treatment. UNCTAD Series on Issues in International Investment Agreements*, United Nations publications, New York and Geneva, 1999.

❖ United Nations Conference on Trade and Development, *Fair and Equitable Treatment. UNCTAD Series on Issues in International Investment Agreements*, United Nations publications, New York & Geneva, 1999.

❖ United Nations Conference on Trade and Development, *Taking of Property, UNCTAD Series on issues in international investment agreements*, United Nations publications, New York and Geneva, 2000.

❖ United Nations Conference on Trade and Development, *Transfer of funds. UNCTAD Series on Issues in International Investment Agreements*, United Nations Publications, New York and Geneva, 2000.

❖ United Nations Conference on Trade and Development, *Investor State Disputes Arising from Investment Treaties: A Review"*, *UNCTAD Series on International Investments Policies for Development*, United Nations publications, New York and Geneva, 2005.

❖ United Nations Conference on Trade and Development, *Issues Related to International Arrangements. Investor State Dispute and Policy implications*, Note by the UNCTAD secretariat, TD/B/COM.2 /62, 2005,

❖ United Nations Conference on Trade and Development, *Bilateral Investment Treaties 1995–2006: Trends in investment Rule-making*, United Nations publications, New York and Geneva, 2007.

❖ United Nations Conference on Trade and Development, *Global Investment Trend Monitor Nº 15*, United Nations publications, New York and Geneva, 2014.

❖ VANDEVELDE, K., *United States Investment Treaties: Policy and Practice*, Kluwer Law, Boston, 1992, pp. 232-245.

❖ VASCIANNIE, S., "Fair and Equitable Treatment Standard in International Investment Law and Practice", *en 70 British Year Book of International Law*, 1999, p. 99, 100, 104, 145.

❖ VREELAND, J., *The IMF: Lender of Last Resort or Scapegoat?*, Yale University, 2009, p. 1.

❖ VERLOREN VAN THEMAAT, P., *The Changing Structure of International Economic Law*, The Hague, Martinus Nijhoff, 1981, pp. 19-21.

❖ VIVES CHILLIDA, J. *El Centro Internacional de Arreglo de Diferencias Relativas a Inversiones (CIADI)*, McGraw-Hill, Madrid, 1998, p. 84.

❖ WALKER, H., "Modern treaties of friendship, commerce and navigation" en *Minnesota Law Review*, 42, 1958, pp. 811-813.

❖ WEISBROT, M., "Poverty Reduction in Venezuela: A Reality-BaseView" en *Harvard Review of Latin America, v.* VIII, N. 1, 2008, p. 2.

❖ WITTEN, E., "Arbitration of Venezuelan Oil Contracts: A Losing Strategy?", en *Texas Journal of Oil, Gas, and Energy Law,* 12 de Septiembre 2008.

2. JURISPRUDENCIA INTERNACIONAL

❖ *AES Corporation v. The Argentine Republic*, Decision on Jurisdiction, ICSID Case ARB/ 02/ 17, del 26 de Abril 2005.

❖ *Autopista Concesionada v. Venezuela*, Decision on Jurisdiction, ICSID Case N. ARB/00/5, del 27 de Septiembre 2001.

❖ *Azurix Corp. v. Argentina*, Award, ICSID Case N. ARB/ 01/12, del 14 Julio 2006.

❖ *Bayindir v. Pakistan*, Decision on jurisdiction, ICSID Case No. ARB/03/29, del 14 de Noviembre 2005.

❖ *Case Concerning The Barcelona Traction Light and Power Company, LTD*, Judgement, International Court of Justice, del 5 de Febrero 1970, ICJ Reports 1970.

❖ *Case Concerning The Gabcikovo-Nagymaros Project (Hungary v. Slovakia)*, Judgement, International Court of Justice, del 25 de Septiembre 1997.

❖ *Chorzów Factory (Germany v. Poland)*, Merits, Permanent Court of International Justice, del 13 Septiembre 1928.

❖ *CMS v. Argentina*, Award, CSID Case N. ARB/01/8, del 12 de Mayo 2005.

❖ *ConocoPhillips v. Bolivarian Republic of Venezuela*, Decision on Jurisdiction and Merits, ICSID Case N. ARB/07/30, del 3 de Septiembre 2013.

❖ *Continental Casualty Company v. Argentina*, Decision on Jurisdiction, Case No. ARB/03/9, del 22 de Febrero 2006.

❖ *De Sabla Claim (US) v. Panama*, Award, 6 UNRIAA, del 29 de Junio 1933.

❖ *Elettronica Sicula SpA (United States of America v Italy)*, Judgment, International Court of Justice, 20 July 1989, ICJ Reports 1989.

❖ *El Paso Energy International Company v. The Argentine Republic, Award, ICSID Case N. ARB/03/15*, del 31 de Octubre 2011.

❖ *Eureko B.V. v. Poland*, Partial Award, Ad Hoc Arbitration, del 19 Agosto 2005.

❖ *Fedax N.V. v. Republic of Venezuela*, Decision on Jurisdiction, ICDID ARB/93/3, del 11 de Junio 1997.

❖ *Fedax NV v. Republic of Venezuela*, Award, ICSID Case N. ARB/96/3, del 9 de Marzo 1998.

❖ *Feldman v. México*, Award, CASE N. ARB(AF)/99/1, del 16 de Diciembre 2002.

❖ *Flughafen Zürich A.G. y Gestión de Ingeniería IDC S.A. y República Bolivariana de Venezuela*, Laudo, Caso CIADI N. ARB/10/19, del 18 de Noviembre de 2014.

❖ *Genin v. Estonia*, Award, ICSID Case N. ARB/99/2 del 25 de Junio 2001.

❖ *Gold Reserve Inc. vs. Bolivarian Republic of Venezuela*, Award, ICSID case ARB(AF)/09/1, del 22 de Septiembre 2014.

❖ *HICEE BV v. Slovak Republic*, Partial Award, UNICITRAL, 23 May 2011.

❖ *Impregilo S. P. A. v. Argentina*, Award, ICSID Case N. ARB/07/17 , del 21 de Junio 2011.

❖ *L. F. H. Neer & Pauline Neer v. United Mexican States*, 4 RIAA (1951) 60, del 15 de Octubre 1926.

❖ *Lemirte v. Ukranie, Award*, ICSID Case N. ARB/06/18, del 28 de Marzo 2011.

❖ *Maffezini v. Spain*, Award, ICSID Case N. ARB/97/7 del 13 de Noviembre 2000.

❖ *MTD Chile S. A. v. Chile,* Award, ICSID Case N. ARB/01/7, del 25 de Mayo 2004.

❖ *Metalpar S.A y Buen Aire S. A. c. República Argentina,* Decisión sobre Jurisdicción, CIADI N. ARB/03/5, del 27 de Abril de 2006.

❖ *Metalclad v. México,* Award, ICSID Case N. ARB(AF) /97/1, del 30 de Agosto 2000.

❖ *Methanex Inc. v. USA, UNICITRAL,* del 3 de Agosto 2005.

❖ *Middle East Cement v. Egypt,* Award, ICSID Case N. ARB/99/6, del 12 Abril 2002.

❖ *Mobil v. Venezuela,* Decision on Jurisdiction, ICSID Case N. ARB/07/27, del 10 de Junio 2010.

❖ *Mobil v Venezuela Award,* Award, ICSID CASE N. ARB/07/27 AWARD, del 3 de Abril 2013.

❖ *Mondev v. United States of America,* Award, ICSID (Additional Facility) Case N. ARB(AF)/99/2, del 11 de Octubre 2002.

❖ *Nottebohm (Liechtenstein v. Guatemala),* Preliminary Objection (Second phase), Judgment, International Court of Justice, del 6 de Abril 1955.

❖ *Occidental Exploration and Production Company v. Ecuador,* Award, ICSID Case N. ARB/06/11, del 5 de Octubre 2012.

❖ *OI European Group B.V. c. República Bolivariana de Venezuela,* Laudo, Caso CIADI N. ARB/11/25, del 4 de Marzo 2015.

❖ *Pope & Talbot v. Canada,* Award on Damages, UNICITRAL 41 ILM (2002), del 31 May 2002.

❖ *Plama v. Bulgaria,* Decision on Jurisdiction, *ICSID Case N. ARB/03/24,* del 8 de Febrero 2005.

❖ *Ronald S. Lauder v. Czech Republic,* Final Award, UNCITRAL 3 de Sep. 2001.

❖ *Saluka Investments v. Czech Republic,* Partial Award, UNCITRAL Arbitration Rules 1976, del 17 de Marzo 2006.

❖ *Salini v. Morocco,* Decision on Jurisdiction, ICSID Case N. ARB/00/4, del 23 de Julio 2001.

❖ *Salini v. Jordan,* Award, *ICSID Case N. ARB/02/13,* del 9 de Noviembre 2004.

❖ *S D Myers v Canada,* First Partial Award, UNCIRTAL, del 13 de Noviembre 2000.

❖ *SGS Société Générale de Surveillance S.A v. Republic of the Philippines,* Decision of the Tribunal on Objections to Jurisdiction, ICSID Case N. ARB/02/6, del 29 de Enero 2004.

❖ *SGS Socieéteé Générale de Surveillance S.A. v. Islamic Republic of Pakistan,* Decision of the Tribunal on Objections to Jurisdiction, Case N. ARB/01/13 173, del 6 de Agosto 2003.

❖ *Siag* and Clorinda Vecchi v. The Arab Republic of Egypt, Award, ICSID Case N. ARB/05/15, del 1 de Junio 2009.

❖ Siemens A.G. v. Argentina, Decisión sobre la Jurisdicción, Caso CIADI N. ARB/02/8, del 3 de Agosto 2004.

❖ *Siemens A. G. v. Argentina,* Award, ICSID Case N. ARB/02/8, del 6 de Febrero 2007.

❖ *Tecmed v. México,* Award, Case N. ARB (AF)/00/2, de 29 de Mayo 2003.

❖ *Texaco Overseas Petroleum Company and California Asiatic Company v. Government of Libyan Arab,* Award, *Ad Hoc* Arbitration, January 1977.

❖ *TIDEWATER v. Bolivarian Republic of Venezuela,* AWARD, ICSID Case N. ARB/10/5, del 13 de Marzo 2015.

❖ *Tokios Tokeles v. Ukraine,* Decision on Jurisdiction, ICSID Case N. ARB/02/18, del 29 de Abril 2004.

❖ *Tradex v. Albania,* Award, ICSID Case N. ARB/94/2, del 29 de Abril 1999.

❖ *Waste Management v. Mexico,* Final Award, ICSID Case N. ARB(AF)/00/3, del 30 de Abril 2004.

3. JURISPRUDENCIA NACIONAL

❖ *Sala Constitucional-Tribunal Supremo de Justicia, N° 186,* del 14 de Febrero 2001.

❖ *SC-TSJ, N. 1.309,* del 19 de Junio 2001.

❖ *SC-TSJ, N. 1.942,* del 15 de Julio 2003.

❖ *SC-TSJ, N. 903,* del 14 de Mayo 2004.

❖ *SC-TSJ, N. 1.854,* del 20 de Octubre 2006.

❖ *SC-TSJ, N. 1.919,* del 21 de Noviembre 2006.

❖ *SC-TSJ, N. 192,* del 28 de Febrero 2008.

❖ *SC-TSJ, N. 427* del 13 de Marzo 2007.

❖ *SC-TSJ, N. 609,* del 9 de Abril 2007.

❖ *SC-TSJ, N. 1.186,* del 18 de Julio 2008.

❖ **SC-TSJ, N. 1.541 del 17 de Octubre 2008.**

❖ *Sala Político Administrativa-Tribunal Supremo de Justicia,* N. 1.208 del 20 de Junio 2001.

❖ *SPA-TSJ,* N. 02872 del 29 de Noviembre 2001.

❖ *SPA-TSJ,* N. 00736 del 20 de Mayo 2003.

❖ *SPA-TSJ,* N. 937 del 6 de Junio 2007.

4. INSTRUMENTOS NORMATIVOS INTERNACIONALES

❖ Asamblea General de las Naciones Unidas: Resolución 1803 (XVII) del 14 de diciembre de 1962.

❖ Asamblea General de las Naciones Unidas: Resolución 3171 (XXVIII), del 25 de noviembre de 1966.

❖ Asamblea General de las Naciones Unidas: Resolución 3281 (XXXIX), del 12 de Diciembre de 1974.

❖ CIADI Reglamento del Mecanismo Complementario CIADI, del 11 de Abril 2006.

❖ Convención de Viena sobre el Derecho de los Tratados U.N. Doc A/CONF.39/27, del 23 de mayo de 1969.

❖ Convenio CIADI, Reglamento y Reglas, de Abril 2005.

❖ United Nations Commission on International Trade Law Arbitration Rules, revisada en 2010.

❖ Acuerdo entre el Gobierno de la República Italiana y el Gobierno de la República de Venezuela sobre la Promoción y Protección de las Inversiones, 4 de Junio de 1990.

❖ Convenio para el Estímulo y Protección Recíproca de las inversiones entre la República de Venezuela y el Reino de los Países Bajos, 22 de Octubre de 1991.

❖ Acuerdo entre el Gobierno de la República de Venezuela y el Gobierno de la República de Chile sobre Promoción y Protección de las Inversiones, 2 de Abril de 1993.

❖ Acuerdo entre el Gobierno de la República de Venezuela y el Gobierno de la República Argentina para la Promoción y Protección Recíprocas de Inversiones, 16 de Noviembre de 1993.

❖ Convenio entre el Gobierno de la República de Venezuela y el Gobierno de la República del Ecuador para la Promoción y Protección Recíprocas de Inversiones, 18 de Noviembre de 1993.

❖ Acuerdo entre el Gobierno de la República de Venezuela y la Confederación Suiza para la Promoción y Protección Recíprocas de Inversiones, 18 de Noviembre de 1993.

❖ Acuerdo entre el Gobierno de la República de Venezuela y el Gobierno de la República Portuguesa para la Promoción y Protección Recíprocas de las Inversiones, 17 de Junio de 1994.

❖ Acuerdo entre el Gobierno de la República de Venezuela y el Gobierno de Barbados para la Promoción y Protección de Inversiones, 15 de Junio de 1994.

❖ Acuerdo entre el Gobierno de la República de Venezuela y el Gobierno del Reino de Dinamarca sobre la Promoción y Protección Recíproca de las Inversiones, 28 de Noviembre de 1994.

❖ Acuerdo entre el Gobierno de la República de Venezuela y el Gobierno del Reino Unido de Gran Bretaña e Irlanda del Norte para la Promoción y Protección de Inversiones, 15 de Marzo de 1995.

❖ Acuerdo entre el Gobierno de la República de Venezuela y el Gobierno de la República de Lituania para la Promoción y Protección de las Inversiones, 24 de Abril de 1995.

❖ Acuerdo entre el Gobierno de la República de Venezuela y el Gobierno de la República Checa para la Promoción y Protección Recíproca de Inversiones, 27 de Abril de 1995.

❖ Acuerdo entre el Gobierno de la República de Venezuela y el Gobierno de la República Federativa del Brasil para la Promoción y Protección Recíproca de las Inversiones, 4 de Julio de 1995.

❖ Acuerdo entre la República de Venezuela y el Reino de España para la Promoción y Protección Recíproca de Inversiones, 2 de Noviembre de 1995.

❖ Tratado entre la República de Venezuela y la República Federal de Alemania para la Promoción y Protección Recíproca de Inversiones, 14 de Mayo de 1996.

❖ Acuerdo entre el Gobierno de la República de Venezuela y el Gobierno de Canadá para la Promoción y Protección de Inversiones, 1 de Julio de 1996.

❖ Convenio sobre Promoción y Protección Recíproca de Inversiones entre el Gobierno de la República de Venezuela y el Gobierno de la República del Paraguay, 5 de Septiembre de 1996.

❖ Acuerdo entre el Gobierno de la República de Venezuela y el Gobierno del Reino de Suecia para la Promoción y Protección Recíproca de Inversiones, 25 de Noviembre de 1996.

❖ Acuerdo entre el Gobierno de la República de Venezuela y el Gobierno de la República de Cuba para la Promoción y Protección Recíproca de Inversiones, 11 de Diciembre de 1996.

❖ Acuerdo entre el Gobierno de la República de Venezuela y el Gobierno de la República de Costa Rica para la Promoción y Protección Recíproca de Inversiones, 17 de Marzo de 1997.

❖ Acuerdo entre el Gobierno de la República de Venezuela y el Gobierno de la República Oriental del Uruguay para la Promoción y Protección Recíproca de Inversiones, 20 de Mayo de 1997.

❖ Acuerdo entre el Gobierno de la República de Venezuela y la Unión Económica Belgo-Luxemburguesa para la Promoción y Protección Recíproca de Inversiones, 17 de Marzo de 1998.

❖ Negociaciones entre el Gobierno de la República de Bolivia y el Gobierno de la República Bolivariana de Venezuela para un acuerdo sobre Promoción y Protección Recíproca de Inversiones, 31 de Marzo de 2000.

❖ Acuerdo entre el Gobierno de la República Bolivariana de Venezuela y el Gobierno de la República Francesa para la Promoción y Protección Recíproca de Inversiones, 2 de Julio 2001.

❖ Acuerdo sobre la Promoción y Protección Recíproca de Inversiones entre el Gobierno de la República Bolivariana de Venezuela y el Gobierno de la República Islámica de Irán, 11 de Marzo 2005.

❖ Acuerdo entre el Gobierno de la República Bolivariana de Venezuela y el Gobierno de la República de Belarús sobre Promoción y Protección Recíproca de las Inversiones, 6 de Diciembre 2007.

❖ Acuerdo entre el Gobierno de la República Bolivariana de Venezuela y el Gobierno de la Federación de Rusia sobre Promoción y Protección Recíproca de Inversiones, 7 de Noviembre 2008.

❖ Acuerdo entre el Gobierno de la República Bolivariana de Venezuela y el Gobierno de la República Socialista de Vietnam para la Promoción y Protección de las Inversiones, 20 de Noviembre 2008.

5.   INSTRUMENTOS NORMATIVOS NACIONALES

❖ Código de Comercio (1955).

❖ Constitución de la República Bolivariana de Venezuela (1999).

❖ Decreto Reglamentario N. 2.095 referidos a las inversiones extranjeras y los contratos sobre marcas, patentes, licencias y regalías, publicado en Gaceta Oficial N. 34.930 del 25 de marzo de 1992.

❖ Decreto N. 356 con Rango y Fuerza de Ley de Promoción y Protección de inversiones: Gaceta Oficial N. 5.390 Extraordinario, publicado de fecha 3 de octubre de 1999.

❖ Decreto N. 6.071 con Rango, Valor y Fuerza de Ley Orgánica de Seguridad y Soberanía Agroalimentaria, publicado del 31 de Julio de 2008.

❖ Decreto con Rango, Valor y Fuerza de Ley de Inversiones, publicado en la Gaceta Oficial de la República Bolivariana de Venezuela N. 6.152 (Extraordinario) del martes 18 de Noviembre 2014.

❖ Decreto con Rango, Valor y Fuerza de Ley del Sector Bancario, publicado en la Gaceta Oficial N. 6154 del 19 de Noviembre de 2014.

❖ Ley Orgánica de Hidrocarburos, publicada en la Gaceta Oficial N. 38.493 del 4 de agosto de 2006.

❖ Ley Orgánica que Reserva al Estado Bienes y Servicios Conexos a las Actividades Primarias de Hidrocarburos publicada en 2009.

❖ Ley de reforma de la Ley Orgánica de Telecomunicaciones, publicada en la *Gaceta Oficial* N. 39.610 del 7 de Febrero 2011.

❖ Ley de la Actividad Aseguradora fue publicada en la Gaceta Oficial N. 39.984 del 13 de Agosto de 2012.

❖ Ley Orgánica de Precios Justos, publicada en la Gaceta Oficial N. 40.340 del 23 de Enero del 2014.

Programas y Planes de Gobierno:

o *Programa Económico de Transición 1999-2000.*

o *Plan Nacional de Desarrollo Económico y Social de la Nación 2001-2007.*

o Proyecto Nacional Simón Bolívar Primer Plan Socialista - *PPS*- para el Desarrollo Económico y Social de la Nación 2007-2013.

Plan de la Patria - Segundo Plan Socialista de Desarrollo Económico y Social de la Nación, 2013-2019.

ANEXO I:

MODELO DE MATRICES DE ANÁLISIS DE PROVISIONES DE LOS APPRIS:

Características del preámbulo

1. ¿Es el preámbulo exhortatorio?
2. ¿Interactúa con algún estándar?
   - ❖ ¿Trato Justo y Equitativo?
   - ❖ ¿Plena Protección y Seguridad?
   - ❖ ¿Trato Nacional?
   - ❖ ¿Nación más favorecida?
   - ❖ ¿En conformidad con el Derecho Internacional?
   - ❖ ¿Mención del principios *pact sunt servanda*?
   - ❖ ¿Que nivel de protección otorga la combinación de estándares?

Concepto de inversión

1. ¿Tipo de definición: activo céntrica o tautológica?
2. ¿Límites a la Inversión: lista abierta indicativa o cerrada restrictiva?
3. ¿Otras restricciones al concepto: Uso de los activos?

Concepto de inversor

1. ¿Es persona natural?
2. ¿Es persona jurídica?
3. ¿Relación entre inversor e inversión?
   ❖ ¿Relación de propiedad: Directa o Indirecta?
   ❖ ¿Relación de control: Directo o Indirecto?

Aplicación Temporal del APPRI

1. ¿Relación con inversiones existentes?
2. ¿Duración y retroactividad?
3. ¿Terminación?
4. ¿Permanencia?

Admisión y Establecimiento de la Inversión

1. ¿Tipo de Derecho de establecimiento: Pre o Post?
2. ¿Condiciones del establecimiento: Según las leyes del Estado parte?
3. ¿Interacción con otros estándares: TN y NMF?
4. ¿Algún compromiso Estatal sobre información o facilitar permisos a inversionistas?
5. ¿Deben las inversiones ser aprobadas por algún ente del Estado huésped?

Trato Justo y Equitativo

1. ¿Incluido en el preámbulo - Exhortatorio?
2. ¿Nivel de protección simple?: TN, NMF, y no discriminación.
3. ¿Nivel de protección medio?: (1) + *Pacta sunt servanda* y PPyS.
4. ¿Nivel de protección completo?: (2) +No obstaculizar las inversiones, vinculación con D. I. y cláusula paraguas.
5. ¿Nivel de protección versus el estándar mínimo?

Plena Protección y Seguridad

1. ¿Incluido en el preámbulo - Exhortatorio?

2. ¿Espectro seguridad física versus seguridad jurídica del Estado huésped?

3. ¿Interacción con TJE, conformidad con DI, NMF y TN?

4. ¿Interacción con estándar de pérdidas por guerras, revueltas, etc.?

5. ¿Nivel de protección versus el estándar mínimo?

6. ¿Relación con *pacta sunt servanda*?

7. ¿Relación con estándar de expropiación?

Trato Nacional y Nación más Favorecida

1. ¿Condición: "no menos favorable" versus "la más favorable"?

2. ¿Aplica a todas las disposiciones del APPRI?

3. ¿Excepciones: OIER y TDT?

4. ¿Excepciones: Tratamiento preferencial a nacionales y excepciones de seguridad?

5. ¿Relación con indemnización por pérdidas extraordinarias?

Expropiación

1. ¿Condición: Derecho Internacional consuetudinario?

2. ¿Condición-tipo de activos cubiertos: Amplia versus restringida?

3. ¿Condición: Directas e indirectas?

4. ¿Condición: Formula Hull?

5. ¿Condición: Pago sin retraso, valor de mercado, intereses y libre convertibilidad?

6. ¿Condición: Según el debido proceso y pronta revisión de la legalidad?

7. ¿Condición: Foro arbitral internacional?

Libre transferencia de capitales

1. ¿Condición: Tipo de moneda, tasa de cambio, tiempo de ejecución?

2. ¿Condición: Tipo de fondos a ser transferidos?

3. ¿Condición: Grado de independencia versus límites del Estado huésped?

4. ¿Relación con: TN y NMF?

5. ¿Excepciones: Banca rota, pago de impuestos,

6. ¿Excepciones: Emergencia económica del Estado huésped?

7. ¿Excepciones: Régimen cambiario del Estado huésped?

Compensación por pérdidas extraordinarias

1. ¿Relación con TN y NMF?

2. ¿Relación con TJE y PPyS?

3. ¿Tipo: Compensación, Restitución, indemnización?

4. ¿Condición: Incluye acciones de combate no requeridas por la situación?

5. ¿Condición: Formula Hull?

Subrogación

1. ¿Condición: Subrogación de Derechos, Obligaciones?

2. ¿Condición: *Ius standi* inversor versus Estado?

3. ¿Condición: Discriminación de Derechos reales versus económicos?

Solución de Controversias Estado-inversor

1. ¿Proceso y tiempos: negociación e inicio?

2. ¿Relación con NMF?

3. ¿Condición: Opción unilateral del inversor de *ius standi*?

4. ¿Tipo de las disputas: Amplio versus limitado?

5. ¿Lenguaje de la opción unilateral: imperativo versus consensuado?

6. ¿Condición: Fork in the road versus tribunal internacional?

7. ¿Condición: Foro arbitral internacional?

8. ¿Condición: Ley aplicable?

9. ¿Condición: Obligatoriedad de Laudo?

10. ¿Condición: Ejecución del Laudo según las leyes del Estado huésped?

ANEXO II:

CASOS CIADI VENEZUELA

Caso No.	Demandante (s)	Status
ARB/12/22	Venoklim Holding B.V.	Concluido
ARB/12/19	Ternium S.A. and Consorcio Siderurgia Amazonia S.L.	Concluido***
ARB/11/25	OI European Group B.V.	Concluido
ARB(AF)/11/1	Nova Scotia Power Incorporated	Concluido
ARB/10/14	Opic Karimum Corporation	Concluido
ARB(AB)/09/1	Gold Reserve Inc.	Concluido
ARB/08/15	CEMEX Caracas Investments B.V. and CEMEX Caracas II Investments B.V.	Concluido***
ARB/08/3	Brandes Investment Partners, LP	Concluido
ARB/07/4	Eni Dación B.V.	Concluido**
ARB/05/4	I&I Beheer B.V.	Concluido***
ARB(AF)/04/6	Vannessa Ventures Ltd.	Concluido
ARB/00/5	Autopista Concesionada de Venezuela, C.A.	Concluido
ARB/00/3	GRAD Associates, P.A.	Concluido***
ARB/96/3	Fedax N.V.Republic of Venezuela	Concluido**
ARB/14/10	Highbury International AVV, Compañía Minera de Bajo Caroní AVV, and Ramstein Trading Inc.	Pendiente

ARB(AF)/14/1	Anglo American PLC	Pendiente
ARB/13/11	Valores Mundiales, S.L. and Consorcio Andino S.L.	Pendiente
ARB/12/24	Transban Investments Corp.	Pendiente
ARB/12/23	Tenaris S.A. and Talta - Trading e Marketing Sociedade Unipessoal Lda.	Pendiente
ARB/12/21	Fábrica de Vidrios Los Andes, C.A. and Owens-Illinois de Venezuela, C.A.	Pendiente
ARB/12/20	Blue Bank International & Trust (Barbados) Ltd.	Pendiente
ARB(AF)/12/5	Rusoro Mining Ltd.	Pendiente
ARB/12/18	Valle Verde Sociedad Financiera S.L.	Pendiente
ARB/12/13	Saint-Gobain Performance Plastics Europe	Pendiente
ARB/11/31	Gambrinus, Corp.	Pendiente
ARB/11/30	Hortensia Margarita Shortt	Pendiente*
ARB/11/26	Tenaris S.A. and Talta - Trading e Marketing Sociedade Unipessoal Lda.	Pendiente
ARB/11/19	Koch Minerals Sàrl and Koch Nitrogen International Sàrl	Pendiente
ARB/11/10	The Williams Companies, International Holdings B.V., WilPro Energy Services (El Furrial) Limited and WilPro Energy Services (Pigap II) Limited	Pendiente*
ARB(AF)/11/2	Crystallex International Corporation	Pendiente
ARB/11/5	Longreef Investments A.V.V.	Pendiente
ARB/11/1	Highbury International AVV and Ramstein Trading Inc.	Pendiente
ARB/10/19	Flughafen Zürich A.G. and Gestión e Ingenería IDC S.A.	Pendiente
ARB/10/9	Universal Compression International Holdings, S.L.U.	Pendiente**

ARB/10/5	Tidewater Investment SRL and Tidewater Caribe, C.A.	Pendiente*
ARB/09/3	Holcim Limited, Holderfin B.V. and Caricement B.V.	Pendiente**
ARB/07/30	ConocoPhillips Petrozuata B.V. ConocoPhillips Hamaca B.V. and ConocoPhillips Gulf of Paria B.V. Pendiente	
ARB/07/27	Venezuela Holdings B.V. and others	Pendiente**
ARB/06/4	Vestey Group Ltd	Pendiente

* Se alcanzó un acuerdo entre las partes.

** En solicitud de anulación del Laudo.

*** Proceso arbitral descontinuado.

ÍNDICE

CAPÍTULO III:

"LA EVOLUCIÓN DEL DERECHO INTERNO VENEZOLANO SOBRE LAS INVERSIONES EXTRANJERAS": DE LAS LEYES LIBERALES DE LOS AÑOS 90 A LA NUEVA LEY DE INVERSIONES DEL 2014

CAPÍTULO IV:

"EFECTOS DEL RÉGIMEN SOBRE EL DERECHO INTENCIONAL DE INVERSIONES VINCULANTE PARA VENEZUELA"

www.ingramcontent.com/pod-product-compliance
Lightning Source LLC
Chambersburg PA
CBHW020339270326

41926CB00007B/249